화해와 내셔널리즘

나남
nanam

나남신서 · 1249

화해와 내셔널리즘

2007년 11월 23일 발행
2007년 11월 23일 1쇄

지은이_ 와카미야 요시부미
옮긴이_ 김충식
발행자_ 趙相浩
발행처_ (주) 나남
주소_ 413-756 경기도 파주시 교하읍
출판도시 518-4
전화_ 031) 955-4600 (代)
FAX_ 031) 955-4555
등록_ 제 1-71호(79. 5. 12)
홈페이지_ www.nanam.net
전자우편_ post@nanam.net

ISBN 978-89-300-8249-5
ISBN 978-89-300-8001-9 (세트)
책값은 뒤표지에 있습니다.

이 책은 관훈클럽 신영연구기금의 지원으로 번역 출간되었습니다.

나남신서 · 1249

화해와 내셔널리즘

와카미야 요시부미 지음 | 김충식 옮김

나남
nanam

和解とナショナリズム
新版・戦後保守のアジア観
by
若宮啓文
(Y. Wakamiya)

옮긴이 머리말

몸 사리지 않는 특이한 저널리스트

이 책의 저자 와카미야 요시부미 씨는 매우 조용한 풍모의 저널리스트다. 낮은 목소리로 이야기 하고, 태도도 공손하기 짝이 없다. 그리 크지 않은 키에 누구에게나 부드러운 인품을 느끼게 한다. 그렇다고 해서 생각이 무르다거나 주관이 약하다고 오해해서는 안 된다. 전형적 '외유내강'의 저널리스트이다. 그는 그야말로 목에 칼이 들어와도 할 말은 단호히 하는 '강골'이다.

"독도를 한국에 주어버리면 어떨까?" 그는 비록 '몽상'(夢想)이라는 전제를 달기는 했지만, 그런 주장을 〈아사히신문〉의 기명 칼럼에 태연히 쓰는 기자다. 아니나 다를까, 우익의 새카만 가두(街頭) 선전차(일명 마이크부대)가 〈아사히신문〉에 들이닥쳤다. "반일(反日)의 국적(國賊)"이라고 협박하고 공격했다.

일본의 우익은 십수 년 전 〈아사히신문〉의 지국을 습격해 기자를 사살하기도 하는 무서운 존재다. 천황의 전쟁책임을 말한 나가사키

시장을 저격해 중상을 입히고, 중진 정치인의 집에 불을 질러 방화하는 집단이다. 참으로 가공스러운 일은, 치안대국 일본에서 벌어진 〈아사히신문〉 기자 사살이 끝내 범인조차 잡히지 않고 시효만료로 끝났다는 사실이다. 그런 풍토에서도 와카미야 씨는 눈썹하나 까딱하지 않고 단호히 자기 주장을 펴는 기백의 논객이다.

그런 와카미야 씨와 이야기를 나누는 것은 늘 재미있다. "한국은 매국노가 망쳐 왔다지만, 일본은 애국자가 나라를 망쳐 왔지요." 그의 어록은 이처럼 날카롭고도 재치가 번득인다. 일본의 '애국자'란 바로 천황을 하늘처럼 모시고, 우국충정과 일본제일주의에 불타는 우익과 군국주의자 등을 말한다. 이들이 결국 무모한 전쟁을 일으키고 비참한 패전과 피(被)점령의 불명예를 불렀다는 것이다.

"일본은 미국과 전쟁중에는 '귀축미영'(鬼畜米英)!이라고, 귀신 같고 짐승 같은 적이라고, 눈을 부릅뜨고 외쳤습니다만, 패전하자 완전히 돌변해서 (미군을 향해) '기브 미 초콜릿!'하듯 친미로 돌변했습니다." 그의 말투는 이처럼 재미있다. 저자는 이 책에서도 과감히 발언한다. "김대중 납치사건(1973년)으로 일본이 주권침해 운운했지만, 일본은 한말에 조선왕조의 왕비(명성황후)를 살해하고도 단죄하지 않고 얼버무렸지 않았는가?"

이 책의 말미에 그는 "미국이라는 나라는 무력행사가 헤프다. 그리고 일본은 과거사에 헤프다"고 아프게 지적한다. 미국의 이라크 침공, 그리고 일본 정치인들의 과거사에 대한 뻔뻔함을 말하는 것이다. 그러면서 "한국은 북(北)에 너무 헤프다"는 말도 곁들인다. 핵실험과 미사일, 그리고 납치에 공포를 느끼는 일본의 심정을 드러내는 부분일 터이다.

와카미야 씨는 평소에 "한국분들이 일본의 망언 등을 나무라는 것은 좋으나, 좀 자세히 내막을 잘 알고서 비판해 주었으면 좋겠다"고 말하곤 했다. 옮긴이는 바로 그런 저자의 원망(願望)을 너무도 잘 알기 때문에 번역을 결심했다.

일본 정치인들의 한국과 중국, 그리고 아시아에 대한 망언과 사죄의 되풀이에 대해, 이처럼 그 내막과 흉중을 명쾌하고 재미있게 파헤친 책은 없다고 생각한다. 학구적 저널리스트의 글답게 고증에도 충실하고, 현장의 증언도 충분히 살아 있어서 한국의 독자가 일본을 제대로 들여다보고 파악하는 데 큰 도움이 될 것이다.

이 책의 번역에는 리츠메이칸대학의 코리아센터장 서승(徐勝) 교수와 〈아사히신문〉의 서울특파원을 지낸 하사바 키요시〔波佐場 清〕 씨의 도움말을 들었고, 도쿄대학 대학원에서 동아시아 역사를 연구한 송완범 박사(고려대 연구교수)의 지원을 받았다. 이 자리를 빌어 고마움을 전하고 싶다.

2007년 11월
김 충 식

한국어판 머리말

올해 봄, 저는 서울대학교와 한일사회문화포럼 등의 초청으로 한국에서 "아시아의 화해와 일본의 내셔널리즘"에 관해 이야기할 기회가 있었습니다. 오랫동안 이런 문제의식을 가져온 저로서는 뜻밖의 기회였습니다. 그런데 이러한 초청 자체가 바로 이 책의 일본어판 출판을 계기로 이루어졌던 것입니다.

책이 마침내 한글판으로 번역되어 나오게 되고, 한국의 많은 분들에게 읽히게 된 것은 참으로 반가운 일입니다. 되도록 일본을 바르게 이해하는 자료가 된다면 그 이상의 기쁨이 없겠습니다.

일본어판 서문에도 썼습니다만, 저와 한국의 만남은 무려 30년 가까이에 이릅니다. 유감스럽게도 서울특파원을 지내지는 못했습니다만, 1993년 창설된 한일포럼에 첫회부터 참석하여 오늘에 이르는 등 한국과의 만남을 퍽 깊게 해왔습니다.

그런 저에게는 '과거사'가 몰고 오는 한일 간의 마찰이나 대립처럼 짜증스런 일이 없습니다. 빈번히 돌출하는 역사교과서 문제를 비롯해, 일본 정치가들의 망언이나 수상의 야스쿠니 신사 참배, 종군위안부 문제, 혹은 독도(다케시마) 문제 등입니다.

이런 분규가 일어날 때마다 저는 일본인으로서 부끄럽게 생각하곤 합니다만, 한편으로는 한국의 일본 비판에도 고개를 갸웃하게 될 때가 적지 않습니다. 한국의 기분이야 알지만 비판을 한다면 좀더 정확하게 일본을 꿰뚫어 보고 헤아리는 바탕 위에서 비판할 수는 없겠는가 하는 느낌이 드는 것입니다. 그런 점에 이 책이 좀더 기여한다면 정말 기쁜 일이라고 생각합니다.

이 책이 일본에서 출판된 것은 아베〔安倍〕 정권이 탄생한 지 얼마 되지 않아서입니다. 아베 수상은 정권을 잡자마자 곧바로 중국과 한국을 방문하여 이웃나라와의 얼어붙은 관계를 복원시켰습니다만, 일찍이 내셔널리스트로 유명한 아베입니다. 그가 "전후(戰後) 딜레마의 탈피"를 내걸고 일본헌법 제 9조(전쟁포기)를 개정하는 방향으로 가속페달을 밟으려 했기 때문에, 한국분들로부터 "일본은 단숨에 우경화의 길로 치달리는 것 아닌가?" 하는 소리를 들었던 것입니다.

저는 "그렇게 간단히는 되지 않을 것입니다"라고 낙관적으로 대답해왔습니다만, 그런대로 빗나간 것 같지는 않습니다. 이번 7월에 치러진 참의원 선거에서 아베 수상이 이끄는 자민당이 역사에 기록될 만한 대패(大敗)를 당한 것이지요. 그래도 정권을 놓지 않겠다고 하던 아베입니다만, 그 엄청난 타격을 견디지 못하고 9월 들어서 사임하고 말았습니다.

선거 참패는 그의 미숙한 정치운영이 주된 원인이지만, 거기에 그의 복고적(復古的)인 체질이 일본 국민의 이해를 얻어내지 못한 데서도 기인합니다. 같은 시기에, 종군위안부 문제에 관해서 '일본 수상의 사죄'를 촉구하는 준엄한 결의가 미국 하원에서 채택된 것도 아베 수상에게는 통렬한 타격이 되었습니다. 미국으로부터의 메시지는 과거를 정당화하려는 일본의 움직임에 제동을 거는 것이겠지요.

《화해와 내셔널리즘》이라는 책 제목처럼 이 책은 아시아와의 화해를 추구하면서도 한편으로는 일본의 민족적 자존심을 유지 회복하고자 하는 전후 일본정치의 모순과 갈등의 궤적을 파헤친 것입니다. 애국적 열정에 불타오르던 젊은 우파 아베 신조 수상으로부터, 이제 주변국과의 화(和)를 소중히 여기는 현실파 후쿠다 야스오 수상으로의 정권교체가 이루어졌습니다. 이 자체도 '내셔널리즘과 화해'의 시계추 같은 움직임을 선명하게 보여주는 것입니다. 그리고 앞으로의 일본도 이 화해와 내셔널리즘 사이에서 고뇌하고 흔들리며 나아갈 것입니다.

이 책 한국어판 출판에는 김충식 교수에게 신세졌습니다. 김 교수가 〈동아일보〉 도쿄지사장으로 있던 시절, 일본과 한국문제에 관해 저와 자주 이야기를 나누어 온 친우(親友)이지만 이번에는 생각지도 못했던 한글판 출판을 맡아 김 교수 스스로 번역까지 책임져 주었습니다. 소중한 것은 '친구'라는 말도 생각나고, 깊이 감사드립니다. 〈동아일보〉 서영아 도쿄지국장도 번역출판 때문에 여러 가지로 크게 도와주었습니다.

생각해 보면, 근 30년 가까이 실로 많은 한국분들에게 신세지고, 여러 가지로 배워온 터입니다. 이 자리를 빌려 깊은 감사의 말씀을 전하는 바입니다. 이 책이 그분들의 은혜에 보답이 된다면 더 없는 기쁨이겠습니다.

2007년 11월

와카미야 요시부미

머리말

10년 남짓의 세월이 쏜살같이 흘렀다. 그것을 실감한다. 내가 아사히선서(朝日選書)로, 이 책의 오리지널판인 《전후(戰後) 보수의 아시아관(觀)》을 낸 것은 1995년의 일이다. "전후 50년"이라는 매듭의 한 해이기도 했고, 사회당 출신의 무라야마 도미이치〔村山富市〕가 자민당에 얹혀 수상에 올라 있던 때였다. 그해 8월 15일, 무라야마는 역사에 길이 남을 "전후 50년의 수상 담화"를 발표하였다.

그 시절, 무라야마 담화에 격렬하게 반발하는 한 젊은 국회의원이 있었다. 그는 작고한 부친의 지역기반을 계승해 1993년에 첫 당선이 된, 화려한 정치가 일족을 배경으로 삼은 정계의 순혈종마(純血種馬)였다. 바로 아베 신조〔安倍晋三〕다. 그 아베가 불과 11년 후, 수상 자리에 오르리라고 어느 누가 상상이나 하였을 것인가.

무라야마 담화라는 것은 무엇인가. 그 특징은 세 갈래였다. 첫째로 "국책을 그르쳐, 전쟁의 길로 치달았던 일", 둘째로 "식민지 지배와 침략에 의해서, 많은 나라들 특히 아시아 여러 나라 사람들에 대해서 커다란 손해와 고통을 준 것을 깨끗이 인정한 일", 셋째로 "통절한 반성의 뜻을 나타내, 진심으로 사과의 마음을 표명한 일" 등이다.

일찍이 예가 없었던 "사죄의 결정판"이라고나 할 담화였다. 그 후의 자민당 정권도 이 담화를 답습해, 아시아 외교의 기초로 삼았다.

무라야마 담화에 앞서, 중의원도 전후 50년을 맞아 '반성'결의를 채택하였지만, 이러한 움직임을 나는 앞의 저서에서 "냉전이 남겨 놓은 숙제"라고 논했다. 이치대로라면, 전쟁이 끝났을 때에 정리했어야 할 "아시아에 대한 청산"이, 냉전에 의해 차단 보류되고 있었다는 취지이다.

그러나 이러한 사죄를 "자학의 극치"라고 본 의원들이 있었다. 1995년, 국회 결의에 반대하는 의원그룹의 선두에 선 오쿠노 세이스케〔奧野誠亮〕는, 그 전쟁은 백인의 손아귀에서 아시아를 해방시키려는 전쟁이었다고 공공연하게 주장했다. 비슷한 발언이 잇달아 터져나왔던 것도 "전후 50년"의 특색이었다. 무라야마 담화로 대표되는 '화해'의 다른 한편에서 "반발의 내셔널리즘"도 뿌리 깊게 피어오르고 있었다.

이것은 도대체 어찌 된 사정일까. 전후의 보수정치가 아시아와 어떻게 마주했는지를 돌아보면서, 그 분석에 도전했던 것이 《전후 보수의 아시아관》이었다.

그로부터 11년. 무라야마 담화의 정반대 쪽에 섰던 젊은 정치가의 수상 취임은 시대의 변화를 웅변하고 있다.

그러한 수상을 등장하도록 길을 연 것은, 2001년부터 5년 반에 걸쳐서 정권을 잡았던 고이즈미 준이치로〔小泉純一郎〕다. 매년 야스쿠니 신사 참배를 계속해 한·중 양국과의 관계를 완전히 악화시킨 고이즈미는, 북한의 납치문제를 손대서 결과적으로 내셔널리즘을 높이 고양시켰다. 납치문제에서 강경자세로 인기 정치가가 된 아베는, 북한의 연속적 미사일 발사와 핵실험의 실시가 일본을 위협하는 가운데 2006년 가을, 마침내 수상 자리에 올랐다.

그런데 어떠했는가? 그 아베가 수상 취임 직후에 "무라야마 담화의 계승"을 선명하게 밝히며, 한편으로 자신의 신념인 야스쿠니 참배에 대해 모호한 태도를 보이면서 중국과 한국을 연달아 방문하리라고는…. 이 또한 뜻밖의 전개였다. 화해와 내셔널리즘이 뒤얽힌 관계를 보여주는 듯하다.

《전후 보수의 아시아관》을 출판한 지 11년, 내가 이 책을 고쳐 쓰려고 한 것은, 이상과 같은 새로운 전개를 되짚어 보기 위해서였다. 그러나 집필하면서 전후사에 대한 스스로의 시야가 크게 넓어지는 것을 느끼게 되었다. 화해와 내셔널리즘의 미묘한 조화가 내 이미지 속에 선명하게 떠올랐다. 이 책의 타이틀을 《화해와 내셔널리즘》으로 붙인 것은 바로 그 때문이다.

나의 아시아 체험은 1979년, 방위청 장관과 동행했던 한국 방문이 처음이었다. 독재자 박정희 대통령이 측근에 의해 사살되기 직전의 일이다. 다음해에는 자민당 그룹에 동행하여 북한을 방문할 기회를 얻어, 또 한 사람의 독재자 김일성을 가까이서 볼 수가 있었다. 그러한 우연한 계기에 자극받아 1981년 가을부터 1년간 한국어 공부를 위해 서울에 유학했지만, 거기서 체험한 것이 일본의 역사교과서 '왜곡 문제'로 분출한 '반일'이었다.

이후, 국내정치의 취재에서도 아시아와 접할 기회가 많았다. 한국의 전두환 대통령의 일본 방문과 쇼와(昭和)천황의 역사적 '발언', 나카소네 야스히로가 수상으로서 감행한 야스쿠니 공식참배, 미야자와 내각 때 천황이 중국을 방문한 것, 그리고 최근에는 고이즈미가 되풀이한 야스쿠니 참배 문제 등이다. 이렇게 어느새인가 "일본 정치와 아시아"가 나의 생애과제(라이프워크)가 되어버린 감이 있다. 그런 의미에서 이 책은 나의 총결산의 일단이다.

이 책의 제1장은 《전후 보수의 아시아관》에 없었던 새로운 내용이다. 특히 ① "내셔널리즘의 복권"과 ② "자유와 민주주의 대(對) 도덕성"은 고이즈미 정권으로부터 아베 정권으로 바뀌는 과정에서 동아시아의 어지러운 전개를 새로 쓴 것이다. ③ "이듬해의 법칙 뒤의 보이지 않는 손"은, 《자유주의자로부터의 반격》(논좌 편집부편, 아사히선서, 2006년)에 수록한 것을 가필하였다. 화해와 민족주의 사이를 시계추처럼 반복하는 전후사를 내가 이름붙인 "이듬해의 법칙"을 키워드로 하여 서술해보았다.

제2장은 《전후 보수의 아시아관》에 수록된 것을 기초로, 새로운 상황이나 발견에 맞추어 대폭 추가하거나 재구성하였다. 기시 노부스케의 영향을 크게 받은 손자가 수상이 된 일, 나카소네 야스히로가 단념한 야스쿠니 참배를 고이즈미가 되풀이한 일, 《전후 보수의 아시아관》에서 예측하지 못했던 일이 벌어지는 지금, 같은 테마라도 다른 느낌으로 읽을 수 있지 않을까.

제3장의 ① "추적: 파문혀버린 사죄"와 ③ "검증: 천황 방중이 결정되기까지"도 기본적으로는 《전후 보수의 아시아관》과 같지만 ③에 대해서는 새롭게 "화해와 천황"을 첨가하였다. '화해'를 통해 보인 천황의 역할을 폭넓게 검증한 것이다. ② "망언과 사죄의 정치사"에서는 《전후 보수의 아시아관》에 있던 "사죄의 정치사"의 항목에 아시아를 자극해왔던 정치가들의 '망언'의 역사를 집어넣어 입체적으로 재구성을 시도했다. 화해와 반발의 발언 기록이라고 해도 좋다. 마지막 ④ "한일포럼으로 보는 냉전후"라는 테마는 《전후 보수의 아시아관》과 동일하지만, 내용은 2006년 8월의 "한·일 포럼"의 토의를 반영하

여 전면적으로 다시 썼다.

이 책에서는 《전후 보수의 아시아관》에 더하여 내 자신이 읽고 공부가 되었던 저서를 많이 소개했다. 직접 인용할 수 없었던 것도 포함하여 많은 책을 보고 배울 수 있었던 것에 감사를 표한다.

《전후 보수의 아시아관》은 다행스럽게도 한국어와 영어로도 번역되어 출판되었다. 《일본정치의 아시아관》(동아일보사, 1996년)과 *The Postwar Conservative View of Asia*(長銀 국제라이브러리 총서, 1998년)이다.

이 책이 가능하다면 많은 독자를 만나 많은 의견과 비판을 받았으면 좋겠다(이 책에서는 경칭을 생략했다).

나남신서 · 1249

화해와 내셔널리즘

차 례

1

화해와 반발의 메커니즘

2006년 10월 8일

그날, 베이징의 천안문(天安門) 광장에서는 오래간만의 광경을 볼 수 있었다. 가로등 기둥에는 중국의 오성홍기와 함께 커다란 일장기가 걸려 있어 사람마다 의아한 듯 쳐다본다. 기념촬영하는 관광객도 눈에 띄었다. 2006년 10월 8일의 일이다.

정확히 5년 전 이 날, 고이즈미 준이치로가 방문한 이래 일본 수상의 베이징 방문이 중단된 채 세월이 흘렀다. 중국 수뇌의 일본 방문도 끊겨 있었다. 이유는 말할 필요도 없이 고이즈미가 반복한 야스쿠니 신사 참배가 그것을 가로막았다.

그렇게 긴 공백을 메우기라도 하듯 이 날 오후, 베이징 공항에 일본 정부의 전용기가 착륙한다. 문이 열리면서 2주일 전에 수상에 오른 아베 신조가, 부인 아키에의 손을 잡고 천천히 트랩을 내려왔다. 인민대회당에서 후진타오〔胡錦濤〕 국가주석과 가진 정상회담은 이렇게 시작되었다.

> 후진타오 : 총리대신으로 취임 후, 첫 방문지로 중국에 오신 것은 각하의 중・일 관계를 중시하는 자세를 나타내고 있습니다. 전향적으로 평가하고 싶습니다.
>
> 아베 : 첫 방문국으로 중국을 선택한 것은 안팎에 놀라움을 주었습니다만, 이는 양국관계를 지극히 중시하는 것을 나타낸 것입니다.

나는 1971년 2월의 닉슨 방중을 떠올렸다. 삼엄한 미・중 대립의 시대, 닉슨의 방중은 세계를 놀라게 했다. 이때 마오쩌둥〔毛澤東〕 주석과 이런 대화가 있었다.

> 마오쩌둥 : 나는 우파를 좋아합니다. 당신(닉슨)은 우파, 소속정당인 공화당도 우파라고들 합니다. … 우파 사람들이 정권을 잡는 편이 좋습니다.
> 닉슨 : 좌파가 말로밖에 할 수 없는 것(중국 방문)을, 우파는 실행에 옮길 수 있다는 것입니다(윌리엄 버 편, 《헨리 키신저 : 최고 기밀 대화록》).

반공 우파로 불리는 닉슨은, 따지고 보면 중국 공산당과는 물과 기름의 관계이다. 그러나 그렇기 때문에 미국 내의 저항을 누르고 방중을 단행할 수 있었다. 그런 역학관계를 바탕에 깐 의미심장한 대화였다. 강경파 외교의 성공사례로서 지금도 회자되는 중국 방문이었다.

시대, 상황, 스케일 측면에서, 아베의 방중을 당시에 견주는 것은 우스울 것이다. 하지만 중·일 관계가 악화된 가운데, 이름난 우파인 아베가 "포스트 고이즈미"에 오른다면 중·일 타협은 멀어지리라는 것이 상식이었기에 의표를 찌르는 산뜻한 방중이었다. 고지식한 실무자 타입의 후진타오와 외교경험이 부족한 아베. 그 둘의 주고받는 대화에 마오쩌둥-닉슨의 스케일이나 위트는 엿보이지 않았지만, 감춰진 생각은 같은 것이었을지도 모른다.

일본의 아시아 외교에 대한 위기감을 느끼고, 한때는 자민당 총재 선거에 나설 생각도 가졌던 후쿠다 야스오〔福田康夫〕 전(前) 관방장관이 총재 출마 포기를 굳힌 2006년 7월, "나보다 아베가 총리가 되는 것이 안정적일 거요"라고 말하는 것을 들었다. 후쿠다 자신이 이겨서 아시아 외교가 열린다 해도 우파가 안정되지 않는다. 야스쿠니 문제도 중국 외교도, 우파를 억제해 국면전환을 잘할 수 있는 것은 아베라는 의미이다. 아베는 수상 자리에 오르자마자 과거에 비판해 온 "무라야마 수상 담화"(1995년)와 종군위안부 문제의 "고노 관방장관 담화"(1993년)를 아베 내각에서도 계승한다고 국회에서 발언하고,

중국 '침략'을 인정하는 등 잇달아 발언을 수정했다. 그런 아베의 방중은, 후쿠다의 예언을 생각나게 해주었다. 만일 그 주역이 아베가 아니고 후쿠다이거나 다니카키 사다카즈〔谷垣禎一〕였다라면, 우파세력은 "비굴한 조공외교"라고 심하게 비판했을 것임에 틀림없다.

현안인 야스쿠니 참배에 대해서, 아베는 후진타오에게 "군국주의 미화도, A급 전범 찬미도 아니다"라고 설명했지만, "외교적 · 정치적 문제가 되어 있으므로 야스쿠니 신사에 갔다든가 안 갔다든가, 가고 안 가는 것 자체를 언급하지 않기로 하고 있다"라고 애매하게 흐렸다. 원래는 수상 참배를 강하게 지지하는 야스쿠니 신봉자이기에 "참배하지 않는다"는 말은 않았지만 야스쿠니 문제를 '외교문제'라고 인정한 것은, "내정간섭을 배제한다"고 버텨 온 고이즈미와는 큰 차이다.

이것을 중국이 평가해, 더 추궁하지 않고 받아들인 것이다. 아베는 다시 상황을 살펴가며 참배의 때를 노릴지도 모르지만, 후진타오는 아베를 감싸듯이 해서 참배 않는 상황을 만들려고 한 것이다. 미묘한 신경전을 남긴 서로의 정치적 결단이었다.

정상회담은 "공동성명 발표"로 정리되었다. 거기에 양국관계의 중요성이 확인되었을 뿐만 아니라, "전략적 이익에 바탕한 호혜관계"라는 표현이 담겨 눈길을 끌었다. 중 · 일 간에 '전략적' 관계가 명기된 것은 처음이다. 종래부터의 중국 요청을 일본이 받아들인 것이지만, 중국은 보답이라도 하듯이 일본의 "전후 일관해서 평화국가로서 걸어왔다"는 주장을 '평가했다'고 포함시켰다. 이것도 문서로 확인된 것은 처음이다.

닉슨 방중을 비밀리에 추진한 미국 대통령 특별보좌관 헨리 키신저와는 비교할 수도 없지만, 중 · 일 양국의 사이를 연결한 주역은 외무성의 야치 쇼타로 사무차관이었다. 아베가 수상이 되면 전격적으로 방중 · 방한을 실현시켜 단번에 국면 타개를 꾀하자. 야치 차관은 그런 목표로 외무차관 사이에 만들어 온 파이프를 이용하여 사전 준비를 진행시켰다. 자민당 간사장이 된 나카가와 히데나오가 그것을 거들고, 중·일 관계의 타개를 최대의 사명으로 삼던 주일 중국대사인 왕의(王毅)도 물밑에서 잘 움직여 주었다.

닉슨과 마오쩌둥에게 소련이라는 공통의 적(敵)이 있었던 것처럼, 아베와 후진타오에게도 북한이라는 공통의 까다로운 존재가 있었던 것도 큰 요소였다. 7월, 화려하게 장거리 미사일을 발사하고 아베가 방중하기 직전인 10월 4일 '핵실험' 예고를 한 북한이야말로, 중·일의 재접근에 큰 역할을 했다고 말할 수 있을 것이다. 사실 회담에서는 북한에 대한 대처가 큰 테마가 되어 북의 "핵실험 의도 표명"에 "지극히 유감스럽다", "강하게 항의한다"라는 말이 오갔다. 동중국해의 가스유전이라는 중·일의 이해대립은 상대적으로 작은 문제가 되었다.

후진타오의 방일을 초청한 아베는 다음날 기분 좋게 베이징을 출발했다. 하지만 다음의 방문지에서 기다리던 것은 충격 그 자체였다. 북한의 "핵실험 실시" 발표였다. 실험은 아베가 베이징에서 서울을 향할 때에 행해져, 아베는 공항에서 서울 시내로 향하는 차안에서 소식을 들었다. 10월 9일 오전이었다.

청와대에서 행해진 한·일 정상회담은 그런 와중에 이루어졌다.

야스쿠니 문제로 노무현 대통령이 방일을 취소하고, 매년 서로 방문하였던 한·일 수뇌의 셔틀 외교가 끊어진 것은 한 해 전인 2005년 가을의 일. 이번에도 노무현 대통령은 야스쿠니 문제를 시작으로 하는 '역사문제'를 채택했지만, 분위기가 반전되어 초점은 북한문제가 되었다. 북한에 대해서라면 강경론자인 아베에 대해, 햇볕정책의 노무현이었다. 서로의 사이에는 큰 차이가 있지만 핵실험에서 노무현도 강한 태도를 밝히지 않을 수 없다. "결코 용인할 수 없다"라고 아베가 말하자, "유엔(UN)은 단호한 대응을 취해야 한다"라고 노무현도 응답했다. 북한을 둘러싸고 한·일이 오래간만에 보조를 맞추었었다.

아베의 아내 아키에는 서울 시내의 초등학교를 방문하고 있었다. 거기서 아이들을 놀라게 하였다. 2학년 국어 교과서를 펼치더니, 시를 한국어로 낭독해 보였다. 박수와 갈채를 받았다. 한류 팬이기도 하며 한국어를 배워 온 아키에의 특기가 발휘된 순간이었다.

그러고 보면 아키에는 5월 말부터 6월에 걸쳐 며칠간 베이징도 방문했다. 전부터 알고 지내던 경호(京胡, 중국의 전통 악기) 연주자의 초청으로, 음악가 등과 교류하는 것이 목적이었다. 총재선거가 가까워지기도 하고, 아베 정권이 들어설 경우 중·일 관계가 걱정되던 시기이기도 하였다. 그렇게 미묘한 타이밍의 아내의 방중은 아베가 나타낸 또 하나의 사인이 되었다. 고이즈미 때와는 달랐던 퍼스트레이디는 문화교류에 몸을 던져 남편의 내셔널리즘을 누그러뜨린다는, 그런 조화를 의식했는지도 모른다.

그러나 아베의 전도(前途)는 결코 만만하지 않다.

북한의 핵실험은 이윽고 유엔의 제재결의 등으로 새로운 국면을 맞이하여, 북한은 6자회담의 재개에 응한다고 발표했지만 협의의 전망은 용이하지 않았다. 북한은 언젠가는 당당히 "핵 보유국"으로서 행동하게 될지도 모른다. 납치문제가 막다른 골목의 난문이라면, 핵 위협을 가장 심각하게 받는 것도 일본이다. 납치문제와 핵 문제 …. 자민당 정조회장(政調會長) 나카가와 쇼이치〔中川昭一〕와 외상 아소 타로〔麻生太郎〕 등이 "핵 보유의 검토"를 말하기 시작해서 물의를 빚은 것에도, 북한으로 인해 자극된 내셔널리즘을 엿볼 수 있다.

거기(핵보유 검토)까지는 동의하지 않는 아베도, 이러한 위협감이나 분노를 배경으로 헌법개정 논의를 북돋우려 하고 있다. 그것은 또 중국이나 한국을 자극하게 될지도 모른다.

아베는 우파적 본질을 어디까지 억제하고 어떻게 드러내려는 것일까. 아베에 동조하는 정치가나 학자들도 스트레스가 쌓이면 반격으로 나올 것이다. 거기에 어떻게 응해, 어떻게 비켜나갈 것인가.

아시아와의 화해와 내셔널리즘이 가는 길은 더욱더 험난하게만 보인다.

1. 내셔널리즘의 복권

8월 15일의 야스쿠니 참배

가랑비 내리는 여름 아침이었다. 2006년 8월 15일 아침. 보도진이 카메라를 비추는 가운데 수상 고이즈미 준이치로가 예복 차림으로 도쿄의 구단(九段)에 있는 야스쿠니 신사에 나타났다. "내각총리대신 고이즈미 준이치로"라고 기입하고, 본전에 올라 정중하게 예를 하고 돌아갔다.

종전기념일의 수상 참배는 실로 21년 만이었다. 고이즈미가 수상이 되고 나서 여섯 번째의 참배이지만, 이 날의 참배는 고이즈미에게 비원(悲願)이라고도 할 수 있는 '공약' 이행과 다름없었다.

> "전쟁에서 고귀한 생명을 희생당한 그러한 분들이 있기에 지금의 일본이 있다. 전쟁에 나가, 조국을 위해, 또는 가족을 위해 생명을 내던지지 않으면 안 되었던 희생자에 대해서 진심으로 경의와 감사의 뜻으로 야스쿠니 신사에 참배하고 있다. 금년도 이런 마음에 변함이 없다."

기자들에게 한 고이즈미의 답변이다.

중국과 한국에서 비판의 소리가 높아진 것은 말할 필요도 없다. 하지만 이번은 분노라기보다도 질렸다는 반응이었다. 더 이상 고이즈미에 항의해도 부질없는 짓이니 냉각된 대일관계의 타개는 다음의 수상에 기대를 걸 수밖에 없는 분위기였다.

이야기는 5년 4개월 전으로 거슬러 올라간다.

"수상으로 취임하면 8월 15일 어떠한 비판이 있어도 반드시 참배합니다."

모리 요시로〔森喜朗〕 수상의 퇴진 후, 2001년 4월 일본 기자클럽에서 열린 자민당 총재선거 후보자 토론회에서 고이즈미는 이렇게 단언했다. "어떠한 비판이 있어도"라는 부분에 힘을 준 데서 고이즈미의 결의를 간파할 수 있었다. 총재선거의 최대 난적이었던 전 수상 하시모토 류타로〔橋本龍太郎〕를 의식한 승부수의 공약이다.

총재선거를 앞두고 가고시마현 치란〔知覽〕의 "특공대 평화회관"을 방문한 고이즈미는, 나라를 위해서 젊은 생명을 바친 젊은 특공대원

2006년 8월 15일, 고이즈미 수상은 한국과 중국의 반대를 무릅쓰고 '종전기념일'에 야스쿠니 신사를 참배했다. 2001년의 취임 이래 여섯 번째였다(사진 : 로이터).

들의 사진과 유서 앞에 멈춰 서서 눈물을 흘리고 있었다. 그 심정이 야스쿠니 참배 선언으로 이어진 것이라는 설도 있지만, 그처럼 단순한 이야기는 아닐 터이다. 거기에는 치밀한 계산이 깔려 있었다.

수상 복귀를 노린 하시모토는 일찍이 일본 유족회의 회장을 맡았기에 가만히 있어도 유족회의 표를 모을 수 있다. 하지만 하시모토는 무라야마 정권 때, 무라야마 담화에 찬성한 각료의 한 명이었다. 하시모토는 수상 재임중에는 단 한 번 야스쿠니에 참배했지만, 중국 등의 항의에 의해 두 번 다시는 참배하지 않았다. 고이즈미의 "참배 선언"은 그러한 하시모토에 대한 불만을 예측하고 유족회 표를 빼앗으려는 작전이었다.

하지만 고이즈미도 중국이나 한국의 격렬한 항의에 부딪혀 재임중이 문제로 퍽 고민하게 된다. 그럼에도 불구하고 매년 1회의 참배를 관철한 고이즈미가 힘주어 강조한 부분이 어디까지나 "8월 15일의 참배"였던 일을 생각하면, 다음 달 퇴진을 앞에 두고 이번 여름은 공약 달성의 마지막 기회였다.

고이즈미의 참배를 TV중계로 보면서 나는 21년 전의 일을 선명하게 떠올렸다. 1985년 같은 날, 수상이었던 나카소네가 각료를 우르르 인솔하고 '공식참배'를 단행했다. 당시 일선 기자로서 그 광경을 취재한 나에게는 기고만장한 나카소네의 모습이 시간을 넘어 고이즈미와 겹쳐져 보였다.

그때 "전후 정치의 총결산"을 내건 나카소네는 번뜩이는 열정으로 가득 차 고이즈미 이상의 국가의식을 엿볼 수 있었다. 그러나 그 중 나카소네가 A급 전범의 합사(合祀)를 문제삼는 중국의 강한 반대를 받아들여 다음해 참배를 단념한 것에 비해, 고이즈미는 중국이나 한국의 요망을 무시하고 자신의 뜻대로 관철했다. "나는 A급 전범을 위해서 참배하는 것은 아니다", "추도를 어떤 식으로 하는지에 대해서는 외국에서 이러쿵저러쿵 말할 게 아니다"라고 하였다. "국제관계는 일방통행으로는 안 된다"라고 참배 단념의 변을 밝힌 나카소네와는 달리 고이즈미는 '일방통행'으로 일관했다.

2006년 여름, 이 놀라운 뉴스가 있었던 직후였다. 〈일본경제신문〉(日本經濟新聞)이 7월 20일자 조간에 특종기사를 썼다. 1978년에 행해진 A급 전범의 합사에 불쾌감을 가진 쇼와천황이 야스쿠니 신사에 "그때 이후, 참배하지 않고 있다"라고 말한 것을 적은 전 궁내청장관 도미다 도모히코〔富田朝彦〕의 메모였다. 메모에는 "그것이 나의 마음이다"라고 적혀 있었다. 나중에 일본신문협회상을 받게 되는 이 기사를 다른 신문사도 받아서 보도했다.

이 메모가 야스쿠니 신사의 A급 전범 합사나 수상 참배의 정당성에 의문을 던지는 근거가 된 것은 말할 필요도 없다. 하지만 고이즈미는 개의치 않고 스스로의 '마음'을 관철하고 참배를 계속하였다. 2005년의 여름, "우정(郵政) 민영화"를 둘러싸고 의회를 해산하고 총선거에서 다시 대승을 거둔 고이즈미는, 야스쿠니로 초지일관하는 것으로 유종의 미를 장식하고 싶었을 것이다.

고이즈미가 마지막 참배를 완수한 2006년 8월 15일 저녁, 자민당 온건파의 대표 격인 전 간사장 가토 고이치〔加藤紘一〕가 변을 당했다. 고향 야마가타현 쓰루오카시에 있는 친가와 사무소가 방화로 내려앉았다. 범인은 가토가 야스쿠니 참배에 반대하고 대 중국외교의 중요성을 호소해 온 데 대해 반감을 품은 우익이었다. 섬뜩한 테러였다.

스스로 드러내 놓고 우파 정치가라는 것도 아니고, '반중'(反中)도 '반한'(反韓)도 아니었던 고이즈미지만, "외국으로부터의 압력"을 내세워 인기를 얻는 수법으로 포퓰리즘과 내셔널리즘이 뒤섞이는 묘한 시대로 이끌었다. 만주사변으로부터 15년에 이른 전쟁을 "아시아 해방"이나 "자존 자위"를 위한 전쟁이라는 역사관이 다시 부끄러운 기색도 없이 운위되게 되었다. 그러한 언동이 중국이나 한국의 '반일'을 자극해서, 그것이 또 일본으로 되돌아온다. 이렇게 하여 동아시아에 전개된 내셔널리즘의 악순환은 고이즈미 시대의 산물이었다. 아베의 대두도, 가토의 비극도, 그러한 분위기와 결코 무관한 것이 아니었다.

고이즈미 속셈에 관한 두 갈래 분석

고이즈미는 "새로운 추도방식을 검토한다"고, 2001년 10월의 방한에서 한국 김대중 대통령에게 약속했다. 그가 말한 대로 관방장관이었던 후쿠다 야스오 주도하에 "추도·평화기념비 시설의 바람직한 방향을 생각하는 간담회"를 마련해 게이단렌〔經團連〕 회장 이마이 다카시〔今井敬〕, 극작가인 야마자키 마사카즈, 전 와세다대학 총장 니시하라 하루오 등의 식자들에게 검토를 맡겼다. 간담회는 2002년 말에 보고서를 제출해, 민간인이나 외국인도 포함한 광범위한 전쟁 희생자를 대상으로 하는 새로운 추도·평화 기원 시설의 건축을 제언했지만 자민당의 저항 등에 의해 보류된 채로, 고이즈미는 관심을 잃은 듯 야스쿠니 참배를 강행했다. 그것이 "약속위반이다"라는 한국의 강한 반발을 낳았던 것도 사실이었다.

그렇다 치더라도 고이즈미는 왜 이토록 야스쿠니 참배에 집착했던 것일까. 단순한 '고집'이었던 것일까. 혹은 정치가로서 큰 야망이 있던 것은 아닐까. 두 갈래 가설을 생각해 볼 수 있다.

하나는 고이즈미는 나카소네를 넘는 대(大)재상으로서 이름을 남기려고 한 것은 아니었을까. 나카소네라고 하면 국내에서는 국철 민영화를 완수하고, 외교에서는 미국 대통령 레이건과의 돈독한 관계(로널드 레이건과 나카소네 야스히로의 이름을 딴 "론-야스 관계"라는 말이 유행했다)를 쌓아올려 국제무대에 큰 존재감을 나타낸 첫 수상이었다. 중의원·참의원 선거를 같은 날 실시하는 모험적인 승부수로 얻은 자민당의 "중의원 300석"은 역사에 길이 남을 쾌거이고, 재임기간도 5년에 이르는 장기정권을 유지했다. '대훈위'(大勳位)를 받고 영예에 빛나는 근년의 대정치가임에 틀림없다. 우정 민영화, "부시-고이즈미"의 탄탄한 관계, 무리한 의회해산에 의한 자민당의 폭발적 승리…. 고이즈미의 성과는 나카소네의 궤적에 놀라울 정도로 비슷하다. 게다가 나카소네가 단념한 야스쿠니 참배를 꿋꿋이 다해내고 나카소네를 넘어서고 싶다고 생각했다면 그 완고함도 이해가 간다.

하지만 그러기 위해서는 아시아, 특히 중국이나 한국의 이해를 얻지 않으면 안 된다. 그 때문에 고이즈미는 과거의 침략이나 식민지를 지배한 데 대한 사죄를 계속하고 A급 전범을 "전쟁범죄인이다"라고 단언하였다. 중국에서는 베이징 교외의 루거우차오〔蘆溝橋, 1937년 중일전쟁의 도화선이 된 군사충돌이 벌어진 장소〕를 방문하고 "인민 항일전쟁기념관"을 견학하며, 서울에서는 식민지시대에 독립운동가 등이 투옥된 "서대문 형무소" 터를 방문했다. "무라야마 담화"와 거의 비슷한 "전후 60년의 담화"를 스스로 발표하기도 하였다. 그것은 이 책의 제3장 "망언과 사죄의 정치사"에서 자세하게 소개하는 대로이다.

그런데 또 하나의 가설이 있다. 고이즈미의 야스쿠니 참배는, 실은 획기적인 외교를 전개하기 위한 포석이었던 것은 아닐까. 문득 그런 생각이 들기도 한다. 고이즈미는 중국이나 한국에 사죄의 말을 반복한 것만이 아니다. 북한으로 날아가는 "대담하고 기발한 행동"을 연출해 납치문제를 해결하는 한편, 식민지 지배의 과거를 사죄해 국교정상화의 길을 놓으려고 했다. 동아시아 국가들에 대해서는 "동아시아 공동체"를 만들자고 제창했다. 아시아의 평화에 스스로 주도권을 쥐려고 하였던 것은 분명하다.

한편, '9·11' 동시 다발 테러 후, 미국의 아프가니스탄 공격에 협력해서 재빠르게 인도양에 자위대를 파견했다. 국제적으로 비판이 많았던 이라크전쟁까지 지원하고, 자위대를 파견했던 것도 고이즈미였다. 야스쿠니 참배를 반복한 것은 이러한 외교 전개중의 일이다. 그것은 아시아에 대해서 비굴하다, 혹은 미국의 속국 같다는 소리가 나오지 않도록, 내셔널리즘을 충족시키기 위해서 미리 손을 쓴 것이었다는 가설이다.

약간 무리한 스토리이긴 하지만 전혀 근거가 없는 것은 아니다. 2002년 9월에 북한을 방문해 평양선언을 하고 돌아온 지 얼마 안 된 고이즈미를 어느 회합에서 만났을 때의 일. 김정일의 인상 등을 기분 좋게 이야기하던 고이즈미는, 북한 방문에 대해 "의외로 우익의 반발이 적었다"면서 "야스쿠니 참배의 덕분인가?"라고 말했다. 내가 "그것을 계산하고 참배했습니까?"라고 묻자 "아니, 완전한 우연"이라고 웃으며 대답했다. 아마도 그럴 것이다. 야스쿠니 참배는 고이즈미가 수상이 되기 전의 공약이며, 그때 자신의 북한 방문 등은 머릿속 어느 구석에도 없었을 것이다. 결과론이긴 하지만, 고이즈미가 그러한 균형의 역학을 의식하고 있던 것은 흥미롭다.

그러고 보면 2006년 10월에 나와 대담한 프랑스의 역사 인류학자 에마뉘엘 토드(Emmanuel Todd)는, 고이즈미의 야스쿠니 참배에 대해 "(일본이) 미국에 완전하게 추종하는 것을 숨기려는 '가짜 내셔널리즘'이에요"라고 하였다(〈아사히신문〉, 2006년 10월 30일). 심술궂은 말투였지만 이것도 비슷한 가설일 것이다. 두드러진 일본의 "친미(親美) 내셔널리스트"를 비꼬는 얘기였다.

'참배정치'가 부른 혼란과 쓰라린 대가

실제로 고이즈미의 야스쿠니 참배에 어떠한 철학이 깔려 있었는지 알 길이 없다. 6회에 이른 참배는 일정도, 스타일도, 핑계도 일관성을 잃고 있다. 종전기념일 직전의 8월 13일에 시작해, 다음해부터는 4월 21일(봄 제사), 1월 14일, 1월 1일(설날), 10월 17일(가을 제사), 그리고 마지막에 8월 15일(종전기념일)로 바뀌었다. 복장은 최초의 3회가 예복 복장으로, 설날에는 전통 복장, 그리고 평복, 그리고 다시 예복으로 돌아왔다. 본전에 올라 참배해 3만 엔의 헌화료를 지불하는가 하면 본전 아래에서 500엔 주화를 돈 상자에 넣거나…. 고이즈미의 머릿속 혼란이 보이는 것 같다.

"A급 전범의 합사"에 대한 대답도 일관성이 부족했다. 국회 답변에서 A급 전범을 "전쟁범죄인이다"라고 단정하는가 하면, 죽으면 모두 용서되는 것이 "일본인의 사생관(死生觀)"이라고 설명하거나 혹은 "죄는 미워하지만 사람을 미워하지 말라는 것이 공자의 말이다"라고 어정쩡한 근거로 중국에 비난의 화살을 돌리기도 하였다.

참배는 정치적 '공약'인가, 그렇지 않으면 "마음의 문제"인가. 그것도 계속 흔들렸다. 원래 총재선거의 토론회에서 단언했으므로 정치 공약임에 틀림없지만, 비판이 강해지면 "마음의 문제다"라고 말하면서, 헌법에 보장된 사상과 신조의 자유를 꺼내들었다. 2006년이 되면 "정신의 자유, 마음의 문제. 이 문제에 대해서 정치가 관여하는 것을 싫어하는 언론인, 지식인이 나(정치인)의 야스쿠니 참배를 비판하는 일도 이해할 수 없다"(2006년 1월 4일의 신년 기자회견)라고 말해 끊임없이 비난의 화살을 "지식인, 언론인" 쪽으로 돌렸다.

'언론인' 중에는, 아마 나도 들어 있던 것 같다. 이 해의 정월에 발매된 〈논좌〉(論座) 2월호에서 〈요미우리신문〉 주필 와타나베 쓰네오 씨와 대담하면서 둘이서 수상의 야스쿠니 참배를 심하게 비판했기 때문이다. 이것이 수상을 아프게 자극한 것 같다. 아사히와 요미우리의 공동전선〔共闘〕이라고 화제가 된 이 대담은 《'야스쿠니'와 고이즈미 수상》(아사히신문사, 2006년)으로 단행본 출판도 되었다. "마음의 문제", "사상 신조의 자유의 문제"라고 하기 시작해 정치로부터의 분리를 꾀한 고이즈미지만, 최후가 된 8월 15일의 참배에서는 "공약이니까"라며 정색을 했다. 그렇다면 말할 것도 없이 정치의 문제가 아닌가.

가설이 맞냐 틀리냐와는 관계없이 고이즈미의 야망은 성공하지 못했다. 아무리 과거에 대한 사죄를 반복해도, 야스쿠니 참배에 대한 중국이나 한국의 반발을 풀 수 없었기 때문이다. “아시아 해방”, “자존 자위”의 전쟁관이 넘쳐나는 야스쿠니 신사의 전쟁박물관 ‘유취관’(遊就館)이 아주 유명해진 데다, 수상의 야스쿠니 참배라는 생생한 마이너스 효과는 거듭된 사죄의 말로도 지울 수 없게 되었다.

한・중 양국은 일본이 간절히 바라던 유엔 안전보장이사회 상임이사국의 가입에 반대하는 선봉에 섰고, 중국에서는 격렬한 반일(反日) 데모가 일어났다. 결국 양국 정상의 상호 방문은커녕, 아세안(ASEAN, 동남아시아 국가연합) 정상회의 같은 때 행해지던 정상회담조차 할 수 없게 되었다. 상임이사국 가입은 비참한 실패로 끝났다.

한편 국교정상화 교섭을 약속한 북한과의 관계는 납치문제로 완전히 악화되어 내셔널리즘은 드높아진다. 국교 교섭을 할 경황도 아니게 되고, 야스쿠니 참배로 우파를 달랠 필요도 없어졌다. 그런 중에 야스쿠니 문제만 떠올라 오히려 한・중 문제에 북한이 가세하는 ‘반일’ 연대가 생기게 되었다.

대미 관계에서도 플러스가 되지 않았다. 야스쿠니 참배가 일본 내의 “도쿄재판 부정론(否定論)”을 유발하기도 해서, 미국에서도 지식인이나 의회의 야스쿠니 비판이 높아졌다. 아시아와의 관계를 조정할 수 없는 일본, 도쿄재판(극동국제군사재판)까지 부정하기 시작한 일본 …. 그런 이미지는 미・일 관계에도 나쁜 영향을 주었다.

고이즈미는 한・중 양국으로부터 정상회담을 거절당한 데 대해 강하게 반발해서 “야스쿠니 참배를 하지 않는 것을 조건으로 하는 태도”에 대해 “과연 좋은 것인지 어떤지. 나는 이러한 경우는 좋지 않다고 생각합니다”(2006년 8월 15일) 라고 상대방 탓을 하였다. 하지만 (상대가 있는 외교에서는) 고이즈미가 국내의 저항세력(자민당 내 반대세력 등)을 굴복시키듯 해치울 수는 없었다. “한・중에 굴하지 않는 것으로 새로운 일본 외교를 연다”는 의도는 성공하지 못했다.

참배를 계속하면 상대는 포기한다고 고이즈미가 계산했다면, 그것은 오산이었다. 국제정치학자 다나카 아키히코는 "상대방은 굳건한데, 국내만 (여론이) 나뉘고 있는 것입니다. 그러니까 아무리 참배를 계속해도 이길 수 없다"(《자유주의자로부터의 반격》에서 강상중과의 대담)고 냉정하게 평가하였다.

고이즈미는 퇴진 직전, 방위대학교 교장이 된 지 얼마 안 된 이오키베 마코토에게 부탁하여, 수상관저의 메일 매거진(2006년 9월 7일)에 고이즈미 정치에 대한 평가를 써 주길 원하였다. 자유롭게 써도 좋다는 말을 들은 이오키베는 전체적으로는 고이즈미 외교에 높은 점수를 주면서도, "야스쿠니 참배 하나가 얼마나 아시아 외교를 마비시키고, 일본이 그동안 쌓아 올린 건설적 대외관계를 얼마나 악화시켰던가"라고 한탄하였다.

'우파의 종마' 아베 등장

고이즈미의 뒤를 이어 아베 신조가 등장했다. 52세, 의원 경력은 불과 13년이지만 기시 노부스케〔岸信介〕의 손자이며, 수상이 되기 직전 병사(病死)한 아베 신타로〔安倍晋太郎 전 외상, 자민당 간사장〕의 아들이라는 발판을 딛고 빠른 출세가도를 달렸다. 당내에서는 극우파의 신진의원 집단에 속하였고, 북한의 일본인 납치문제에 대한 강경자세로 인기를 얻었다. 야스쿠니 신사 옹호파이기도 하며, 근년의 수상들 가운데 가장 선명한 내셔널리스트라고 해도 좋을 것이다.

1993년, 수상이 된 호소카와 모리히로〔細川護熙〕가 쇼와전쟁(태평양전쟁)에 대해 "침략이었다"라고 말했던 것에 반발하는 자민당 내 그룹에 참가했다. 무라야마 내각에서는 "종전 50주년 국회의원연맹"(오쿠노 세이스케 회장) 사무국 차장이 되었다. 결성취지문에는 "쇼와의 국난(태평양전쟁)에 직면하여 일본의 자존 자위와 아시아의 평화를 위해 고귀한 생명을 바쳤다"고 '영령들'의 명예를 기리면서 "후손에게 역사적 화근을 남기는 국회 결의를 행하는 것은 결코 용인할 수 없다"고 하였다. 다음해에 계획된 "종전 50년의 국회 결의"에 '반성'이나 '사죄'의 의도를 담아서는 안 된다는 자세를 보였다(〈세계〉 2006년 10월호 와다 하루키).

아베는 국회 결의에 저항하여 중의원 본회의를 결석하고 "무라야마 담화"에도 강하게 반발했다. 1997년에는 "일본의 앞날과 역사교육을 생각하는 젊은 의원의 모임"을 결성해, 나카가와 쇼이치〔中川昭一〕를 대표로 앉히고 아베가 사무국장이 되었다. 이 모임은 민간의 "새 역사교과서를 만드는 모임"과도 연대해 활동하게 된다. 나카가와는 나중에 아베 정권의 자민당 정조회장이라는 요직에 오르게 된다.

아베를 스타덤에 밀어 올린 것은 북한의 납치문제였다. 2002년 9월의 고이즈미 북한 방문에 동행하여 김정일과의 회담에도 배석한 아베이지만, 그 후의 납치문제 전개에서는 일관되게 강경한 입장을 취했다. 아베 자신이 이 문제에 일찍부터 관심을 가졌던 것이 '가족회'의 신뢰를 얻는 밑바탕이 되었지만, 그러한 실적을 바탕으로 "이 문제에 타협은 있을 수 없다"고 딱 부러지는 발언을 반복하고 여론을 끌어당겼다.

흐름을 가른 것은 2006년 7월 5일의 사건이었다. 노동, 대포동, 스커드 … 북한이 동해에 7발의 미사일을 잇달아 쏘았다. 수상으로부터 지휘를 위임받은 아베는, 유엔의 제재논의를 강경론으로 이끄는 등 존재감을 나타냈다. 납치와 미사일 … 아베 정권은 북한이라는 존재가 있었기에 태어난 정권이라고도 할 수 있겠다.

아베가 수상이 됨에 따라 자민당 정권은 모리 요시로, 고이즈미 준이치로에 이어 3대 연속 모리파에서 나오게 되었다. 기시 노부스케를 원류로 후쿠다 다케오〔福田赳夫〕, 아베 신타로, 미쓰즈카 히로시〔三塚博〕, 모리 요시로 등으로 이어져 온 파벌이다. 역사적으로 브면 파벌간 항쟁의 측면에서는 다나카·다케시타파 계통에 몇 번이나 호되게 당한 계보이지만, 근년 들어서는 이들 모리파의 천하가 계속되고 있다. 기시를 원류로 하기 때문에 대체로 반공 색깔이 강한 강경파의 계열이다.

돌이켜 보면, 무라야마 정권에서 자민당으로 정권이 돌아오고 나서도 하시모토 류타로〔橋本龍太郞〕, 오부치 게이조〔小渕惠三〕 등 중국과는 인연이 깊은 다나카파의 정권이 계속되었다. 오부치는 김대중과 함께 한·일 관계에서 획기적인 "과거 청산"을 이루어냈다. "ASEAN+3"에서의 "한·중·일" 정상회의가 생긴 것도 오부치의 성실한 노력의 결과였다. 후에 한국의 공로명 전 외무부장관은 〈아사히신문〉〔朝日新聞〕 기고를 통해 이에 대해 높게 평가하고, 오부치를 그리워하면서 아시아에 진정한 지도자가 나올 것을 기대했다.

오부치가 2000년 봄에 갑자기 쓰러지면서, 모리 요시로의 단명 정권을 거쳐 이듬해 4월, 고이즈미 정권이 탄생한다. "다나카 지배"와 "다케시타파 지배"의 타도를 오랜 세월 가슴에 품어 온 고이즈미는, 우정 민영화나 도로공단 민영화 등을 통해서 다나카·다케시타파의 이권(利權) 구조를 무너뜨려 국민의 갈채를 얻었다. 하지만 함께 무너진 것이 아시아 외교였다. 게다가 아베의 등장이다. 중·일 관계가 다나카파의 아성이라고 강하게 의식하는 점에서는, 아베는 고이즈미 그 이상이었는지도 모른다. 아베는 외교 브레인 오카자키 히사히코〔岡崎久彦〕와의 대담에서 다음과 같이 말하고 있다.

> "일본에는, 1972년의 다나카 가쿠에이〔田中角榮〕 수상의 방중 및 중·일 국교정상화 이후 우호지상주의가 만연했습니다. '중국의 심기를 건드려서는 안 된다. 사이좋게 지내지 않으면 안 된다'라는 우호제일주의가, 일본의 정부나 정치가, 관료들에게 강박관념과 같이 굳어버린 것은 아닌지 생각합니다. 우호라는 것은 온화한 화(和)의 이미지입니다만, 한편으로는 일본이 주장해야 할 것을 주장했는지 어떤지. 주장해야 할 것을 주장하지 않으면 결과적으로 우호적 상황은 됩니다. 30년간 일본은 중국에 대해서 지극히 저자세를 취해 온

것은 아닐까 생각합니다"(《이 나라를 지킬 결의》, 후소샤〔扶桑社〕, 2004년).

전쟁 책임 '양분론' 논쟁

아베, 외상 아소 타로, 대장상(재무부장관) 다니카키 사다카즈의 삼파전이 된 2006년의 자민당 총재선거는 역사 인식이나 대 중국 자세가 이슈가 된 보기 드문 싸움이었다. 일본 기자클럽 토론회에서는 다음과 같은 논쟁이 있었다(2006년 9월 12일의 〈아사히신문〉 등에 의한다).

다니카키: 목에 걸린 가시가 야스쿠니이지만 중·일 국교회복 때에 중국은 일본의 전쟁 지도자와 일반국민을 나누어 중국 인민에게 설명했다. (A급 전범이 합사된 야스쿠니 신사에 수상이 참배하게 되면) 설명이 잘 먹히지 않을 것으로 생각한다. 아베 씨는 어떻게 생각하는지?
아베: 그런 문서는 남아 있지 않다고 생각한다. 나라와 나라의 국교정상화, 즉 강화조약을 맺는다는 것은 강화조약과 같은 주고받은 문서가 전부라고 생각한다. … 일본의 국민을 두 갈래로 나누는 것은 중국의 이해인지는 모르겠지만, 일본이 모두 중국처럼 이해하고 있다고 할 수 없고, 조금은 계급사관조이지 않나 하는 논란도 있는 것 아닌가.
다니카키: 무라야마 담화는 침략전쟁이었음을 인정하고 있는데….
아베: 그 정신은 앞으로도 계속 될 것이다. 그러나 개개의, 역사적 사실분석에 대해서는 본래 역사가에게 맡겨야 한다. 정치가가 말하면 정치적 메시지가 된다. 외교적 작용을 일으키는 것을 염두에 두고 판단하게 되면, 그것은 올바른 분석이 될까라는 의문이 생긴다. 기본적으로 정치가는 그런 것에 대해서는 겸허하지 않으면 안 된다고 생각한다.
다니카키: 중국과의 관계로 말하면, 침략전쟁이었던 것은 명확하다. 그것을 전제로 생각하지 않는다면 안정된 중·일 관계는 만들 수 없는 것이 아닌가.
아소: 만주국 건국 이래, 난징공략은 침략이라고 해도 어쩔 수 없다는 것에 대해서는 역사적 평가가 거의 일치하고 있다. 단지 태평양전쟁과 중국 대륙 부분이 상당히 혼동돼 (침략으로) 이야기 되는 것은 역사 인식으로서는 (성립되기) 어렵다고 생각한다.

다니카키가 중일전쟁을 일본의 침략이라고 하고, 아소도 기본적으로 동조한 것에 대하여 아베는 그것을 애매하게 "역사가에게 맡겨야 한다"라며 확답을 계속 피했다. 《아름다운 나라로》(文春新書, 2006년) 에서는 "역사를 단순하게 선악의 이원론으로 정리할 수 있는 것인가"라고 쓰고 있지만, 수상 취임 후에는 중의원 본회의에서 "역사를, 그 시대에 산 사람들의 시점에서 재검토하려는 자세"가 중요하다고 말했다(2006년 10월 2일). 이런 어투는 "새 역사교과서를 만드는 모임"과도 공통되는 것이다.

아베 등이 지지한 《새로운 역사교과서》(후소샤, 2001년) 는 맑스주의 사관을 부정한 나머지 전쟁 전의 일본을 정당화한다고 하여 안팎으로부터 강한 비판을 받은 전과가 있는 교과서이다. "역사를 배운다는 것은 지금 시대의 기준으로 보아 과거의 부정이나 불공평을 재판하거나 고발하는 것이 아니다. 과거의 그 시대에는 시대에 따른 특유의 선악이 있고 특유의 행복이 있었다"라는 서장(序章) 의 문장에서 이 교과서의 기본자세를 알 수 있었지만, 이것은 일본에서도 많은 비판을 받았다.

예를 들면, 도쿄대학 교수 야마우치 마사유키는 《역사가의 독서대》(미스즈서방, 2005년) 에서 역사를 배울 때의 "지금 시대의 기준"에는 "역사를 통해 사람들이 본능적으로 공유한 공포나 빈곤이나 억압으로부터의 자유를 희구한다는, 역사를 관통하는 가치관도 포함되어 있다"고 지적하면서, "스탈린 체제하의 숙청의 공포를 말하는 사람은, 일본의 식민지 지배에 신음한 동아시아 여러 민족에 대한 헌병정치의 비도덕에도 관심을 가지지 않으면 안 된다"라고 날카롭게 반격했다. 이것은 아베에 대해서도 말할 수 있을 것이다.

총재선거 토론에서는 중·일 관계를 둘러싼 전쟁 책임의 '양분론'에 대해서도 아베의 인식이 도마 위에 올랐다.

다니카키가 지적한 것처럼 1972년의 중·일 국교정상화 과정에서 중국은 일본의 전쟁 책임을 "일부의 군국주의 지도자"로 한정해, 일반국민은 책임이 없다는 태도를 취했다. 이른바 '양분론'이다. 마오쩌둥이나 저우언라이〔周恩來〕는 이 논법으로 반일감정이 치유되지 않는 중국 인민을 설득해, 일본에 대한 배상 포기를 밝혔다. 이러한 중국의 입장을 고려하면 전쟁 지도자인 A급 전범이 합사된 야스쿠니신사에 수상이 참배하는 것은 상대의 신경을 자극하는 행동이 아닌가. 다니카키가 말하고자 한 것은 그런 것이었다.

과연 1972년 9월 25일 베이징 인민대회당에서 다나카 가쿠에이 수상을 맞이해 열린 만찬 환영인사를 통해 수상 저우언라이는 이렇게 말했다.

> "중국 인민은 마오쩌둥 주석의 가르침에 따라서 극소수의 군국주의 분자와 광범한 일본인민을 엄격하게 구별해왔습니다."

이와 관련한 경위에 대해서는 2006년 8월, NHK 프로그램 〈중·일은 역사를 어떻게 마주해야 하는가〉가 상세하게 보도했다. 그에 따르면, 중국은 이 양분론의 발상을 일본에도 요구해 공동선언에 '군국주의'의 책임을 넣도록 요구했지만 일본은 받아들이지 않았다. 군국주의자가 어디까지를 말하는 것인지, 일본정부로서는 선긋기가 곤란한 데다 따지고 들어가면 천황의 책임문제까지 나오지 않을 수 없다고 보아 경계했다. 외상이었던 오히라 마사요시〔大平正芳〕의 비서관이었던 모리타(후의 중의원 의원)가 그렇게 밝히고 있다. 하지만 중국이 그러한 논리로 배상을 포기해 주었으니 일본으로서는 이것을 크게 평가하지 않을 수 없었다.

호세이〔法政〕대학 교수로서 일본에서 활약하는 왕밍〔王敏〕은 《중국인의 애국심》(PHP新書, 2005년)에서 "적으로 생각해 온 일본과 1972년에 갑작스럽게 중·일 국교가 회복되었다. … 중국 인민에게는 아무 준비도 없는 터에 돌연 다가온 일이다. 계속 '일본제국주의'라고 가르침을 받아왔던 일본이라는 나라와의 국교회복에 중국인은 크게 모순을 느끼고 있었다"고 하였다. 저우언라이가 "전쟁은 일본의 일부 군국주의자의 죄이며, 일본 국민은 중국 인민과 같은 피해자이다"라고 열심히 설득하려 했다고 쓰고 있다.

중국은 국민 설득에 철저했던 것 같다. 상하이 국제문제연구소 일본연구실 주임 우지난〔吳寄南〕으로부터 회상을 들은 적이 있다. 그에 따르면 다나카 방중 한 달 반쯤 전에 상하이 시에서는 공산당의 말단 간부들이 14개 회의장에 분산되어 합계 8만 명 정도가 모여 모든 회의장소를 유선으로 연결한 설명회가 열렸다. 거기서 상하이 시 혁명위원회의 간부가 저우언라이의 말을 소개하면서 왜 다나카를 맞이하는지, 왜 중국이 일본과 국교를 맺는지, 왜 배상을 포기하는지에 대하여 열심히 설득했다. 배상 포기의 이유로서는 "벌써 국민당 정권이 배상을 포기해버려서, 공산당은 보다 큰 도량을 보이지 않으면 안 된다", "배상을 하게 되면 일본 국민이 부담하게 되는데, 그것은 중·일 우호에 유리하지 않다"는 점 등을 들었다고 한다.

스무 살의 젊은 당원으로서 설명회에 참가한 우지난은 자신의 직장에 돌아가 노동자들을 설득해야 했다. 상하이라고 하면 일본군의 공격을 받은 격전의 땅이다. 배상금에 의해서 싼 임금이 상승할 것이라는 기대도 있던 터라 눈물을 흘리며 "일본에 속지 마라"라고 호소하는 사람도 있었다. 그런데도 납득한 것은 '양분론'이 주효했기 때문이라고 한다. "책임이 있는 군국주의자들은 이미 극동국제군사재판(도쿄재판)으로 처형되었다"라고 가르쳤던 것이다.

원래 전쟁 책임자를 한정하는 양분론은 중국 공산당의 전매특허는 아니었다. 저우언라이 등이 말한 것처럼, 종전 직후 '이덕보원'(以德報怨, 덕으로 원한을 갚는다는 의미)으로 관대한 조치를 취한 국민당의 장제스〔蔣介石〕도 이 논리를 취했다. 뉘른베르크재판도, 도쿄재판도 기본적으로 이 논리로 진행되었다. 그 이유는 제1차 세계대전 후,

패전국 독일의 국민 전체의 책임을 물어 막대한 배상을 부과했던 것이 그 후의 나치스 대두를 불렀다는 반성에서 기인한다. 말하자면 전쟁처리에 도입된 근대적 논리라고 해도 좋다.

하지만 고이즈미는 그러한 사정도 고려하지 않고, "다른 나라가 간섭해서는 안 된다"라고 참배 반대를 무시하였다. 그리고 아베는 양분론을 "문서에 없다"라고 무시하면서 '계급사관'이라고까지 말했다. 역사감각이 결여된 어른스럽지 못한 대답이지 않은가?

"전승국의 도쿄재판, 인정 못한다"

총재선거로부터 이야기는 조금 거슬러 올라간다. 야스쿠니 신사의 A급 전범 합사를 둘러싼 논의가 활발해진 가운데 2005년 5월, 자민당의 중의원 의원으로 후생노동성의 '정무관'을 맡고 있던 모리오카 마사히로〔森岡正宏〕의 발언이 파문을 일으켰다.

> "극동군사재판은 평화나 인도에 대한 죄를 점령군이 마음대로 만든 일방적 재판이다. A급 전범의 유족은 연금을 받고 있어 일본 내에서는 그 사람들(A급 전범)은 더 이상 죄인은 아니다. 중국을 의식하여 A급 전범에 대해 그야말로 나쁜 존재라는 식으로 치부해버리는 것은 유감이다. 중·일, 한·일 관계가 중요하다면서 야스쿠니 신사에 A급 전범을 모시는 것은 나쁜 것처럼 말한다. 이렇게 처리하는 식이라면 후세에 화근을 남긴다" (〈아사히신문〉, 2005년 5월 27일).

이른바 '도쿄재판'을 부정하는 듯한 발언이 정부에서 나온 데 놀랐지만, 이것은 야스쿠니 신사가 지니는 사상을 대변하는 것으로 자민당 내부에서도 종종 제기되는 전형적 사고이다.

야스쿠니 신사가 이러한 사상을 표면화시킨 것은 A급 전범의 합사를 단행한 궁사(宮司, 야스쿠니 신사의 책임자)였던 마쓰다이라 나가

요시의 시대부터라고 전해진다. 2002년에 새롭게 개장(改裝)된 '유취관'의 홈페이지에는 이렇게 쓰여 있다.

"근대국가 성립을 위해, 우리 나라의 자존 자위를 위해, 더욱 세계사적으로 피부의 색깔과는 관계없이 자유롭고 평등한 세계를 달성하기 위해, 피할 수 없었던 많은 전쟁이 있었습니다. 그러한 싸움에 고귀한 생명을 바치신 것이 영령이며, 그 영령의 무훈과 유덕을 현창하여 영령이 걸었던 근대사의 진실을 분명히 하는 것이 유취관이 가지는 사명입니다."

거기에는 "자존 자위", "아시아 해방의 전쟁"이라는 시각이 일관되어 있음 알 수 있는데, 여기서 말하는 '영령'에는 도조 히데키〔東條英機〕 등의 A급 전범도 당연히 포함되는 것이다.

모리오카가 말한 것처럼, A급 전범의 유족도 일반병사의 유족과 같이 조위금이나 유족연금을 받고 있지만, 이것은 유족들의 생활곤궁을 배려해서 1953년에 후생성이 그들을 공무사(公務死)로 결정했기 때문이다. 어디까지나 유족에 대한 온정적 배려이며, A급 전범 처형자 그 자체의 명예회복을 위해서가 아니다. 거기에 논리의 비약이 있다.

물론 "승자의 재판"이었던 만큼 미국에 의한 "원폭 투하"나 소련에 의한 일본군의 시베리아 억류 등의 죄를 묻지 않았던 도쿄재판 본연의 자세에 의문의 소리가 많은 것도 사실이다. 모리오카가 말하듯이 평화와 인도에 대한 죄는 전후에 만들어진 것으로 "사후법으로 재판하는 것은 위법이다"라는 법 원칙에도 반(反)하고 있다. 그것은 도쿄재판의 판사로 '무죄'를 주장한 인도의 펄 판사가 지적한 대로이다. 《새로운 역사교과서》도 도쿄재판에 대해서는 재판관이 모두 전승국에서 선정된 점 등의 문제점을 들어 펄 판사의 무죄론을 소개하는 등 재판의 부당성을 부각시키는 기술이 있다.

하지만 그러한 비판의 상당수는 법률의 일반론으로서 성립되는 것이기는 하지만, 전쟁의 결과를 처리하는 정치론으로서는 통용되지 않는다. 나카소네 내각 때 관방장관을 하고 은퇴 후에도 보수세력의 원로였던 고토다 마사하루〔後藤田正晴〕는 2005년 타계하기 전 인터뷰에서, 야스쿠니 문제에 대해 말하고 있다. 그 상세한 내용은 《자유주의자로부터의 반격》 중에 "고토다 마사하루의 유언"으로 실려 있다.

고토다는 나치스의 대두를 초래한 제 1차 세계대전의 처리에 대한 반성으로, 전쟁 지도자에게만 책임을 한정하는 새로운 방식을 채용했던 것이 뉘른베르크재판과 도쿄재판이었다고 지적한다. "일본국민의 입장에서 봐도 A급 전범을 예로 들면, 이 사람들은 천황에 대한 보필의 책임을 다하지 못했다. 그리고 패전이라는 비참한 운명에 나라를 빠뜨렸다. … 그 결과에 대한 책임을 져야 한다"고 말하고 있다.

게다가 일본은 1951년의 샌프란시스코 강화조약으로 "도쿄재판을 받아들인다"고 약속해 (점령군의 굴레에서 벗어나) 독립을 얻고 국제사회에 복귀했다. 도쿄재판 부정론자들은 "받아들인 것은 판결에 의한 형의 집행이지 재판 전체를 받아들인 것은 아니다"라는 이야기도 있지만, 참으로 해괴한 논리이며 정부도 부정하고 있다. 고토다는 "억지 핑계는 집어치우는 것이 좋다"고 해, 샌프란시스코 강화조약에 "트집을 잡는 식"이라면 국제사회에서 신용을 잃을 뿐이라고 경고했다.

'가해자'가 '피해자' 되다

고이즈미의 야스쿠니 참배는 여론조사에서 대체로 국민 절반 정도의 지지를 얻었다. 거기에는 아베가 말하듯이 중·일이나 한·일의 '우호'의 기치 아래 일본이 이웃나라의 눈치를 살펴 자기주장을 하지 않았다라는 생각이 깔려 있다. 내정간섭을 배제한다는 고이즈미나 아베에 공감하고 통하는 바가 있다.

그렇게 된 데에는 몇 가지 이유가 있었다. 하나는 1998년에 일본을 방문한 중국 국가주석, 장쩌민〔江澤民〕의 발언이다. 20세기를 매듭짓는 역사적 방일이라는 기대를 배반하기라도 하듯이, 장쩌민은 일본의 과거를 계속 추궁해 군국주의의가 다시 도래해서는 안 된다는 다짐을 받으려 했다. 물론 일본의 정치가에 의한 '망언'이 끊이지 않았던 탓도 있었다. 하지만 중국의 강력한 요망에 부응해 1992년에 실현된 천황 방중이나, 1995년의 "무라야마 담화"가 있었음에도 불구하고, 왜 이렇게까지 과거를 계속 추궁당하지 않으면 안 되는가 하는 의문이, "언제까지나 역사 카드를 계속 사용하는 중국"이라는 인상을 일본인에게 준 것은 아닐까. 1990년대에 중국이 진행한 '애국주의' 노선의 영향인 것이다.

게다가 얼마 전까지 "아시아의 유일한 경제대국"으로 우뚝 섰던 일본이 버블 붕괴 후의 심각한 경제침체에 빠지는 한편, 어마어마한 인구를 가진 중국의 급격한 경제성장이 위협이 되었다. 출산율 저하와 고용불안도 겹치고, 자신감과 프라이드를 잃어가는 것과 동시에 중국을 보는 눈이 여유를 잃었다.

중국의 군사력 증강도 겹쳤다. 중국은 핵 보유국이 된 지 오랠 뿐만 아니라 막대한 예산을 투입해 미사일과 해군력의 급격한 강화를 진행시키고 있다. 그 실상은 불투명하고 기분 나쁜 점을 지울 수 없다. 게다가 센카쿠〔尖閣〕 열도의 영유권을 주장해, 최근에는 잠수함의 영해침범 사건을 일으키거나 동중국해에서는 가스유전의 채굴을 둘러싸고 일본의 주장을 무시하는 행동을 취하는 등 충돌이 끊이지 않는다.

빈곤에 허덕이는 북한마저 노동과 대포동이라는 탄도 미사일의 시험발사로 일본을 위협하고, 핵개발 문제로 세계를 애먹이고 있다. 고이즈미 정권 이후 일본인 납치문제까지 밝혀져 일본의 국민감정은 들끓지 않을 수 없었다. 같은 시기, 갑자기 시작된 "한류 붐"에 의해서 한·일 관계에 국민 차원의 큰 화학변화가 일어난 것은 다행이었지만, 한편으로 남・북의 화해 무드에 의한 민족의식 고양이 일본에는 전에 없는 자극요소가 되었다.

예를 들면, 납치문제에 대한 대처의 차이였다. 일본에서는 납치 피해자의 구제를 요구하는 여론이 들끓었던 것에 반해, 한국에서는 수십 배의 피해자가 있어도 그다지 분위기가 고양되지 않았다. 한국 전쟁에 의한 여러 가지 비극이나 이산가족의 존재가 있기 때문에, 납치문제가 상대적으로 눈에 띄지 않는다 하는 사정도 있을 것이다. 게다가 같은 식민지시대를 경험한 동포로서, 일본에서의 북한 비난이 '지나치다'라는 분위기까지 있었다. 민족감정을 자극하는 사건이 있으면 있을수록 그러한 역학이 작동하게 된다.

중국이나 한국은 전후 일본에 대해서 "가해의 역사를 잊지 말아라", "피해자의 입장이 되어 생각하면 좋겠다"라고 요구했다. 다리를 밟은 사람은 밟힌 사람의 아픔은 모른다는 논리이다. 그건 분명 그렇지만 전후 60년 동안이나 '가해자'로서 책임을 계속 추궁당한다면, 비난을 받는 측에도 "피해자 의식"이 싹터 온다. 하물며 세월이 흘러 가해의 시대를 까맣게 모르는 사람이 사회의 대부분을 차지하게 되면서 "언제까지 비난할 것인가. 이제는 그만해도 되지 않는가"라고 하고 싶어진다. 그런 때에 북한의 '납치'나 "핵 미사일" 혹은 중국의 '영해침범'이나 가스유전의 일방적 채굴 등 일본이 진짜 '피해'를 당하게 되었다. 불평만을 되풀이해서 듣는 '가해자'로부터, 불평을 말할 수 있는 '피해자'가 됨으로써 억압된 내셔널리즘이 분출했다고 볼 수도 있다.

다른 한편의 역사관

고이즈미가 야스쿠니 신사를 참배했던 2006년 8월 15일, 천황 부부가 참석한 전국 전몰자 추도식에서 눈에 띈 것은 추도사를 읽은 중의원 의장 고노 요헤이〔河野洋平〕였다. 전함 '야마토'(일본 역사상 최대규모의 전함)가 죽음의 항해로 나갈 때, 대위인 우스부치 이와오가 "일본이 새로 태어남을 위하여 먼저 간다. 그야말로 염원하던 바가 아닌가"라고 부하에게 말한 이야기를 소개하며 다음과 같이 말했다.

> "나는 신생 일본이 눈을 뜨는 것을 확신해, 그 선구자가 되기를 바라면서 희생을 받아들인 젊고 유능한 인재들을 생각해 볼 때, 전쟁을 주도한 당시 지도자들의 책임을 애매하게 해서는 안 된다고 생각합니다."

A급 전범을 합사한 야스쿠니 신사와 고이즈미의 참배에 대한 비판이 담겨 있는 것은 말할 필요도 없다. 중국과의 관계에 신경을 써 온 온건파 대표 격으로서의 따끔한 한마디였다.

한편 아시아 외교를 중요시하는 입장에서 초당파 의원연맹 "국립 추도시설을 생각하는 모임"을 만들어 "새로운 추도시설 건설"을 제언(2006년 6월)한 중심인물은 일찍이 고이즈미의 동지였던 전 자민당 간사장 야마자키 타쿠다. 여기에는 연립여당의 공명당 간부가 즐비하게 이름을 내걸었는데, 그 외에도 하토야마 유키오 등 민주당 간부뿐만이 아니라 자민당으로부터 가토 고이치, 후쿠다 야스오(2007년 가을 총리 취임), 노다 타케시 등의 실력자가 참여했다.

일찍이 나카소네의 측근이었던 노다는 중·일 우호파의 대표 격이다. 고이즈미의 야스쿠니 참배 후에 행해진 〈아사히신문〉의 좌담회에서 다음과 같이 말했다(2006년 8월 16일).

> "1985년의 나카소네 수상의 야스쿠니 신사 공식참배에 앞서, 나는 중국으로 가서 쑨핑화〔孫平化〕 중일우호협회 부회장과 이야기했다. '수상이 참배하는 대상은 A급 전범은 아니다'라고 설득했지만, 중국은 '일본인의 생각도 알지만 중국에도 민족감정이 있다. 일본의 수상이 국민을 대표해 고개를 숙이는 것은 A급 전범의 명예회복으로 연결되어 중국 인민에게 설명할 수가 없다'라고 했다. 참배 후 중국정부에 의한 비판은 현재와 비교하면 온화했다. 하

> 지만 그 때문에 중국정부는 후에 국민으로부터 소극적이라고 비난과 압력을 받았다. '중국은 야스쿠니를 외교카드로 사용하고 있다'라고 비판하는 사람은 중국정부의 이 문제에 대한 절박함을 이해해 주었으면 한다."

총재선거 때 아베에 대항해서 대(對)중국 외교를 말한 다니카키 사다카즈는 보수 주류를 자인하는 굉지회(宏池會) 출신이다. 일찍이 그 리더였던 오히라 마사요시는 다나카 내각의 외상으로서 중·일 국교정상화의 주인공이었고, 미야자와 기이치〔宮澤喜一〕는 천황 방중을 실현했다. 아베가 '반(反)중국'의 기조를 계승하는 것과는 대조적으로, 다니카키는 "중·일 우호"의 인맥 안에서 정치가의 길을 걸어왔다.

다니카키는 가토 고이치가 모리 내각 때 '반란'에 실패하자 가토를 따라 파벌을 나왔다. 그 가토의 고향 집이 우익에 의해 방화되었는데, 가토는 그 사건 전에, 〈문예춘추〉(文芸春秋)와 〈중앙공론〉(中央公論) 2006년 8월호에서 야스쿠니 참배 반대론을 밝히고 있었다.

> "제 1차 세계대전중 1915년, 제 2차 오쿠마 내각의 가토 다카아키〔加藤高明〕 외상은, 중국에 대하여 일본의 권익을 확대·확장하려는 '21개조 요구'를 내밀었다. 이것을 계기로 중국의 대일 감정은 크게 악화되었다. 그 후도 일본은 중국 침략을 계속해 1931년의 만주사변에 이르렀다. 일본은 러일전쟁으로부터 만주사변에 이를 때까지 4반세기에 치명적 실책을 거듭했다고 하여도 과언이 아니다.
>
> 이렇게 중국에서의 침략을 계속한 결과 국제사회로부터 고립되었다. 한편 쑹칭링〔宋慶齡〕, 쑹메이링〔宋美齡〕 자매의 외교노력에 의하, 미국은 중국을 가까이하게 되고 몰리게 된 일본은 제 2차 세계대전에 돌입하였다는 것이 역사적 사실일 것이다. 그렇지만 일본은 전쟁을 총괄적으로 (반성하지 않고) 눈을 돌려버리고, 아시아 여러 나라의 내셔널리즘에 지극히 둔감했기에 가해자 의식이 엷다는 측면이 있다. 야스쿠니 신사에는 이러한 일본인의 역사관이 나타나고 있다."

노다 다케시와도 공통되는 이 견해는, 역사가 마쓰모토 겐이치의 《일본의 실패》(이와나미 현대문고, 2006년)와 같은 것으로, 마쓰모토가 논한 것처럼 그 시대의 이시바시 단잔〔石橋湛山〕이 강하게 호소한 것이기도 하다.

중국이 점차 대국화(大國化)되는 가운데 앞으로의 중국과 어떻게 지내야 할 것인가. 가토 고이치는 저서 《새로운 일본의 모습》(다이아몬드사, 2005년)에서 "아시아라는 마을의 집단에서 일본과 중국이라는 2대 명가가 대립하기 시작하자 주변국까지 우왕좌왕하는 사태로 발전할 가능성이 있다. 그렇게 될 때, 어느 나라가 실수를 범하지 않는다고 단언할 수 없다"라고 말해 미·중·일의 우호관계가 얼마나 소중한가를 역설하고 있다.

가토의 지론은 미·중·일의 '정삼각형론'이다. "만약 미국이 너무 단독주의적이면 '중·일'이 접근한다. 만약 중국이 너무 패권적이면 '미·일'이 카운터 밸런스가 된다"라는 균형론이다. 이에 대해서는 안보조약이라는 동맹관계에 있는 '미·일'과 그렇지 않은 '중·일'을 같은 비중으로 보는가 하는 반발도 강하다. 하지만 역사적 문화적 지리적으로 보면 '중·일'은 '미·일'과 비교도 되지 않는 가까운 사이이고, 경제적으로도 미·일과 필적할 만한 농밀한 관계가 있다. 가토는 그것을 소중하게 여겨야 한다는 것이다.

방화사건으로부터 4개월 경과한 2006년 11월, 가토는 자민당에 "아시아 외교·안보 비전 연구회"를 설립해 회장이 되었다. 상임고문이 된 야마자키 타쿠와의 2인 삼각으로, 아베 외교에 이의를 제기해 나갈 태세를 취했다.

한편 1993년에 자민당을 뛰쳐나온 오자와 이치로는 2006년 4월 제일야당 민주당 대표가 되었지만, 오자와도 '정삼각형론'을 주창하면서 "중국 중시"를 명확하게 하고 있다. 그는 같은 해 7월 고이즈미의 방미에 맞서기라도 하듯 방중하여 고이즈미와의 회담을 거절하던 후진타오와 회담함으로써 대항심을 드러냈다. 전 대표 마에하라 세이지는 중국을 '위협'으로 간주하는 발언으로 파문을 일으킨 적도 있었지만, 중·일 관계를 중시하는 점에서는 하토야마나 간 나오토, 오카다 가쓰야 등 민주당 간부도 거의 같은 생각이다.

아베 겨냥한 숙부의 '유언'

중·일 관계가 "정랭경열"(政冷經熱)이란 말로 묘사되는 가운데, 경제계로부터도 정치에 대한 불만이 있었다. 수상의 야스쿠니 참배에 반대하는 경제동우회의 제안이 그 표현이었지만, 전 니혼코교〔日本興業〕은행 총재 니시무라 마사오가 〈논좌〉 2006년 7월호에 기고한 "차기 수상에 대한 직언"은 똑 부러진 데가 있었다. 게다가 니시무라가 아베 신타로의 아버지가 다른 남동생이기에, 즉 아베 신조의 숙부뻘이 되어 더욱 화제가 되었다. 그 일부를 인용해 보자.

> "민주주의가 빠지기 쉬운 결점은 포퓰리즘 정치이다. 특히 텔레비전이 발달한 소선거구제도 아래에서는 그렇게 되기 쉽다. 텔레비전에 빈번히 나오고, 젊고 멋있는 정치가가 인기를 얻는다. 또 중국의 반일 데모 등을 기회로 '강한 일본'을 부추기는 민족주의적 정치가가 뜨는 경향이 있다. 이러한 편협한 내셔널리즘을 억제하는 것이 정치가의 큰 사명이다. 전쟁 전 마쓰오카 요스케 외상이 국제연맹을 탈퇴하고, 일·독·불의 삼국동맹을 체결하자 당시 매스컴이 환영하고 국민도 이것을 지지한 결과 무모한 전쟁에 빠져들었지만, 최근 닮은 경향이 우려된다. '강한 일본'이라는 것은 한·중만을 비난하는 것이 아니라, 동맹국인 유일한 초강대국 미국에 대하여 시키는 대로만 하지 않고 의연히 말해야 할 것을 주장하는 것이 진정한 보수정치가의 책무인 것이다."

거명하고 있지는 않지만, 아베 신조에 대한 날카로운 직언이 아닌가. 니시무라는 야스쿠니 신사의 A급 전범 합사나 수상의 참배를 강하게 경고하였다.

> "일본 외교의 주축이 미·일 관계라는 것은 말할 필요도 없지만, 대두해 오는 중국이나 인도에 얼마나 대응할 수 있을까 하는 전략이 지극히 중요하다. 동남아시아 여러 나라도 중국 한 나라가 패권을 잡는 것을 걱정하고 있어 일본이 중국에 대항해서 리더십을 발휘해 줄 것을 기대하고 있다. 그런데 현재 상태로서는 유엔 상임이사국 진출에 아시아의 주요국 중 어느 나라도 찬성하지 않았던 것에서 상징되듯이, 아시아에서 일본은 고립되고 있다. 전략적 아시아 외교의 재구축이야말로 포스트 고이즈미에 부과된 최대의 과제이다."

니시무라는 총재선거를 목전에 두고 2006년 8월 초 심장병으로 돌연 사망하였다. 수상이 되자 재빠르게 방중한 아베의 가슴속에도 이 '유언'이 어디엔가 스며 있을지도 모른다.

2. "자유와 민주주의" 대 "도덕성"

왜 아시아에 '자유 민주'를 외칠까

"아시아에 존재하는 민주국가로서 자유로운 사회의 고리를 아시아, 그리고 세계에 넓혀 가기 위해, 호주나 인도 등 기본적 가치를 공유하는 나라들과의 정상 차원의 전략적 대화를 전개하겠습니다."

2006년 9월 29일, 수상으로 취임한 아베 신조가 말한 소신표명 연설의 한 구절이다. 전임자 고이즈미 준이치로는 마지막 방미가 된 이해 7월의 미·일 정상회담에서, 대통령 부시와 "세계 속의 미·일 동맹"을 강조하면서 공동성명에서 "자유, 인권, 민주주의" 등 "보편적 가치관"의 중요성을 강조했다. 아베는 이것을 계승하면서 그러한 가치관을 아시아에도 적용하려는 자세를 밝혔다. 그것은 취임 전부터의 지론이기도 했다.

"인도에는 10억의 인구가 살고 있습니다. 장래 더욱더 늘어 중국과 비슷해질 거라고들 하고 있습니다. 그들은 매우 우수한 사람들로, 무엇보다도 자유와 민주주의라는 가치를 공유하고 있습니다. 이 나라와 좀더 협력을 깊이 해나갈 것입니다. … 경우에 따라서는 미·일·인도·호주라는, 미국과 아시아의 민주주의 국가와의 정기적 회의를 가져도 좋습니다. … 이것을 발전시켜 나가면 아시아의 구조도 변화되어, 중국도 일본에 대한 어프로치를 바꾸지 않을 수 없게 되겠지요"(《아베 신조 토론집》).

자민당(자유민주당)이 그 이름대로 실로 자유롭고 민주적이었는지 의문도 있지만 적어도 이 당이 오래도록 "자유와 민주주의"를 내걸어 온 것은 분명하다. 그러나 생각해 보면 자민당 정권이 아시아 여러 나라를 향해서 이 가치관을 소리 높이 내걸었던 적은 없다.

왜냐하면 우선 자민당 정권이 가장 소중하게 생각한 이웃나라는, 길게 군사정권이 계속된 한국이었다. 반공(反共)의 제휴인 만큼 민주주의를 묻는 발상이 없었다. 한편 중·일 국교정상화가 실현되었을 때의 중국은 문화대혁명이 한창이었다. 자유나 민주주의를 말할 형편은 아니다. 그런데도 국교에 전략적 가치가 있던 것은 중국이 반소(反蘇)의 나라가 되어 있었기 때문이다. 이후도 중·일 관계에서는 체제의 차이를 넘은 '우호'가 주창되었다. 동남아시아 국가들의 민주화 정도도 다양하다. "자유와 민주주의"를 소리 높여 표방하는 것은 아시아 외교에서 반드시 유리한 계책만은 아니었다고 말할 수 있다.

그럼 아베는 왜 이 슬로건을 내걸었는가. 거기에는 다섯 가지의 이유가 있다고 생각한다. 첫 번째로, 한국이 민주화되어 '군사독재'에 거리껴 할 필요가 없어진 것이다. 10월의 한·일 정상회담 후의 기자회견에서 아베는 "양국은 자유민주주의 기본적 인권, 그리고 법의 지배, 시장경제라는 기본적 가치를 공유한다. 가장 가깝고 가장 중요한 이웃나라이다"라고 강조했다.

두 번째로, 북한에 맞서 국제연대를 만들고 싶다는 것이다. 특히 납치문제에 대해 국제여론의 강한 지지를 모으고 싶은 아베에게 "자유 민주 인권" 이념을 말하는 것은 중요한 일이다. 관방장관이었던 아베가 납치 피해자의 대표인 (요코타 메구미 씨의 어머니) 사키에 씨의 방미를 돕고, 부시와의 면회 실현에 애썼던 것도 그러한 목적 때문이었다. 대체로 북한에 동정적인 한국에 대한 연대 요청으로서도 "자유나 민주주의, 인권"은 유효하다고 생각했을 것이다.

세 번째로, 인도·호주에 대한 친근감 특히 급성장하는 인도의 미래에 대한 공감일 것이다. 그러고 보면 아베가 존경하는 조부 기시 노부스케는 수상 취임 후 첫 외유(外遊)로 남아시아 국가들을 선택했지만, 맨 먼저 방문한 것은 인도였다. 제 2장 "일본의 자존심 부추기는 남아시아"에서 논하듯이 아베는 총재선거 전에 출판한 저서 《아름다운 나라로》에서 그 사실을 들어 기시를 맞이한 수상 네루의 친일(親日) 감각을 소개했다. 도쿄재판에서 단 한 명 일본의 '무죄'를 주장했던 인도인 판사 펄의 인상도 강했을 것이다.

네 번째로, 아베는 대미 관계를 보다 긴밀화하는 데 이것을 키워드라고 생각했을 것이다. 이라크전쟁에서 대량살상무기(WMD)가 발견되지 않고, 전쟁의 대의명분을 잃은 부시 정권은 전쟁의 목적을 중동 혹은 세계의 민주화에서 찾으려는 자세를 보였다. 하버드대학 교수 조셉 나이(Joseph Nye)가 "포린 어페어즈"(Foreign Affairs)에 실은 논문에 의하면 2006년판의 '국가안전보장전략'(NSS)에서는 자유와 민주주의에 대해 200회 이상이나 언급하고 있어, 그 횟수는 2002년의 NSS의 세 배에 달한다고 한다. 아베는 같은 말을 사용해 부시에게 연대의 메시지를 보내려고 했던 것이다.

다섯 번째 이유로, 이것은 중국에 대한 견제임에 틀림없다. 앞서 인용한 《토론집》에서 말한 것처럼 아베는 자유, 민주의 제휴를 강화함으로써 "중국도 일본에 대한 어프로치를 바꾸지 않을 수 없게 된다"라고 기대하고 있다. 아베는 이 책에서 패전 후 일본이 자유, 민주주의, 기본적 인권 등을 소중히 해온 것을 들면서, "우리가 도덕적으로 중국보다 뒤떨어지는 것 같은 착각에 빠질 필요는 전혀 없다", "신앙의 자유도 언론의 자유도 있는 나라이다. 일본은 당당히 가슴을 펴야 한다"라고 말하고 있다. 중국에 대한 도덕적 우위성마저 암시하는 것이다.

중국 페이스로 흘러온 "중·일 우호"에 대한 의문을 제기해 온 아베는, 이러한 가치관을 내걸음으로써 일본이 중국에 대해 역사적 '약점'만을 느낄 필요는 없다고 선언하는 것이다. 과거에 막대한 피해를 주었던 것에 대한 콤플렉스가 없는 것이 신세대 정치가에게서 보여지는 경향이다.

실은 2006년 10월 워싱턴에서 있었던 심포지엄의 기조보고로, 나는 이상과 같은 견해를 소개했다. 이에 '과연'이라고 동의하면서 한 가지 덧붙여 주었던 사람이 2005년까지 백악관의 국가안전보장회의(NSC)에서 일했던 지일파(知日派) 마이클 그린(Michael Green)이었다. 지금은 미 전략국제문제연구소(CSIS) 일본 부장을 맡고 있다. 그에 따르면 아베에 국한되지 않고 일본의 정치가가 이러한 가치관을 자주 언급하는 것은, 일본의 경제시스템이나 사회가 특유의 "아시아적 룰"로부터 빠져나왔기 때문이다. 지금 급격한 경제성장을 이루는 중국에 대해서 "법의 지배"나 '인권'이라는 국제기준을 지키게 하기 위해서도, 일본이 이런 가치관을 내거는 의미가 있다는 것이다. 과연 일찍부터 "일본 특수론(特殊論)"을 소리 높여 말해온 미국에서 보면, 그렇게도 말할 수 있을 것이다.

아베는 일본의 네오콘인가

아베의 사상에는 원래 "자유나 민주주의를 위해서는 무력행사라도 어쩔 수 없다"라는 미국 네오콘(Neocon)의 발상과 통하는 것이 있다. 아베는 《아름다운 나라로》에서, 네오콘 이론가 로버트 케건의 저서(일본어 제목 《네오콘의 논리》)를 굳이 다루고 있다. 케건은 유럽이 임마뉴엘 칸트(18세기 독일의 사상가)류의 이상주의를 추구해 군사력에 대한 관심을 잃은 것에 대해, 세계의 안전이나 질서유지를 위해 강한 군사력 행사는 불가피하다고 생각하는 미국을 토머스 홉스(17세기 영국의 사상가)가 그린 괴물 '리바이어던'에 비유했다. 아베는 그것을 소개한 다음 리바이어던의 역할을 떠맡은 미국을 지지하고 있다.

이라크전쟁의 실패가 미국 내에서도 추궁당하는 가운데, 부시 정권에 큰 영향을 주어 이라크전쟁도 주도한 네오콘의 논리를 칭찬하는 아베의 감각은 어떠한 것일까 하고 생각도 해보지만, 거기에 강한 친미상을 엿볼 수 있는 것은 틀림없다. 그 뒤에는 유럽 이상으로 '칸트적'인 전후 일본의 모습을 개탄하면서 리바이어던이 되는 것은 무리일지라도, 적어도 "리바이어던이 의지할 수 있는 어시스턴트"가 되고 싶다는 희망이 엿보인다. 헌법을 개정해 미·일 안보를 쌍무적으로 하는 것을 비원으로 삼은 할아버지 기시를 계승하는 발상이다.

그렇다고 해서 아베를 "일본의 네오콘"이라고 부를 수 있는가 하면, 거기에는 의문이 있다.

한 가지 예를 들면, 네오콘의 대표적 논객인 맥스 부트(Max Boot)가 네오콘 기관지라고 할 수 있는 〈더 위클리 스탠다드〉(*The Weekly Standard*)의 2003년 12월 1일호에 실은 글의 한 구절이다. "일본의 기억상실"이라고 제목을 붙인 이 기고는 부트의 야스쿠니 신사 방문기였다. 한마디로 하면, 야스쿠니 신사에서 전쟁박물관 '유취관'의 전시를 보고 큰 쇼크를 받았다는 것이다. "1945년의 패전에 이를 때까지의 일본의 군사행동이 모두 정당화되고 있다"고 하여 경악, 분개하고 있다. 네오콘이 내거는 "자유와 민주주의"가 야스쿠니 신사에 상징되는 한때의 일본 군국주의와는 대극(對極)에 있다는 것을 알 수 있다.

그런데 아베는 그런 야스쿠니 신사를 지지하고 A급 전범도 옹호해 왔다. "자유와 민주주의"를 주창하면서, 야스쿠니 신사도 신봉하는 자기모순을 안고 있다. 이것은 기시 노부스케 — 미국과 싸운 내셔널리스트이며, 전후는 A급 전범 용의자로 체포되었다가 미국에 의해 석방되어 친미노선으로 수상이 된 할아버지 — 에도 통하는 모순일 것이다.

하지만 이러한 모순은 원래 고이즈미에게도 있고, 그것을 부시 등은 간과한 것이 아닌가 한다.

2001년 9월 11일이 시작이었다. 2주일 후 미국으로 건너 간 고이즈미는 뉴욕에서 참극의 현장을 본 뒤 워싱턴에서 부시와의 회담에 임해, "테러와의 전쟁"에 참가할 의사를 표명했다. 이윽고 미군이 아프가니스탄 공격을 시작하자 고이즈미는 이것을 지지하고, 미군 함선 등에 오일을 보급하기 위해 인도양에 자위대 파견을 단행하였다. 1991년의 걸프전쟁 때에는 생각조차 할 수 없었던 것이지만, 그것을 위한 특별조치법을 단번에 성립시키는 실행력을 보였다.

부시는 기뻐했을 것이다. 2001년 12월 7일에 행해진 진주만 공격 60주년의 기념식에서 "한때의 적국이 최선의 친구가 되었다"고 치켜세웠다. "9·11 테러"에 대하여 "진주만 이래의 기습이다", "가미가제 특공대 이래의 자폭 돌격"이라는 등 미국에서는 과거의 일본이 자주 인용되었지만, 지금은 선진 민주주의국이 되어 전열을 함께 해주는 일본의 모습이 상당히 고맙게 비쳐졌을 것이다.

그러나 고이즈미는 9·11의 불과 1개월 전에 야스쿠니 신사를 참배해 아시아에서 물의를 일으키고 있었다. 야스쿠니 신사에는 진주만 공격의 전사도, 가미가제 특공대의 대원도 있다. 그뿐만 아니라 돌격을 명한 군국 일본의 지도자들도 있다. 이후로도 고이즈미는 매년 야스쿠니 참배를 빠뜨리지 않았는데, 그것은 미국의 입장에서 봐도 기이한 일이었을 것이다. 하지만 고이즈미가 이라크전쟁을 지지해 자위대를 이라크에 파견한 이상 과거사는 별 문제가 아니고 "맹방 일본"에 대한 고마움이 있을 뿐이었다. 프랑스나 독일 등 유럽의 동맹국이 강하게 반대했던 만큼 더욱더 그렇게 느꼈을 것임에 틀림없다.

부시와 고이즈미의 '동지'다운 모습은 마지막 고이즈미 방미 때 두드러졌다. 첫 국빈 대우로 방미한 고이즈미를 부시는 대통령 전용기로 멤피스에 있는 엘비스 프레슬리 저택에 안내했다. 고이즈미가 프레슬리의 열렬 팬이기 때문이다. 두 사람은 공동성명 "신세기의 미·일 동맹"을 발표. 이 성명에서 미·일 관계를 "역사상, 가장 성숙한 양국간 관계"라고 자찬한 뒤, "자유 인권 민주주의 시장경제, 법의 지배 등"을 보편적 가치관으로 내걸었다. 공동회견에서 부시는 "자유와 민주주의가 적을 동맹국으로 바꾼다"라고 말하고, 고이즈미는 "세계 속의 미·일 동맹으로서 다양한 문제에 대처할 것을 확인했다"고 말했다.

부시에게는 중동이 가장 염두에 있었을 것이다. 고이즈미로서는 강한 미·일 관계야말로 중·일이나 한·일의 삐걱거림을 보완할 수 있다. 그런 의식이 강했을 것이다. 2005년 가을에 일본을 방문한 부시와 교토에서 회담한 고이즈미는, 기자회견에서 "미·일 관계가 좋으면 좋을수록 중국, 한국 등 아시아를 비롯해 세계 각국과 양호한 관계를 구축할 수 있다"라고 말했다. 미·일 관계가 좋다면 중국이나 한국도 따라온다라는 의미로 해석되어 큰 비판을 불러일으켰다. 고이즈미는 그렇지 않다고 반론했지만 미국에 의존하는 '본심'이 무심코 드러났다고 하지 않을 수 없다.

그렇더라도 고이즈미의 경우 "자유와 민주주의"라는 가치관을 아시아 외교에 의식적으로 사용하는 일이 별로 없던 것에 반해, 아베는 달랐다. 먼저 말한 것처럼 이러한 자유 민주주의 가치관을 가진 일본을 강조하고 중국에 대한 도덕적 우위성마저 암시한다. 기이하게도 내셔널리즘이 이러한 자유 민주 가치관과 결합해 있는 것이 아베의 특징이지만, 아베는 야스쿠니를 지지하는 자신의 모순을 깨닫지 못하고 있다.

과거사 '도덕성' 추궁하는 한·중

아베가 말하듯이, 일본이 중국에 대해서 도덕적으로 우위라는 주장에는 중국으로부터 많은 이론 제기가 있을 것이다. 일본이 도덕적이라고 한다면 우선 과거를 올바르게 직시하라는 반론이다. 그것은 한국도 같을 것이다.

중국에서 일어난 격렬한 반일 데모의 책임을 둘러싸고 중·일 양국 정부가 각을 세우던 2005년 4월, 중국 수상 원자바오〔溫家宝〕는 인도를 방문했다. 인도는 중국과 오랜 숙적 관계에 있지만, 싱 수상과의 정상회담에서 국경분쟁에 결말을 지어 새로운 관계를 천명했다. 공동성명에서는 "중국은 유엔과 국제사회에서 적극적인 역할을 완수하려는 인도의 희망을 이해하고 지지한다"라고 하였다. 일본과 함께 아시아에서 유엔 안보리의 상임이사국 가입을 희망해 온 인도이다. 일본의 상임이사국 가입에 반대하는 중국으로서는 인도에 대한 서비스가 아닌가. 뉴델리에서 기자회견한 원자바오는 중국에서의 격렬한 데모에 관한 질문을 받자 "아시아 사람들의 강한 반응은 일본정부에 깊은 숙고를 촉구할 것이다"라고 태연하게 말했다.

중국은 인도를 끌어들여 "역사 인식"을 둘러싼 "대일 포위망"을 만들려고 하는 것으로 보인다. 인도가 중·일의 분쟁에 말려들지 않으려 한 것은 의심할 여지가 없지만, 일본이 "자유와 민주주의"로 공조해서 인도와 손잡고 중국에 대항하고자 하면 중국이 "역사 인식"으로 그것에 제동을 거는 구도이다.

중국도 한국도 "역사 인식"을 말할 때 인용하는 것이 독일이다. 1975년에 폴란드를 방문한 서독 브란트 수상이 바르샤바의 유태인 위령비 앞에서 무릎 꿇고 기도한 것이나, 1985년에 "과거의 직시"를 국민에게 호소한 바이츠제커 대통령의 연설 등이 한·중의 뇌리에 강하게 새겨져 있다.

1995년 6월, 방중한 전 가이후 도시키〔海部俊樹〕 수상이 장쩌민에게 일본의 "안보리 상임이사국 가입"에 협력을 요청했을 때 장쩌민은 "제2차 세계대전으로 아시아와 중국이 받은 재난에 대해 올바른 인식을 갖고 있지 않는 사람도 있다"라면서, "전쟁 인식에 대해서는 독일을 평가하고 있다"라고 딱 부러지게 말했다.

2005년 11월, APEC(아시아태평양경제협력체) 참석차 한국을 방문 중이던 중국 외교부장 리자오싱〔李肇星〕은 기자회견에서 "독일의 지도자가 히틀러나 나치스(의 추도시설)를 참배하면 유럽사람들은 어떻게 느끼겠는가"라고 말해 고이즈미의 야스쿠니 참배를 비판. 역사 인식에 대해 "기본적인 선악의 관념을 가져야 한다"고 말했다.

리자오싱은 다음해 3월의 기자회견에서도 독일의 정부 당국자로부터 들었다는 이야기를 소개해 물의를 빚었다. 독일 당국자가 리자오싱에 대해서 "어떠한 독일의 지도자도 히틀러나 나치스를 숭배했던 적은 없다"라고 해, 야스쿠니 참배에 대해 "독일인도 이해하지 못하는 어리석고 부도덕한 일"이라고 말했다는 것이다. "선악의 관념"이니 '부도덕'이니 하면서, 그야말로 도덕적으로 일본을 내려다보는 말투가 아닌가.

여기에 관방장관이던 아베도 가만있지 않았다. 기자회견에서 "현직의 외교당국을 총지휘하는 인물이 타국의 지도자에 대해 우매하다라든지 부도덕하다라는 품격이 결여된 표현을 쓰는 것은 의교의례상 부적절하다"라고 반격했다. 이례적인 도덕성 논쟁이었다.

한편 한국 대통령 노무현은 2005년 봄에 베를린을 방문해 "독일의 과거 청산을 존경하고 있습니다", "양심과 용기, 실천에 의해서 신뢰를 회복했습니다" 등으로 끊임없이 독일을 계속 치켜세웠다. "양심 용기 …", 마치 일본에 들려주는 듯한 어조였다. 여기에도 일본에 '도덕성'을 요구하는 사고를 볼 수 있다. 독일과 일본의 비교는 노무현이 자주하는 표현이다.

이렇게 보면, 일본이 "자유와 민주"에 의해서 국제연대를 만들려고 하는 데 대하여 중국이나 한국은 "과거 역사"에 대한 청산, 즉 '도덕성'을 요구해 국제연대를 만들려는 것을 알 수 있다. "자유와 민주"를 주창하기 전에 자신의 과거를 제대로 (청산)하라는 것이다.

전후의 일본이 자유와 민주주의 아래 평화국가를 만들었음에도 불구하고 중국이나 한국 정부가 그것을 평가하지 않고, 지금도 군국주의적 야심을 갖고 있는 것 같은 이미지를 자국 국민에게 주는 것은 물론 페어(*fair*)하지 않다. 2006년 10월의 아베 방중 때 "전후 일본의 평화주의"를 중국에 평가시킨 것은 그 때문이지만, 그러나 한·중에 오해를 불러일으킨 요인이 일본에 있다는 것도 자성하지 않으면 안 된다. 고이즈미이든 아베이든 "자유 인권 민주주의"라는 가치관을 높게 내걸면서, 그 가치관과는 대극에 있는 야스쿠니 신사의 참배에 계속 집착하고 있다. 그 이상함을 깨닫지 못하는 것이다.

일본의 고립 두려워하는 미국

고이즈미 등은 "참배에 반대하는 것은 중국과 한국뿐"이라고 강조했지만 그렇지 않다. 정부로서는 소리 죽이고 있지만 아시아 대부분의 나라에서 얼굴을 찡그리는 지도자가 많다. 싱가포르의 전 총리 고촉통〔吳作棟〕이 2006년 1월, 일본의 "아시아에서의 고립"에 경종을 울린 것은 그 전형이었다.

미국의 지일파가 걱정했던 것도 무리는 아니다. 컬럼비아대학 교수 제럴드 커티스(Gerald Curtis), 클린턴 정권에서 국방부 부차관보를 지낸 커트 캠벨(Kurt Campbell) 등은 "야스쿠니 문제가 세계에서 화제가 되면 될수록 일본의 이미지가 나빠진다", "일본의 입장을 불리하게 하고 있다"라고 신문지상 등에서 거듭 염려했다.

일찍이 도쿄의 미국 대사관에서 먼데일, 폴리 두 대사의 특별보좌관을 한 켄트 칼더(존스홉킨스대학 라이샤워 동아시아연구소장)가 2006년 4월, 〈아사히신문〉의 인터뷰에 대답한 내용은 확실히 고이즈미 등에게 아픈 도덕성 추궁이었다(아사히신문 취재반, "전쟁 책임과 추도").

"중·일의 경쟁은 일본이 더 도덕적으로 자신 있는 분야에서 해야 한다. 국제여론 싸움에서 일본이 질 가능성이 있는 역사문제를 일부러 꺼낼 것은 없다"고 말했다. 게다가 역사문제는 핵 비확산, 환경문제, 개도국 원조 등 전후 일본이 구축한 "긍정적 이미지를 해치고 있다"면서, 게다가 당연히 유엔 안보리의 상임이사국에 들어가도 좋을 판에 "역사문제를 떠안는 한 현실적으로 어렵지 않겠는가"라고 지적했다.

확실히 야스쿠니 문제가 있는 한, '도덕성'을 둘러싼 한·중과의 분쟁에 승산은 없으며 전후 일본의 업적평가는 소멸해버린다는 것이다. 물론 수상의 야스쿠니 참배를 옹호한 사람들도 있었지만 지식인 세계에서는 소수파에 지나지 않았다.

미국 의회에서도 일본의 역사 인식을 묻는 상징적 사건이 있었다. 2006년 7월의 고이즈미 방미를 앞두고, 하원 외교위원장 헨리 하이드(Henry Hyde)가 하원의장 데니스 하스터트(Dannis Hastert) 앞으로 서한을 보냈다. 고이즈미가 의회에서 연설하고 싶어하는 것 같다는 정보를 접하고서는, 편지에서 "그렇다면, 야스쿠니 신사를 참배하지 않는다고 스스로 표명할 필요가 있다"라고 호소했다. 하이드는 태평양전쟁에 종군한 원로이다. 진주만 공격을 받아 대통령 프랭클린 루즈벨트가 한 의회연설은, 이 날을 '굴욕의 날'이라고 부르고, 소리 높여 싸움을 선언한 것으로 유명하다. 바로 그 회의장에서 고이즈미의 연설을 허락하는 이상, 그가 나중에 A급 전범이 있는 야스쿠니 신사에 참배하게 되면 미국 의회에 오점을 남기고 퇴역 군인들의 감정도 해친다는 것이었다.

일본정부는 애시당초 미국에 의회연설을 희망했던 적은 없다고 부정해버려서 이 건은 일단락되었다. 하지만 이것은 미국 정치가나 학자에게 야스쿠니 참배에 대한 응어리를 보여주는 사건이었다. 하원의 외교위원회는 일본에서 총재선거를 하던 9월에 일본과 아시아에 대한 공청회를 열었지만, 여기에서도 하이드나 민주당 의원 란트스가 강도 높은 야스쿠니 비판을 전개했다.

총재선거가 임박했던 2006년 8월, 도쿄에서 열린 "중·일 언론인 포럼"(언론 NPO와 베이징대학 등의 공동개최)에는 아베가 내빈으로 출석해 주일대사 왕의와 함께 연설하여 주목을 끌었다. 포럼에서는 중·일 문제를 둘러싼 다양한 강연과 토론이 있어 재미있었지만, 나에게는 특히 "신(新)중·일 우호 21세기위원회"의 일본 단장인 경제인 고바야시 요타로의 기조 강연이 흥미로웠다. 중·일 모두 아시아의 '대국'이지만, 서로가 장래 어떤 나라를 목표로 하는지 잘 보이지 않는다. 그것이 서로의 의심을 낳고 있다는 취지였다. 일본은 '군국주의'라는 과거가 있는 만큼 경계되고, 한편 중국은 투명성이 부족하기 때문에 "패권주의로 향하는 것은 아닌가" 하는 혐의가 사라지지 않는다. 이에 대해 서로에 대한 오해를 푸는 노력을 해야 한다는 내용이었다.

과연 그렇다. 일본이나 중국도 자신의 결함을 직시하고 그것을 개선하려고 노력하지 않는 한 언제까지나 독선의 함정으로부터 빠져나올 수 없을 것이다. 고이즈미 시대 중·일 사이에 고생을 거듭한 경제인, 고바야시이기에 할 수 있는 말인 만큼 더욱 무게가 느껴졌다.

3. "이듬 해의 법칙" 뒤의 보이지 않는 손

전후의 일본은 "아시아와의 화해"를 목표로 하여 다양한 사죄와 반성을 되풀이하면서 오늘에 이르렀다. 한·일이든 중·일이든 일본에 의한 과거의 반성 표명에 의하여 국교를 정상화하고, 우호관계를 쌓아 올리는 것이 가능했다. 그것은 일본이 군국주의의 잘못과 결별하고, 평화국가로 다시 태어난 것을 국제적으로 알리는 과정이기도 했다. 아시아와의 화해는 "과거의 부정"과 표리일체의 관계에 있었다.

하지만 전후의 국내정치를 보면 이와는 다른 큰 흐름이 있었던 것도 부정할 수 없다. 전후의 새 헌법으로 내세워진 민주주의나 평화주의에는 일본의 좋은 전통을 부수는 면이 있다고 하여, 전쟁 전의 일본을 전면 부정하는 것 같은 풍조는 참을 수 없다는 정서가 현실정치를 자극했다. 강한 내셔널리즘이라고 말할 수 있는 그 흐름은, 기본적으로는 자주 헌법을 제정하려는 운동의 형태를 취했지만 개헌이 좀처럼 생각대로 되지 않는 가운데 몇 개의 각론에서 결실을 거두었다. 자위대 창설이나 안전보장의 이야기를 별도로 치더라도, 기원절 전통을 따라 2월 11일을 건국기념일로 하거나 일본 고래(古來)의 '연호'(年號)를 법제화하거나 일장기·기미가요(일본 국가)를 "국기·국가"로서 법제화하는 전통회귀의 흐름이 바로 그것이다. 야스쿠니 신사를 둘러싼 일련의 움직임도 이것과 궤를 같이하고 있다.

화해와 내셔널리즘…. 그 미묘한 조화에 대해 생각하던 나는, 전후의 연표를 응시하다가 '법칙'이라고도 할 수 있는 재미있는 우연이 있음을 발견하게 되었다.

법칙이란 무엇인가. 그것은 건국기념일의 제정(1966년), 원호법의 제정(1979년), 수상의 야스쿠니 공식참배(1985년), 국기 국가법의 제정(1999년)과 같은 한 "전통회귀"의 획기적 사건이 모두 "아시아와의 화해"라는 큰 사건이 있던 해의 이듬해에 실현되고 있다는 사실이다. 나는 이것을 "이듬해의 법칙"이라고 명명해 보았다. 하나하나는 우연한 산물이라 해도, 우연이 이렇게까지 겹치면 의미하는 것이 보인다. 거기에는 마치 "보이지 않는 손"이 움직이는 것처럼 생각된다.

한일조약과 '건국기념일'

우선 2월 11일을 건국기념일로 하는 축일법(祝日法)의 개정을 살펴보자. 1950년대에 시작한 "기원절 부활"운동이 혁신 진영의 강한 반대를 누르고 열매맺은 것은 1966년(실시는 1967년부터)이다. 이것은 외상에 의한 과거사 사죄를 통해 한일 기본조약이 체결된 1965년의 다음해의 일이었다.

식민지 지배의 청산을 목표로 13년간에 걸친 한·일 교섭에서는 일본대표의 발언에 대해 "과거를 반성하는 자세가 보이지 않는다"고 한국이 반발해서 오랜 동안 중단되는 등 갖은 곡절이 있었다. 특히 교섭이 막바지를 맞이해 피할 수 없는 과제가 되었던 것이 일본의 사죄였다. 그 때문에 1965년 2월에 특사로 방한한 외상 시나 에쓰사부로〔椎名悦三郎〕는 서울의 공항에서 성명을 읽어 내려갔다. 일본의 식민지 지배에 대해 "불행한 기간이 있었다"며, "진심으로 유감스럽게 생각하며 깊이 반성한다"고 사과했다. 유명한 "시나 성명"이다. 이것으로 단번에 교섭이 타결되어 조약은 6월에 조인되었다. 사토 에이사쿠〔佐藤榮作〕 내각 때의 일이다.

이 조약은 남북으로 분단된 한반도에서 남쪽 정권만을 상대로 하는 것이었다. 북한과 대결하는 한국의 박정희 정권을 지원한다는 '반공동맹'적 의미가 강했다. 이 때문에 조약에 격렬하게 반발한 것은 사회당 등의 좌파였지만, 과거에 대한 죄의식이 부족한 우파에는 시나가 표명한 '유감'이나 '반성' 자체에 대해서 탐탁지 않게 여기는 생각도 있었다. 그후 "식민지 지배 때 좋은 일도 했다", "한일합방은 (원만한) 합의를 바탕으로 한 것이다" 등의 발언이 보수정계에서 끊이지 않았던 것은 그러한 심리로부터 나온 것이다. 조약이 독도(다케시마)의 영유권 문제를 보류하고, 한국에 의한 실효지배를 사실상 인정한 것도 일본에게 불만의 원인이 되었다.

그런 한일조약이 체결된 후, 단번에 '골인'된 것이 이듬해의 '건국기념일' 제정이었다. 우파를 자극하는 전통회귀의 제 일탄이다.

말할 필요도 없이 전쟁 전은 2월 11일이 기원절이었다. 신화에 근거해 진무〔神武〕 천황의 즉위일로 여겨지는 이 날을 1872년(메이지 5년)에 경축일로서 정한 것으로, 점차 천황 신격화의 상징적 경축일이 된 역사가 있다. 이 때문에 기원절은 전후 미군 점령하에서 폐지되었지만 1951년의 샌프란시스코 강화조약으로 일본의 독립이 약속되면서 즉시 그 부활을 요구하는 움직임이 나타났다. 운동의 핵심을 담당한 것은 신사(神社) 본청이며, 일본 유족회 등의 단체가 여기에 참가했다.

기원절이었던 2월 11일을 그대로 건국기념일로 하는 것에 대해서는 혁신정당이나 평화세력으로부터의 저항이 강했다. 그 결과 국회에서는 1958년부터 1964년까지 무려 6회에 걸쳐서 법안이 제출되고 폐기되는 일이 반복되었다. 그러나 폐기될 때마다 제정을 요구하는 운동의 집념도 불타올라, 마침내 1966년 사토 내각하에서 법이 실현되기에 이르렀다.

원래 한일조약과 건국기념일 사이에는 아무런 관계가 없고, 조약체결 다음해에 건국기념일이 만들어진 것은 우연이라고 할 수도 있을 것이다. 하지만 한때의 식민지에 대한 첫 '사죄'로부터 머지 않아 긴 현안이었던 "전통회귀"가 실현되었다는 우연에서 시계추 같은 역학을 엿볼 수 있을 것 같다. 그것은 이러한 우연이 그 후에도 되풀이 되고 있다는 것을 깨달았기 때문이다.

〈표 1-1〉 이듬해의 법칙

연도	아시와의 화해 등	전통회귀
1965	시나 외상 방한 '유감', '반성' 성명 한·일 기본조약 체결	
1966		건국기념일 제정
1978	후쿠다 수상 중·일 평화우호조약 체결 덩샤오핑 방일 쇼와천황과 면담	
1979		원호법 제정
1984	전두환 대통령 방일 쇼와천황 과거사 '유감' 표명	
1985		나카소네 수상 8·15에 야스쿠니 공식참배
1995	무라야마 수상 8·15 담화 사죄	
1996		하시모토 수상 야스쿠니 참배
1998	김대중 대통령과 장쩌민 주석 방일 공동선언	
1999		국기 국가법 제정
2001		고이즈미 수상 8·15 야스쿠니 참배(이후 매년 참배)
2002	고이즈미 수상 방북 평양선언 납치문제 표면화	

중 · 일 평화우호조약과 '원호법'

건국기념일을 만든 에너지는, 이제는 원호법(元號法) 제정으로 향했다. 말할 필요도 없이 '원호'는 일본의 전통이지만 메이지 이후는 천황의 대(代)가 바뀔 때마다 하나의 원호가 사용되어 다이쇼〔大正〕, 쇼와〔昭和〕로 이어졌다. 이 원호를 법적으로 정해두고 장래에 공적(公的) 사용을 의무화하는 것이 법률의 목적이었다. 전후 서양력의 사용이 확대되는 가운데 일본의 독자성을 단호히 지키려는 의도이다. 기원절처럼 우파세력의 주도에 의해서였다. 일부러 법제화하는 것에 대해 전쟁 전으로 회귀하는 거냐고 저항하는 측도 있었다. 하지만 원호는 생활에 뿌리내린 것이기도 하고, 기원절에 비하면 저항이 적어 운동은 전국의 보수층에 점차 퍼져갔다. 1975년에 행하진 쇼와천황의 "즉위 50년식전"도 탄력을 더하게 하고, 그것이 실현되기에 이른 것은 오히라 내각 때인 1979년이었다. 바로 중 · 일 평화우호조약이 맺어진 1978년의 다음해이다.

중국과의 국교정상화는 1972년 수상이 된 다나카 가쿠에이의 손으로 실현되었다. 세계의 흐름에 따른 것이었지만, 그때까지 미국과 함께 대만을 중국의 정통 대표로 인정해 온 자민당 정권으로서는 외교의 대전환이며, '반공'을 신조로 하는 우파세력의 맹반발을 낳았다. 자민당 내에 우파그룹 '청람회'(青嵐會)가 탄생했던 것도 이때다.

국교정상화에 이어 중 · 일 간에 급한 일은 평화우호조약의 체결이었다. 다나카 퇴진 후 수상이 된 미키 다케오〔三木武夫〕가 여기 뛰어들었지만, 중 · 소 대립이 격렬했던 가운데 소련과의 관계가 난제였다. 게다가 당내 우파의 저항도 있어 좌파인 미키는 이것을 해내지 못하고, 과제는 다음 수상인 후쿠다 다케오에게 넘겨졌다. 그것이 결실을 거둔 것이 1978년이었다. 조약 비준서 교환을 위해 일본을 방문한 부수상 덩샤오핑〔鄧小平〕은 쇼와천황과의 역사적 회견도 했다.

후쿠다 다케오는 전후 우파 정치가의 대표 격이라고도 할 수 있는 기시 노부스케로부터 파벌을 이어받은 정치가이며, 후쿠다파 혹은 후쿠다와 친한 실력자들 중에는 우파인 친(親)대만파가 많았다. 때문에 그들을 설득할 수 있었다는 "우파의 역학"도 있었지만, 그 대가로 "전통회귀"의 과실이 준비된 것인지도 모른다. 후쿠다는 이 조약의 비준이 이루어진 1978년 가을 자민당 총재선거에서 간사장이었던 오히라 마사요시에게 패배해 수상 자리를 내주었다. 하지만 이미 원호법안의 준비는 갖추어지고 있었다. 신정권하에서 곧 원호법이 생겨났다.

중·일 평화우호조약과 원호…. 이 우연에서도 마찬가지로 불가사의한 조화를 읽어낼 수 있지 않는가.

참배 지지파의 '애국주의'(情念)

건국기념일 제정이나 원호 법제화의 경위는 케네스 르오프의《국민의 천황》에 자세하게 나와 있다. 거기 나오듯 이것들의 공통점은 우파단체가 이른바 보수의 풀뿌리 운동을 전개하고 여기에 자민당이 호응했다는 사실이다. 자민당 정권은 아시아와의 화해를 연출하는 한편으로 우파의 요구도 교묘하게 수용했다. "이듬해의 법칙"은 그 조화를 나타내는 상징적 우연이다.

곡예와 같은 기술이지만 그것이 가능했던 것은 건국기념일이든 원호나 국기·국가이든, 그것들이 모두 순수한 내정문제였기 때문이다. 중국이나 한국은 비록 거기서 전쟁 전 회귀의 요소를 보고 경계했다고 하더라도 "내정 불간섭"의 원칙 때문에 견제할 수(브레이크를 걸 수) 없었다.

이것에 비해서 수상의 야스쿠니 참배는 다른 전개를 보였다. 그것은 A급 전범의 합사(1978년)가 외교문제의 요소를 갖는 데다, 나카소네 야스히로 수상의 '공식참배'(1985년)가 겹쳐졌기 때문이다. 그 이전에도 일본국 내에서 '야스쿠니'는 골치아픈 정치문제였지만, 그것은 주로 야스쿠니 신사와 국가의 관계가 "정치와 종교의 분리"(정교분리)를 정한 헌법과의 관련으로 논의가 된 것이어서 외교문제로서 쟁점화된 것은 아니었다.

다나카 노부쓰네의 《야스쿠니의 전후사(戰後史)》 등을 참조하면서 우선 그 경위를 보자.

기원절의 부활을 요구하는 운동과 병행하여, 실은 1950년대부터 야스쿠니 신사에 대해 "국가에 의한 보호 유지"를 요구하는 운동이 전개되었다. 전쟁 전 국가 신도(神道)의 중심으로서 국가가 관리 운영했던 것이 야스쿠니 신사이다. 전후는 미 점령군사령부(GHQ)에 의해서 사적(私的) 종교법인으로 여겨져 존속했지만, 재정곤란에다가 "나라를 위한 순난(殉難)을 겪은 이를 모시는 행위에 국가가 관여하지 않는 것은 이상하다"라는 이유를 들어, 일본 유족회 등이 국가의 보호와 원조를 강하게 요구했다. 그것을 받아 자민당이 "야스쿠니 신사 법안"을 국회에 제출한 것은 1969년이다. 건국기념일의 제정으로 기세가 오른 탓도 있었지만 법안은 야스쿠니 신사를 수상의 관할하에 두자는 것이었다.

이것은 어떻게 봐도 정교분리에 반하는 것이라고 사회당 등이 맹반대했기 때문에 법안은 폐기되지 않을 수 없었다. 그런데도 법안은 5회에 걸쳐서 반복 제출되어 1974년에는 마침내 자민당의 단독으로 중의원을 통과하기에 이른다. 꼭 '이듬해'는 아니었지만 다나카 내각이 중·일 국교정상화를 완수한 2년 후의 일이었다.

그러나 법안 심의중에 정부는 정교분리와의 정합성(整合性)을 꾀 맞추기 위해 야스쿠니 신사를 종교성이 없는 위령시설로 해야 한다고 하여 "신사 앞의 기둥문인 도리이〔鳥居〕를 없앤다", "신관(神官)을 둘 수 없다" 등이 필요하다고 했기 때문에, 국가에 의한 보호 유지를 지지하는 세력도 동요한다. 그런 와중에 법안은 참의원에서 완전히 폐기되었다. 게다가 직후의 참의원 선거로 여야당 백중지세의 정국을 맞게 됨으로써 법안의 행방은 거의 절망적으로 되고 이후는 제출조차 할 수 없게 되었다.

여담이지만 쇼와천황이 A급 전범의 합사에 불쾌감을 가지고 야스쿠니 참배를 그만둔 사실이 드러난 도미다 도모히코 전 궁내청 장관의 메모가 밝혀진 2006년 여름, 총재선거 입후보를 앞둔 아소 타로 외상이 새로운 "국립 위령시설 야스쿠니사"라는 안을 발표했다. 야스쿠니 신사를 종교시설로부터 개편하여 나라의 순수한 '위령시설'로 하는 안이다. 천황 참배를 재개하기 위해서 나온 안이지만 한때의 "국가에 의한 보호 유지" 안에 가까운 내용이다.

그런데 1974년의 폐기로 국가에 의한 보호 유지를 단념한 우파세력은 여기서 방침을 바꾸었다. 야스쿠니 신사에 "공인의 참배"를 우선 제도화하려는 전술로 나섰다. 미키 정권하의 1975년 2월에 자민당의 후지오 마사유키〔藤尾正行〕가 정리한 "표경(表敬＝예방) 법안"은 천황이나 수상들의 '공식참배'나 외국 빈객 등의 '공식 표경'을 제도화하는 것이 주된 내용이었다. 자민당의 총무회에서는 법안제출까지 결정되었으나, 미키 수상이 신중하기도 해서 최종적으로는 제출되지 않았다. 이때 법안 제출에 대신하여 우파가 수상에 요구한 것이 일찍이 예가 없었던 "8월 15일의 수상 참배"였다.

점령군사령부(GHQ) 아래에서 민간의 종교법인으로 여겨졌던 야스쿠니 신사이다. 점령시대야말로 구별을 분명히 하던 정부이지만, 요시다 시게루〔吉田茂〕가 강화조약의 체결을 마치고 곧 참배한 이래, 수상의 야스쿠니 참배는 거의 관례화되었다. 하지만 그것은 모두 봄 가을의 예대제(例大祭) 등의 때이다. 메이지 이래의 전사자를 전반적으로 추도한다는 형태였지만, 이것이 종전기념일인 8월 15일이 되면 참배대상이 '특정'된다. 중일전쟁으로부터 시작하여 진주만 공격으로 미국과의 전면전에 이른 그 전쟁의 전사자를 참배하는 형태가 되기 때문이다. 또 한국의 그날은 식민지로부터의 해방을 축하하는 '광복절'이기도 해, 그것은 이웃나라에 대해서 지나치게 자극적이라고 해서 회피되었다.

하지만 심사숙고 끝에 미키는 이 요구를 받아들여 8월 15일에 참배했다. 원래 자민당 좌파였던 미키는 야스쿠니 참배에 소극적이었지만, 당내 기반이 약한 가운데 중일조약의 체결이라는 난제를 안고 있어 타협도 불가피하다고 생각했다. 그래도 "정교분리"를 배려한 미키는 수상의 공용차를 사용하지 않고, 경호관도 없이 부조금은 자신의 개인 돈으로 내는 등 어디까지나 "사적 참배"의 형태를 지켰다. 그것이 마지노선이라고 생각했다.

그 후는 8월 15일의 수상 참배도 드물지 않게 되어, '사적'인가 '공적'인가의 경계선도 점차 애매하게 되지만, 그래도 대놓고 '공식참배'를 선언하는 수상은 없었다. 그것을 감행한 것이 나카소네 야스히로〔中曾根康弘〕이다. 미키의 결단으로부터 딱 10년 후였다.

천황 '말씀'과 야스쿠니 공식참배

나카소네의 야스쿠니 참배경위는 제 2장에서 자세하게 서술하지만, 이 공식참배야말로 스스로 내건 "전후 정치의 총결산"이라는 호들갑의 일환이었다. 참배 반 달 남짓 전 자민당의 가루이자와 세미나에서 강연한 나카소네는 이른바 "도쿄재판 사관(史觀)"을 비판하고 "이겨도 져도 국가이다. 영광과 오욕을 함께 받는 것이 국민이다. 오욕을 버리고 영광을 구해 나아가는 것이 국가이며 국민의 모습이다"라는 대연설을 했다. 그런 우쭐한 분위기 속에 각료들을 거느리고 단행한 공식참배는 역대 수상이 할 수 없었던 "터부 타파"에 대한 기백이 엿보였다. 정교분리라는 헌법문제를 해소하기 위해 지식인 간담회의 보고를 거쳐 종교적 색채를 희석하는 참배방식을 짜냈지만, 여하튼 "전후 40년" 만에 실현된 첫 공식참배에는 우파에 통하는 전통회귀의 열정이 넘치고 있었다고 말할 수 있다.

실은 아시아와의 화해와 관련해서 보면 여기에도 "이듬해의 법칙"이 들어맞는다. 나카소네가 한국의 전두환 대통령을 초청해 쇼와천황과의 역사적 회견을 주선했던 것이 전년의 1984년이었기 때문이다. 천황은 대통령을 맞이한 만찬회에서 "금세기의 한 시기에 있어 양국 사이에 불행한 과거가 있었던 것은 정말로 유감스럽고 다시 반복되어서는 안 된다"고 했다. 일찍이 있었던 시나 발언의 수준이지만, 천황의 사죄로서는 획기적인 것이었다. 우파세력에 약간의 스트레스가 쌓인 것은 말할 필요도 없다.

이리하여 천황의 사죄를 연출한 나카소네가 1985년은 "오욕도 영광도 …"라며 스스로 야스쿠니 공식참배를 단행, 각료들을 거느리고 당당하게 참배를 실시했다. 의식했던지 안 했던지 간에 스스로 '시계추'를 연기해 보인 것이지만 결과는 화근이 되었다. A급 전범이 야스쿠니 신사에 합사된 데 대해 중국이 주목하고 강하게 반발했기 때문이다.

야스쿠니 신사가 오랫동안 망설이던 A급 전범의 합사를 단행한 것은, 이로부터 7년 정도 거슬러 올라가는 1978년 10월의 일이었다. 앞에서 본 것처럼, 후쿠다 다케오 수상이 덩샤오핑을 맞이해 중·일 평화우호조약을 비준한 것은 같은 10월이며, 야스쿠니가 A급 전범을 합사한 것은 불과 6일 후의 일이었다. 지금 생각하면 이것이야말로 너무한 우연이며 역사의 아이러니를 느끼게 하지만, 합사는 은밀히 행해졌기 때문에 중국은커녕 후쿠다조차 사실을 모르고 있었다고 한다. 신문보도에 의해서 사실이 표면화된 것은 1979년 4월이 되어서였다. 오히라 내각 때이다.

당시의 중·일 우호 붐도 있어서일까 중국은 그 후로도 종종 수상의 참배를 묵시하였지만, 나카소네가 요란하게 표방한 공식참배에 자극되어 "A급 전범 합사"에 대한 분노가 폭발한다. 수상의 참배는 "아시아의 감정을 손상시킨다"(〈人民日報〉)라고 격렬하게 반발했다. 이리하여 "아시아와의 화해"와 "전통회귀"가 처음으로 정면으로 충돌하게 되었다. 난처해진 나카소네는 마침내 1986년 참배를 취소했다. 친일정책을 취하던 후야오방〔胡耀邦〕 총서기가 곤경에 처하는 것을 두려워했기 때문이라고 후에 나카소네는 말했다. 그는 다음해 국회에서 사회당 도이 다카코의 질문에, 참배 취소의 이유를 "국제관계는 일방통행으로는 되지 않는다. 특히 아시아의 국민감정도 있다. 그러한 국제통념을 무시하면 최종적으로 국익을 해친다"라고 말했다.

지난 해와는 돌변한 냉정함이고 국제인다운 모습이다. 나카소네는 뒷날 참배에 집착하는 고이즈미를 같은 논법으로 나무랐지만 1984년부터 1986년까지 '화해'와 "전통회귀"의 사이를 오가는 나카소네의 행보에 전후 일본의 이중성과 모순이 상징적으로 엿보인다.

나카소네에게 후회가 남는다고 하면 중국의 야스쿠니 비판에 불을 붙여버린 결과, 다음 해부터는 공식이든 비공식이든 관계없이 수상의 참배를 일절 할 수 없게 된 것일 것이다. 요란하게 공식참배에 나선 것이 거꾸로 초래하게 된 아이러니였다. 나카소네는 문제를 해결하고자 야스쿠니 관계자에게 "A급 전범의 분사(分祀)"를 타협조건으로 내걸었지만 유족이나 신사의 거부 때문에 해낼 수 없었다.

1986년의 일이지만, 나카소네 내각의 문부상이었던 후지오 다사유키가 '한일합방'을 정당화하는 발언을 반복해 마침내 경질되는 사건이 일어났다. 우파단체가 만든 역사교과서가 부당하게 취급되었다는 불만이 깔려 있었지만, 앞서 말한 것처럼 후지오는 야스쿠니 공식참배를 요구하는 우파의 최선봉이기도 했다. 경질당할 각오로 파란을 일으킨 문제발언은 같은 해에 참배를 보류한 나카소네를 겨냥한 것이기도 했다. 이것도 화해와 야스쿠니의 모순을 보여주는 전형적 사건이었다.

나카소네로부터 고이즈미까지 수상의 야스쿠니 참배는 오랫동안 동결되었지만, 실은 두 번의 예외적 수상 참배가 있었다.

야스쿠니 신사의 기록에 의하면 먼저 1992년 11월에 참배했던 것이 미야자와 기이치〔宮澤喜一〕였다. 이것은 몰래 행해져 아직껏 본인이 밝히지 않기 때문에 진상조차 불분명하지만, 같은 해 10월에 행해진 천황의 방중에 대한 우파세력에의 사탕발림(대가)이었다고 해석되고 있다. 그렇다고 하면 이것은 '이듬 해'를 기다리지 않고 실현된 '시계추'의 하나로 꼽힐 것이다.

그로부터 4년 후 하시모토 류타로 수상이 "(전사한) 사촌을 만나러 간다"면서 자신의 생일에 돌연 참배한 적이 있었다. 1996년 7월의 일로 "이듬 해의 법칙"에 비추면, 이것은 무라야마 도미이치의 "전후 50년 담화"의 다음 해이다. 아시아에 대한 사죄의 결정판으로서 역사에 남는 담화로, 하시모토도 무라야마 내각의 통산상으로서 이것에 관여했었다.

일본 유족회의 회장도 맡았던 하시모토는 일찍이 야스쿠니 신사의 공식참배를 요구하는 선봉에 섰던 적이 있다. 당의 정조회장이었던 1993년 9월 자민당 전당대회의 "토크 세션"에서 총재인 고노 요헤이와 함께 전쟁에 관한 견해를 추궁당한 적이 있었다. 나도 회의장에서 이것을 보고 있었지만, 고노가 "군국주의, 제국주의에 의한 잘못된 행위다"라고 단언한 데 반해 하시모토는 "그러면 그 시대에 어떤 선택수단이 나라의 지도자로서 있을 수 있었겠는가. … 결국 나라가 선택한 길. 지금이라면 더 좋은 길이 있었다는 것은 말할 수 있어도 그것을 침략전쟁이라고 한마디로 단언할 생각은 갖고 있지 않습니다"(〈월간 자유민주〉, 1993년 10월호)라고 반론했다. 그 대조적 발언이 지금도 인상에 남아 있다.

무라야마 정권에서 통산상이 되고 나서의 하시모토는 말하자면 무라야마의 입장과 유족회 회장의 입장 사이에 끼여 이러지도 저러지도 못하였다. 중국의 반발을 알면서 행한 이 참배는 유족회를 의식해 한 번이라도 몸으로 때우려 한 행동이었는지도 모른다. 그후 하시모토는 수상을 그만둘 때까지 야스쿠니의 신사 앞 기둥문조차 지나간 일이 없었다.

'화해의 10년'과 국기 · 국가법(國旗國歌法)

무라야마 담화를 시작으로 하는 요즘의 사죄에 대해서는 제 3장의 "망언과 사죄의 정치사"에서 자세하게 다루지만, 1995년에는 중의원이 과거사 반성을 표명하는 "전후 50년 결의"를 채택. 이 해를 포함하는 1990년대는 아시아와의 화해가 비약적으로 진행된 10년이었다. 이것을 "사죄와 화해의 90년대"라고 부를 만도 하다. 태평양전쟁 개전 50주년인 1991년에 수상으로서 싱가포르를 방문한 가이후 도시키〔海部俊樹〕의 '반성' 표명으로 시작하여 천황의 동남아시아 순방도 실현되었다. 계속하여 미야자와 기이치는 1992년 우파세력의 격렬한 반대를 무릅쓰고 천황 부부의 중국 방문을 실현했다. 1993년에는 비(非)자민 정권의 수상이 된 호소카와 모리히로가 방한해 '창씨개명', '종군위안부', '징용' 등의 구체적 예를 들어 식민지 지배를 사과한다. 이러한 흐름이 2년 후의 무라야마 담화로 이어졌다.

한국으로부터 김대중 대통령, 중국에서 장쩌민 주석이 연달아 국빈으로서 일본을 방문한 것은 1998년이었다. 특히 김대중의 국회연설은 일본국민에게 감명을 주어 수상 오부치 게이조에 의한 사죄를 받고 준비해 온 '화해'의 말을 했다. '화해'의 표현을 공동선언에도 포함하는 역사적 성과를 올렸다. 장쩌민과의 공동선언에서는 간극이 메워지지 않고 문제를 남겼지만, 오부치는 장쩌민에게 구두로 재차 과거의 침략에 대한 사죄를 전하는 등 매듭짓는 한 해였던 것만은 틀림없다.

그런데 "이듬 해의 법칙"을 생각해 본다면 김대중, 장쩌민이 일본을 방문한 다음 해인 1999년 일본에서는 일장기와 기미가요를 정식으로 국기 · 국가로 하는 법률이 제정되었다. 느닷없이 법률이 생긴 배경에는 나름의 일본 국내 사정이 있었지만, 아시아와의 화해와 관련지어서 본다면 여기에도 이상한 우연이 나타난다. 아무도 눈치채지 못한 무의식의 '시계추'였다고나 할까. 이렇게 "사죄와 화해의 10년"은 막을 내리지만, 1990년대의 후반은 "미 · 일 방위협력 지침"(1997년)을 축으로 하여, 미 · 일의 군사적 일체화가 크게 진행되었던 시기이기도 했다. 내셔널리즘을 부추기는 국기 · 국가법의 제정은 전년에 있었던 사건의 반동이라고 하기보다도 그런 10년을 매듭짓는 "보이지 않는 손"의 산물이었는지도 모른다.

그런 중에 맞이한 21세기. 수상이 된 고이즈미 준이치로는 2002년 9월 누구나 놀라고 만 북한 방문을 전격적으로 실현하고, 김정일 국방위원장과 평양선언에 조인해 국교정상화에 의욕을 보였다. "아시아와의 화해"의 마무리에 착수했다. 결국은 납치문제나 핵문제로 화해는 좌초하게 되지만, 대담한 결단을 한 고이즈미가 한편으로 그 전년의 2001년부터 야스쿠니 참배를 시작한 것을 상기하지 않을 수 없다. 이것도 "이듬 해의 법칙"의 하나가 아닐까?

2

전후 정치사와 아시아관

1. 기시 노부스케를 용서한 도쿄재판

전쟁 책임자의 '잔재'

"유럽에서는 반나치스화 작업이 철저하게 행해졌다. 그러나 아시아의 경우는 공산당이 중국을 제패한 것, 그리고 한국전쟁이 있었다. 그 때문에 제 2차 세계대전 책임자의 철저한 추방이 없었다. 책임자의 잔재가 새로운 주류의 일부에 비집고 들어가버렸다."

아시아의 대표적 리더였던 싱가포르의 리콴유 전 수상의 말이다. 1994년 11월에 아사히신문사가 도쿄에서 연 "전후 50년' 기념 심포지엄 "아시아의 미래와 세계"의 기조강연에서 였다. 그는 일본 수상의 거듭되는 깊은 사죄에도 불구하고 아시아 여러 국가의 일본에 대한 '오해'가 풀리지 않는 것을 지적하고, 그 원인으로서 일본의 우파 정치가들의 발언 등을 들었다. 그리고 그런 일본은 독일과 대조적이라고 말했다.

유럽과는 다른 전후 아시아의 상황 때문에 일본에서는 전쟁 책임자가 철저하게 재판되지 않고, 결국은 "책임자의 잔재"가 정치의 주류에 비집고 들어가버렸다는 것이다. "책임자의 잔재"란 누구인가. 고유명사로는 나오지 않았지만, 그 대표 격이 바로 전 수상 기시 노부스케이다.

전쟁 전의 기시는 상공성의 관료였지만 건국한 지 얼마 되지 않은 만주국 수뇌부의 고관으로서 힘을 발휘했다. 또한 도조 내각의 각료로서 태평양전쟁의 개전에도 관계되었다. 또 전쟁중에는 선거에 출마해 중의원 의원으로도 당선된 정치가였다. 그런데 전후, 일단 전범용의로 체포되지만 웬일인지 책임추궁을 면했던 것뿐만 아니라 운 좋게도 정치가 갈팡질팡하는 사이 정치의 우두머리 자리를 차지하게 된다. 게다가 수상 사임 후에도 오랫동안 정계에 영향력을 미쳐 “쇼와의 요괴”로도 불렸다.

사토 에이사쿠〔佐藤榮作〕의 친형이기도 한 기시는 1896년(메이지 29년) 11월 야마구치현의 명문 사토가에서 태어났다. 청일전쟁에 승리함에 따라서 일본이 아시아 진출의 기반을 굳히기 시작하던 시기이다. 말할 필요도 없지만 야마구치현의 전신은 메이지유신〔明治維新〕에 가장 큰 역할을 완수한 초슈〔長州〕번이다. 기시도 초슈가 낳은 사상가 요시다 쇼인이나 그 문하생이었던 이토 히로부미, 기도 다카요시, 이노우에 가오루 등 메이지 국가 건립의 기둥이 된 지사들로부터 큰 영향을 받고 자랐다. 국제연맹 탈퇴시 수석전권대사를 맡고, 후에 외상으로서 일·독·불 삼국동맹을 맺은 마쓰오카 요스케〔松岡洋右〕는 기시의 친척이다. 마쓰오카는 A급 전범으로서 잡혀 재판중에 사망했다.

기시의 성장과정은 일본이 구미 열강에 대항하여 강대국을 지향하던 일본제국주의의 초기 성장과 맞물려 있다. 8세 때 러일전쟁이 일어났고, 여순 점령과 동해 해전의 승리로 국민이 열광하던 9세 때에 일본은 전쟁에서 이겼다. 10세 때에 중국 동북부(만주)에 남만주철도회사가 생겨 일본은 만주로 힘을 뻗쳐 간다. 중학교에 들어가던 13세 때에 조선 병합에 이르렀다. 고교시절에는 일본이 제 1차 세계대전에 참전, 중국의 랴오둥〔遼東〕 반도에서 독일을 물리친 일본이 중국에 21개조 요구를 하고 있었다. 이러한 시대사가 기시의 사상형성에 결정적 영향을 끼친 것은 상상하기에 어렵지 않다.

도쿄제국대학에 입학하면서 국수주의자 교수였던 우에스기 신키치의 문하생이 되었다. 게다가 기타 잇키〔北一輝〕의 《국가 개조안 원리 대강》(나중에 《일본개조법안 대강》으로 나왔다), 혹은 오카와 슈메이(A급 전범으로서 잡혀 도쿄재판중에 정신이상으로 석방)의 "대(大) 아시아주의"에도 강한 영향을 받았다고 본인이 인정하고 있다.

졸업하고 상공성에 들어간 기시는 1936년 10월 만주국의 고관이 되었고, 하라 요시히사가 1980년부터 1982년에 걸쳐 한 인터뷰에서 이렇게 이야기하고 있다. "그 무렵은 아직 대동아공영권이라는 개념은 머릿속에 없었지만, 이러한 (나의) 생각이나 나의 만주행의 기초에는 오카와 씨의 사상이 있던 것을 부정할 수 없다"(《기시 노부스케》, 이와나미 신서, 1995년). 하라에 의하면 "기시 안에 이론적으로 구축되던 기타 잇키적 국가주의, 즉 국내 개조론과 대외 팽창론을 일체화시킨 국가사회주의는 오카와의 대아시아주의까지 곁들여져 한층 깊어져 갔다"였다.

만주국에 자원하여 부임, 산업부와 총무부의 차장이 되어 만주국 경영의 실권을 잡는 실력자가 되었다. 이 시기 만주를 지휘하던 육군의 관동군 참모장은 이타가키 세이시로이며, 그 후임이 뒤에 수상이 되는 도조 히데키였다. 전후 함께 A급 전범으로서 교수형에 처해졌지만, 기시는 만주에서 이 두 사람을 시작으로 군의 간부들과 친분이 깊어져 그 지위를 굳혔다. 기시는 만주를 발판으로 관료, 정치가의 길로 나아갔다.

A급 전범으로 갇히다

만주에서 중일전쟁을 맞이한 기시는 1939년에 귀국해, 1941년 10월에 성립한 도조 내각에서 상공대신이 되었다. 육군상으로서 미·일 주전론을 내세우던 도조 정권이 들어서면서 개전의 큰 흐름은 정해졌다고 할 수 있고, 기시는 거기에 참가했다. 상공상으로 취임하고 머지않아 전시 경제통제를 향한 산업계의 체제정비를 실행한다. 기시는 마침내 12월 8일의 진주만 공격을 맞이하게 된다. 그리고 다음 해의 총선거에 각료로 익찬정치체제 협의회의 '추천후보'로서 출마, 염원하던 중의원 의원이 되었다.

이후 전황은 악화되었지만 그런 와중에 1943년 11월, 기시는 국무상의 자격으로 신설된 군수성의 차관(대신은 수상인 도조가 겸했다)이 되어 비행기 생산확대 등에 힘을 쏟았다. 도조 내각의 말기야말로 '반(反)도조'로 돌아 내각 퇴진을 획책했지만, 만주의 적극 경영으로부터 미·일 개전에 대한 관여 등 모든 면에서 책임을 피할 수 없는 입장에 있었다.

일화가 있다. 기시는 전후 A급 전범 용의로 수감될 즈음에, 같은 야마구치현 출신으로 일고(一高)의 은사이기도 한 스기 토시스케로부터 요시다 쇼인의 단가(短歌)를 선물로 받았다.

"둘도 없는 생명을 바쳐 아깝지 않은 것은 천 년이 지나도 썩지 않는 이름뿐인가 하노라"라는 것이다. 목숨을 아껴 이름을 더럽히지 말라, 깨끗하게 죽으라는 의미일 것이다. 이것에 대해서 기시의 답가는, "이름과 바꾸어 성전(聖戰)의 올바름을 내세(來世)에까지 전하려 하오"라는 것이었다. 기시의 장녀 아베 요코가 《나의 아베 신타로》(〈문예춘추〉, 1992년)에 이 이야기를 소개하고 있다. '성전'의 올바름을 신념으로써 전한다는 각오를 굳히고 도쿄재판에 맞서려 했다.

일본 검찰은 기시의 용의를 입증하기 위해 움직이고 있었다. 기시를 "만주 갱"이라 부르고 "전쟁 창도자"라고 한 월도프의 보고를 비롯해서 만주에서의 실권행사나 태평양전쟁 개전에 대한 관련, 군부와의 농밀한 관계 등을 조사하였다. 그러나 기시는 결국 기소되지 않고 석방된다. 그간의 정확한 사정은 알 길이 없으되 다만 이 "관대한 처분"의 뒤에 진행되던 냉전의 그림자가 영향을 끼쳤던 것만은 틀림없다. 그것이 리콴유가 말한 아시아의 격동이다.

나치 독일의 전쟁범죄를 단호하게 재판한 뉘른베르크 재판은 1946년 10월에 끝났다. 하지만 도쿄재판은 시작부터가 1946년 5월로 늦어지고, 종결된 것은 2년 후인 1948년 11월이었다. 실은 그 사이에 미·소의 대립이 격화되고, 아시아의 공산화도 무서운 기세였다. 그 때문에 일본 점령에 매달리던 GHQ에서조차 "일본의 보수세력을 약체화하는 것보다는 반공세력을 길러야 한다"는 판단이 강해졌다.

냉전이 안겨준 선물 '석방'

하라의 《기시 노부스케》는 스가모 형무소 시절 기시의 옥중일기도 풍부하게 소개하고 있다. 기시가 재판에 반발하면서도 석방을 기대하여 마음 흔들리는 모습이 선명하게 그려져 있다. 일기에 따르면 감옥에서는 굴욕적인 일도 반복해 맛보았다. 소지품 검사 때문에 빈번히 알몸이 되어 소지품을 빼앗기고, 혹은 천장 청소 때에 눈에 티가 들어가 한밤중에 아파 잠을 잘 수도 없었다는 것이다. 그 기시가 옥중에서 미·소의 대립격화를 알고 기분이 좋아졌던 것은 패전 1년이 채 안 되었을 때였다. 1946년 8월 11일의 일기에 옥중 동료들과 "미·소 대립"을 서로 논해, "다시 일본이 부흥할 좋은 기회라고 희망적 관측에 의견일치"해 "오랜만에 의기고양"된 기분이 되었다고 쓰고 있다. 미·소 대립의 격화에 의해서 일본에 호기가 왔다는 것이다.

중국에서는 공산당이 쾌속으로 진격하고 한반도에서는 김일성이 1948년 9월에 '북조선'을 수립해 남북이 완전히 분단되었다. 그 직후인 11월 4일 기시는 대담한 구상을 일기에 기록했다. "동아시아 전체의 적화"로 통하는 중국 공산당 천하를 저지하기 위해 미국은 직접 군대로 마오쩌둥군을 제압해야 하고, 미군은 일본의 의용병으로 편제해야 한다는 것이다. 하라는 기시가 '반공'의 대의 아래 지금까지의 반미감정을 "일본 의용군"이라는 현실과 동떨어진 구상까지 하였던 것에 놀랐다. 그와 동시에 이러한 아시아의 반공전선 만들기야말로 기시에게는 "일본의 호기"이며, 자신의 '호기'이기도 하였다고 기시의 심중을 묘사하고 있다.

도조 히데키 등 일곱 명에게 사형판결이 내리자 기시의 불안도 더해 갔다. 한편에서는 자신의 석방에 대한 기대도 간절해지는, 그러한 불안과 기대가 교차하는 중 GHQ의 내부에 변화가 일어나고 있었다. 민주화 정책을 추진한 휘트니 장군 등의 GS(민정국)와, 반공노선을 중시하는 정보·첩보 담당의 G2(일반 참모본부 제2부)가 격론을 벌인 결과, 위로비가 인솔하는 G2의 우세가 굳어졌다. 기시에게 있어 분명 찬스였다.

이 무렵 일본 정계는 어떠했는가? 도쿄재판이 시작되었을 때는 요시다 시게루의 자유당 정권이었지만, 1947년 5월에는 총선에 패한 자유당이 나가떨어지고, 사회·민주·국민 협동의 연립정권이 생겨 사회당 위원장인 가타야마 데쓰〔片山哲〕가 수상이 되었다. 게다가 1948년 3월에는 민주당의 아시타 히토시〔芦田均〕가 수상이 된다. 그러한 시대였지만 일본의 민주화를 바라는 GHQ는 이러한 정권을 뒷받침하였다.

그런데 아시타 정권도 단명했다. 정계를 뒤엉키게 한 '쇼덴의혹'〔昭電疑獄〕 사건 때문에 1948년 10월에 무너졌다. 후에 아시타 자신도 체포되어 결국 무죄가 되지만, 이 사건은 요시다 시게루에 의한 자유당 정권을 대망하는 G2의 '음모'가 개재되어 있었다는 설이 유력하다. 미국의 점령정책은 카타야마와 아시타의 연립정권을 뒷받침하는 민주화 노선에서 소련·중국의 봉쇄를 주축으로 하는 반공노선으로 큰 커브를 돌게 된 것이다.

G2는 벌써 1947년 4월, 기시 석방을 촉구하는 권고서를 최고사령관 맥아더에게 보냈다. "용의(容疑)가 불충분하면"이라는 조건부였지만 메시지는 분명 그것을 기대하는 내용이었다. 전쟁 말기에 기시가

'반(反) 도조'로 돌아 전쟁 종결에 노력한 것도 감안되었을 것이다. 기시의 일기에는 G2와 뒷거래한 듯한 이야기는 일절 나오지 않지만 G2 인맥이 옥중의 기시와 자주 접촉한 것은 사실이다. 정계에 복귀한 기시에게 CIA의 공작자금이 흘러간 혐의도 나중에 나오지만 그것은 끝내 덮어졌다. 어쨌든 수수께끼에 싸인 기시의 석방이 "냉전 진행"과 관계가 있었던 것, 그리고 아시아주의자였다던 기시가 어느덧 "친미 노선"을 걷는 정치 지도자가 된 것은 의심할 여지가 없다.

냉전이 구해 준 전전파의 정치가는 기시만이 아니었다. 도쿄재판으로 "종신 금고"형에 처해진 가야 오키노리(도조 내각의 재정상, 북중국개발 총재)나 "금고 7년"의 형을 받은 시게미쓰 마모루(도조 내각의 외상, 고이소 내각의 대동아상) 등의 A급 전범도 이윽고 석방되어 정치에 복귀했다.

시게미쓰는 하토야마 내각 때 다시 외상이 되고, 가야는 이케다 정권 때 자민당 정조회장과 법무상을 역임했다. 도조 내각의 재정상으로서 개전에 저항한 가야 등은 실질적 책임이 무거웠다고는 할 수 없지만, 그런데도 도쿄재판으로 유죄가 된 정치가의 정계복귀는 일본의 전쟁책임을 애매하게 만들고 말았다고 할 수 있다. 석방된 사람 중에는 전시에 중국대륙에서 암약한 고다마 요시오와 같은 거물 우익도 포함되어 있었다.

물론 재판에 회부되지 않은 전쟁 전의 정치가 대부분이 전후 저항 없이 그대로 정치를 계속한 것은 아니다. 국가 총동원적인 전쟁수행에 협력 입장을 취한 정치가의 대부분이 GHQ로부터 "공직추방 처분"을 받아 적어도 일정 기간 정치활동이 금지되었기 때문이다. 그러나 그 공직추방도 한국전쟁 발발 후, 일본의 독립에 즈음하여 잇달아 풀려 많은 전전파(戰前派)가 정계에 복귀했다. 그것은 기시 등을 풀어 준 논리와 대동소이하며, 아시아에 안정된 반공국가를 키우려는 미국의 의도였다.

기시는 후에 이시바시 내각에서 외상이 되었다가 곧 병으로 쓰러진 이시바시를 대신하여 수상이 된다. 국회에서 야당의원으로부터 '전쟁 책임'을 질문받을 때마다 기시는 '반성'을 이야기하였다. 예를 들면, 수상이 되기 5일 전 수상 임시대리로서 하였던 것이 다음의 답변이다.

> "태평양전쟁에 대한 이야기가 있었습니다만 나는 그 당시 내각의 각료였습니다. 당시의 일은 나 자신, 그 후의 10년 남짓 걸쳐 스가모 형무소에서 또는 추방과 해제의 기간을 통해서 충분히 반성하였고, … 향후의 우리가 나가는 길은 말할 필요도 없이 민주적인 길을 견지하고 진행하는 것으로, 세계평화를 염원하고 이것을 실현하는 것입니다. … 조국의 재건과 세계 각 민족의 번영을 꿈꾸며 나 자신도 정치에 뜻을 두어서, 이러한 신념을 국민에게 호소하고 국민의 비판을 받으면서 이 자리에 온 것입니다. 그러한 반성과 나 자신의 신념에 근거해 향후의 외교·정치 전반에 기여하고 싶은 생각입니다"(1957년 2월 20일, 중의원 외무위원회).

하지만 국회의 회의록을 찾아보아도 기시가 만주(滿洲)에 대해 말한 것은 발견되지 않았다.

일본이 만든 괴뢰국가 '만주국'의 실상을 자세하게 분석한 야마무로 신이치의 《만주국의 초상》(中公신서, 1993년)에 의하면, 기시는 1965년에 간행된 회고집 《아, 만주》에서 "민족협화, 왕도낙토의 이상이 빛나 … 동아시아의 희망이었다"면서 만주국을 극찬하고 있다. 수상 퇴진 5년 후의 일이다.

반세기 후에 수상이 된 손자 아베 신조는 취임 직후의 중의원 예산위원회에서 민주당의 간 나오토로부터 기시의 전쟁책임에 관하여 질문받고 "그 당시의 지도적 입장에 있던 사람들은 나의 조부를 포함해 큰 책임이 있다", "정치는 결과 책임이기 때문에 당연히 그 당시의 판단은 잘못되었다"라고 대답했다. 그러나 간이 "만주국의 평가"를 물은 것에 대해서는 "역사는 어디까지나 역사가에게 맡겨야 하는 것이 아닌가. 정치가는 겸허해야 하는 것이 당연하다"는 문답을 주고받았다. 격렬한 반대 데모에 휩쓸리면서도 미·일 안보조약을 개정한 조부에 대한 존경의 말을 자주 언급하는 아베이지만, 만주국 평가를 피하는 것은 조부와 닮은 역사관임을 엿볼 수 있다.

2. 요시다 시게루의 전전 · 전후

'친(親) 영 · 미' 대열에서

아베 신조가 기시 노부스케의 외손자라면, 2006년의 자민당 총재 선거에서 "포스트 고이즈미"를 두고 경쟁한 아소 타로는 요시다 시게루〔吉田茂〕의 외손자이다. 요시다와 기시는 각각 전후 보수정치의 큰 조류를 만든 정치가이지만 전후 60년을 거쳐 손자끼리 정권 다툼을 하는 구도에 기이한 인연을 느끼지 않을 수 없다. 기이하다고 말하자면 이 총재선거에서 또 한 사람의 후보자였던 다니카키 사다카즈는 아버지 센이치〔専一〕를 이은 2세 의원인데, 센이치는 요시다와 앙숙이라 할 라이벌이었던 전 수상 아시타 히토시의 지역기반을 계승하고 있다. 총재선거에 출마한 다니카키가 교토부 후쿠치야마 시에 있는 아시타의 무덤에 참배하는 모습이 보도된 것을 보고 그런 인연임을 깨달았다.

그런데 GHQ 점령시대로부터 샌프란시스코 강화조약에 의한 일본 독립에 이르기까지, 한 사람의 수상으로서 전후 정치에 레일을 깐 요시다 시게루가 전쟁 전부터 '친(親) 영 · 미'의 입장이었던 것은 널리 알려져 있다. 그러나 요시다가 당시 아시아를 어떻게 보고 있었는지는 의외로 알려지지 않았다. 나 자신 이전에는 그런 일을 별로 생각한 적도 없었지만 강한 관심을 느낀 것은 아시타의 요시다에 대한 평가를 들었기 때문이다.

헌법제정에서 제 9조의 문언(文言) 을 바꾼 "아시타 수정"으로 잘 알려진 이 정치가는 원래 요시다와 같은 외교관 출신이었다. 아시타는 수상 자리에서 내려온 후 쇼덴의혹으로 체포되었지만, 보석 후에도 피고의 몸으로 샌프란시스코 강화조약의 비준 국회(1951년 10월)에서 질문자로 나서서, 수상 요시다를 상대로 "재군비"나 "헌법 개정"을 요구해 정면으로 싸웠다. 그 뜨거운 논쟁을 나의 책《잊을 수 없는 국회 논전》(中公신서, 1994년)에서 다루었지만, 그 취재를 위해《아시타 히토시 일기》의 편자이기도 한 손자 시모코베 모토하루〔下河邊元春〕를 찾아갔던 적이 있다.

재군비나 개헌의 논진을 편 아시타는 요시다와 대조적인 강경파 이미지이지만 원래는 자타 모두가 공인하는 '자유주의자'였다. 외교관 시절 중국에 대한 온건한 불간섭 노선을 취한 외상, 시데하라 기주로의 계열에 속하였는데, 만주사변을 주도한 군부의 독주에 분개해 외무성을 그만두고 중의원 의원이 되었다. 국회에서는 첫 질문으로 "군부 독선의 사상을 버려라"면서 육군상인 아라키에게 따져서 이름을 날렸다. 사이토 다카오의 유명한 "숙군(肅軍) 연설"에도 공감해, 그 사이토가 중일전쟁의 확대를 심하게 비판한 연설로 '제명' 처분을 받자 여기에 끝까지 맹렬하게 반대한 사람이기도 했다.

요시다는 외무성에서 아시타의 6년 선배지만 두 사람은 왠지 사이가 좋지 않았다고 한다. 시모코베에 의하면 요시다는 아시타를 "단파(丹波)의 원숭이"(교토의 원숭이, 즉 시골뜨기라는 뜻이다)라고 부르고 있었다. 한편 아시타는 요시다가 만주의 심양(당시는 奉天) 총영사를 하던 무렵부터 일본의 만주 진출에 적극적으로 나서고 군부 폭주의 방파제가 되지 않았던 것을 납득이 가지 않아 하였고, 그 후로도 심하게 비판하고 있었다는 것이다. 전후는 아시타가 신헌법의 제정에 중요한 역할을 맡으면서 한국전쟁 발발이나 중국의 공산화에 위협을 느껴 재군비 노선으로 가자는 것에 대해, 요시다는 중국 공산화를 그다지 위협이 아니라며 경무장 노선을 계속 취했다. 말하자면 이 같은 입장의 '역전'이 나에게는 강한 인상으로 남았다.

기시 노부스케가 전쟁 전과의 연속성을 보여주는 정치가라고 하면, 요시다 시게루는 전후파 정치가의 대표 격이라고 해도 좋다. 전쟁 전에 온건파로서 군부 폭주의 억제역할을 한 중신 마키노 노부아키를 장인으로 하는 요시다는 주영대사로서 일본의 국제연맹 탈퇴나 일·독·불의 삼국동맹, 나아가 미·일 개전에 저항한 한 사람이었다. 전쟁 말기에는 고노에 후미마로 등과 함께 전쟁 종결을 향한 상주문을 기초하다가 발각되어 투옥된 적도 있다. 이러한 일이 GHQ에 평가되어 일본의 전후정치를 주도하게 되었다.

요시다의 '친미'노선은 전후 활짝 피게 되었다. "친미·경무장·경제 우선"을 내건 요시다는 기시의 "자주헌법·재군비·정치 우선" 노선과는 대조적인 "보수 주류"의 계보를 만들었다. 이것이 이케다 하야토〔池田勇人〕, 오히라 마사요시〔大平正芳〕, 미야자와 기이치 … 로 계승된다.

하지만 전후정치의 산물이라고도 할 수 있는 요시다가 태평양전쟁에 이르는 일련의 아시아 침략에 저항했는가라고 하면, 그것은 다르다. 아시타가 비판한 것처럼 요시다도 심양 총영사, 외무차관 등으로 중국대륙 침식에 적극적 역할을 완수한 궤적이 있기 때문이다.

1906년(메이지 39년) 외교관이 된 요시다의 첫 근무지는 일본이 '생명선'이라고 하던 만주(당시는 청나라의 일부)의 심양 총영사관이었다. 1922년(다이쇼 11년)에 청진 총영사가 되고, 1925년 10월에는 심양의 총영사로서 다시 만주로 향했다. 이전에 중국 건국의 아버지로 여겨지는 쑨원〔孫文〕이 신해혁명으로 난징〔南京〕에 임시정부를 수립하였고, 청나라의 군인이었던 원세개와의 타협으로 290년에 이른 청조가 멸망한다(1912년). 중화민국은 이윽고 베이징의 원세개가 좌지우지하게 되고 쑨원 등은 추방되지만, 전제정치에 빠진 원세개의 사후 중국은 '군벌'에 의해서 다시 혼란이 거듭되었다.

중국에서 요시다의 임기는 심양 총영사를 물러난 1928년 3월까지 11년이나 되는 긴 시간이었다. 심양 총영사가 된 1925년 10월이라고 하면 베이징 정부의 타도를 도모하는 국민당과 공산당의 "제 1차 국공합작"이 실현되어 그 최고 지도자였던 쑨원이 '북벌'(베이징 정부의 타도)을 앞두고 베이징에서 사망한 반년 후였다. 국민당군을 맡은 장제스가 "북벌 완료"를 쑨원의 묘에 보고한 것이 1928년 7월이니까, 요시다의 임기는 정확히 그 기간과 겹쳐지고 있다.

중국의 혼란에 편승하다

요시다 시게루에 대해서는 요시다 정치를 높이 평가하고 정착시킨 고사카 마사다카의 《재상 요시다 시게루》(중앙공론사, 1968년), 그리고 요시다의 전전·전후의 발자국을 상세하게 논한 존 다워의 대작 《요시다 시게루와 그 시대》(中公문고, 1991년)가 특히 유명하다. 어느 쪽이나 심양 총영사 시대의 요시다의 대중국 강경자세에 대해 다루고 있으므로 당시 요시다의 역할을 추적해 보자.

요시다가 심양에서 총영사를 하던 무렵 민족주의의 물결은 만주에도 큰 영향을 미치고 있었다. 일본이 제 1차 세계대전에 참전해 중국 산둥성의 청도 등에서 독일을 물리치고, 그 승전의 기서로 오쿠마 시게노부〔大隈重信〕 내각이 원세개 정권에 대해 "21개조 요구"를 한 것은 1915년의 일이다. 청도뿐만이 아니라 산둥성에서도 독일 권리의 계승을 비롯한 만주중심의 권익확장 요구이다. 중국 전 국토에 일본 경찰관 배치 등도 요구하여 영토적 야심을 노출한 것이었다. 이것이 격렬한 배일운동을 부르는 등 중국의 민족주의를 자극하고 있었다.

러시아 혁명(1917년)에 성공한 소련 공산당은 북만주를 기지로 활동하고, 국공합작 후 국민당에도 무기를 보내고 있었다. 만주를 '생명선' 삼아 무수한 기득권을 얻고 있던 일본은 이러한 움직임에 신경을 곤두세우면서 만주 군벌 장작림(張作霖)에게 의지하고 있었다. 당시의 중국은 '군벌'이라고 불리는 지방세력이 마치 일본의 전국 다이묘와 같이 군웅할거하고 있었다. 그러나 그 장작림에 대한 일본정부의 방침은 두 갈래로 나뉘고 있었다. 외무성은 가능한 한 간섭을 피하려고 하였고, 군부는 장작림을 길들여 괴뢰정권화해야 한다고 주장했다. 요시다는 장작림에 대해 만주경영에 전념하도록 정면으로 요구하는 한편, 재정원조를 철저히 해 일본의 권익을 확대해야 한다고 주장했다. 당시의 외교관으로서는 강경책을 주장했다.

군인 출신 다나카 기이치가 수상이 되면서 요시다의 주장이 받아들여졌다. 장작림에게 요구를 들이대고 이를 받아들이게 하는 강경수단이 취해졌다. 장작림의 병기창으로 통하는 철도 경봉선(京奉線)이 일본 소유의 만철선을 가로질러 부설된 점을 주목하고, 경봉선의 만주철도선 횡단을 저지한다는 방법이었다. 말하자면 군사정권의 병기창을 봉쇄하는 것이므로, 강압수단으로서는 효과적이었지만 작전은 미수에 그치고 말았다. "요시다는 준비공작을 별로 하지 않았기 때문에 장작림을 괴뢰화하려던 군부로부터 너무 방법이 거칠다든가 시기상조라는 반대론이 많아 요시다는 병을 핑계삼아 물러나지 않으면 안 되었다"(《재상 요시다 시게루》). 요시다는 적어도 이 점에서 군부 이상의 강경파였다.

요시다는 그 후에도 장작림을 계속 애먹였다. 장작림은 요시다가 이임한 후인 1928년 6월 관동군에게 살해당하지만 그때까지 요시다의 태도나 일하는 자세에 대해서, 다워가 당시의 외무성 공문서를 분석하여 몇 개의 "대담한 관찰"을 8항목으로 썼다. 주된 지적은 다음과 같다.

- 요시다는 대외팽창과 지배의 합법적 범위, 즉 일본이 약 20년간 중국에서 빼앗은 조약상의 특권을 각별하게 중시해 "중·일 친선과 같은 막연한 이

념"에 의존하거나 혹은 스스로의 선전에 도취하는 위험을 경계했다.

- 일부의 동료에 비해 일본이 대륙에서 취하는 행동에는 영·미의 지지가 필요한 것을 보다 잘 인식하고 있었다. 이 점에서 일본의 국제적 이미지를 중시할 뿐만이 아니고, 구미 제국주의국과의 협조를 장성(長城) 이남지역에 대한 공동 군사개입에 의해서 명시할 것을 제안했다.
- 요시다의 제국관은 경제적 결합(예를 들어, 차관에 의해서)과 법률적 기구(예를 들어, 조약권)를, 일본의 대외적 입장을 착실하게 확장하는 지렛대로 사용하도록 노력한 점이 두드러졌다. 그뿐만 아니라 중국의 혼란, 고난, 불행을 기화로 한층 더 권리와 양보를 우려내자고 제창했다.
- 대다수 동료와 같이 요시다의 중국인에 대한 태도는 공적·사적으로도 손아랫사람에 대한 태도이며, 이것은 몸에 밴 도의관과 보이지 않는 인종적 우월감에 의한 것이었다.
- 당시의 일본인 누구보다 더 요시다는 일본의 요구에 따르게 하기 위해 실력, 협박, 위압의 행사를 지지하고 배일운동을 탄압하며, 일본의 "특수 권익"을 보호하기 위해 군사적 '경찰'의 개입을 제의했다. 실제 요시다는 만주사변보다 4년 이상이나 전인 1927년(쇼와 2년) 4월에 군사력에 의해서 중국 동북부를 탈취할 것을 암묵 속에 호소했다는 논의가 있다.

마쓰모토 겐이치는 《일본의 실패》에서, 일본이 '대동아전쟁'에 돌진하는 실패의 시작이 중국에 영토적 야심을 노출한 1915년의 "21개조 요구"였다고 강조하지만 요시다에게는 그러한 의식은 전혀 없었다. 요시다도 "일본의 실패"는 눈치채지 못했다.

요시다의 중국인 멸시는 어떻게 길러졌던 것일까. 그것은 아편전쟁에 의한 영국의 침식 후에도 멈출 줄 몰랐던 중국의 부패나 내란·내전을 관찰했기 때문이라고 생각된다. 중국을 치료하려면 열강의 간섭이 불가결하다고 보았다. 1928년 6월, 요시다는 수상 다나카 기이치에게 보낸 공식 전문에서 그런 견해를 강조하고, "그들이 하는 대로 방임하여 중국의 치평(治平)을 구하는 것은 하늘만 바라보는 것과 같고, 오히려 열강이 나아가 중국의 치평을 위해서 간섭하는 것이

옳다", "중국의 내란은 중국만의 사태가 아니다. 세계 열국 모두가 그 화를 입는다. 일본의 국가 경제상으로 보아도 간과할 수 없다"고 말했다(《요시다 시게루와 그 시대》).

요시다는 1928년 3월, 스웨덴 공사 취임이 내정되었지만 "나를 외무차관으로 불러주십시오"라며 다나카 기이치 집을 방문한다. 이것이 주효하여 7월 외무차관에 발탁되었다. 그것은 요시다의 대중국 적극책이 다나카에게 인정되었기 때문이기도 하다. 그 사이에 요시다가 만든 대만정책의 각서가 있다. 거기에는 일본의 "대(對) 중국정책"이 좌절한 원인으로 아시아에 일어나던 '민족자결'의 조류에 너무 신경썼다고 개탄하고 있다. "중일친선", '공존공영'이라는 슬로건을 '헛소리'라고 치부해 이것들은 일본의 권익을 해치는 것으로서 배제하자는 견해였다(《재상 요시다 시게루》).

당시의 외무성에는 중국의 내전에 불간섭주의를 취해, 무역으로 진출을 도모해야 한다는 시데하라 기주로의 계보가 있고, 아시타는 이 계보에 속했다. 요시다의 생각은 이 '연약함'을 공격하는 것이고, 외무성의 동기생이었던 히로타 고키 등과 함께 육군 출신의 다나카 기이치의 감각에 가까웠다. 장작림은 요시다가 심양을 이임해 외무차관으로 취임하는 사이 살해당해버리고 사태는 만주사변(1931년)으로 이어졌다. 장작림 폭살은 요시다와 무관하였지만 요시다의 강경노선의 귀착점이기도 했다. 아시타가 요시다를 격하게 비판한 것도 이런 점 때문이다.

요시다는 히로타가 수상이 되었을 때 자청해서 외상이 되기 직전까지 갔다. 그러나 자유주의자인 장인 마키노 노부아키를 싫어한 군부가 반대했기 때문에 외상은 실현되지 않고 주영대사가 되었다. 요시다의 반군(反軍)사상이 강해진 것은 이때부터이지만, 만약 히로타 내각에서 외상이 되었다면 문관으로서 단지 한 명, 도쿄재판으로 처형된 히로타와 같은 운명을 맞았을지도 모른다.

고사카에 의하면, 그럼에도 불구하고 요시다의 강경노선은 군부의 강경론과는 세 가지 차이가 있었다. 첫 번째는 수단의 차이이다. 요시다는 괴뢰정권의 수립이라고 한 '음모'를 엄하게 배척하고, 장작림에 대해서 정면으로 요구할 것을 주장했다. 두 번째는 '권익'에 대한 태도의 차이다. 요시다에게 외교란 조약과 그것에 바탕한 권익을 활용해 국가이익을 추구하는 게임이다. 권리의 윤리적 정당성은 문제 삼지 않고, 군과 같이 "만주 군벌의 타도가 중국인민의 이익이 된다"는 이데올로기 날조에도 흥미가 없었다. 세 번째는 영·미와의 협조이다. 요시다는 만주의 이권 옹호를 위해 영·미와 결정적으로 대립할 생각이 없었다.

바꿔 말하면 요시다는 아시아 지배를 당연하다고 하면서도 그것은 영·미와의 병렬게임이며, 아시아를 기반으로 구미에 대항한다는 '대동아공영권'의 발상과는 질적으로 다른 것이었다.

여기서 저자가 생각해 낸 것은 후쿠자와 유키치가 1885년(메이지 18년)에 쓴 《탈아론》(脫亞論)이다. 후쿠자와는 근대화를 놓친 아시아에 실망한 나머지 아시아와 결별해서 구미와 함께 아시아에 대처할 것을 선언했다. 《탈아론》의 실천자라고도 할 수 있는 요시다는 일본의 파탄이 "영·미와의 결정적 대립"을 선택한 것으로부터 왔다고 보았을 것이다. 자신이 찬성하지 않았던 영·미와의 전쟁에 졌다고 하여, 메이지 이래의 조선이나 대만 식민지 정책이나, 중국에서의 강압적인 권익확대 방침에 대해서까지 요시다가 반성을 느끼는 일은 더더욱 없었을 것이다.

전후에 되살아난 '탈아론'

그런 요시다의 전후 아시아관은 수상 퇴진 후인 1957년에 나온 저서 《회상 10년》(신조사)의 제1권에 단적으로 나타나고 있다. 요약하면 이렇다.

- 메이지 이래의 독립국 일본과 신흥 독립국인 아시아 제국은 구별되어야 한다.
- 오늘의 일본은 정치·경제·사회적으로 아시아적이라기보다 서구적이다.
- 아시아·아프리카는 민도도 낮고, 미개발로 후진국 범위를 벗어나지 못한다.
- 그러나 지리적·인종적으로는 서구인보다 일본인이 아시아에 친근감을 느낀다.
- 미국의 자금과 일본의 기술을 결합해 동남아시아를 개발하는 것이 좋다.
- 아시아·아프리카의 경제개발을 원조하고 자유주의의 가치를 알리기 위해서 일본이 기여해야 한다.

전쟁 전의 "아시아 지배" 감각에 비하면 온유하고 새로운 분칠을 하고는 있지만, 구미와의 협조로 아시아의 지도적 입장에 선다는 발상은 역시 《탈아론》의 연장선 위에 있다.

다나카 히로시의 《재일 외국인》(이와나미 신서, 1995년)에 의하면, 요시다는 1949년 맥아더 GHQ 최고사령관에게 재일 한국·조선인의 모국송환을 요구하는 서간을 보냈다. 그것이 맥아더 문서관에 소장되어 있는데, 거기에는 다음과 같이 쓰여 있다.

- 현재 및 장래의 일본 식량사정에 비추어 볼 때 여분의 인구 유지는 불가능합니다. 미국의 호의에 의해 일본은 대량의 식량을 수입하고 있어 그 일부를 재일 조선인을 부양하기 위해서 사용하고 있습니다. 이러한 수입은 장래 세대에게 부담을 주게 됩니다. 조선인을 위해서 지는 대미 부채의 이 부분을 미래 세대에 지게 하는 것은 불공평하다고 생각됩니다.

- 대다수 조선인은 일본경제의 부흥에 전혀 공헌하지 못합니다.
- 한층 더 나쁜 것은 조선인 범죄분자가 큰 비율을 차지하고 있습니다. 그들은 일본의 경제법령의 상습적 위반자입니다. 그들의 상당수는 공산주의자 및 그 동조자로, 가장 악랄한 종류의 정치범죄를 범하는 경향이 강하고, 상시 7천 명 이상이 옥중에 있는 상태입니다.

지금 읽으면 놀랄 만한 차별과 편견으로 가득 찬 편지이지만 GHQ도 이것은 받아들이지는 않았다. 전후 얼마 되지 않은 시기, 치안 등에 다양한 문제가 있던 것은 사실이었지만 이 서간에는 식민지 통치가 낳은 산물이라고 할 수 있는 재일 한국·조선인에 대해서 조금의 도의적 책임감도 없다. 그것은 원래 식민지 지배에 대한 죄악감이 없기 때문일 것이다.

요시다가 조선지배에 대해 어떤 의문도 갖지 않았던 것을 드러내는 에피소드가 있다. 한국의 주일대사를 거쳐 외무부장관이 된 김동조로부터 들은 이야기다.

한일조약 체결 이듬해에 김동조가 요시다와 만났을 때 요시다는 말했다. "심양 총영사를 할 무렵 자주 조선에 갔지만 조선총독부가 얼마나 선정을 베풀고 있는지 총독의 입으로부터 여러 가지 이야기를 듣고 있었다. 그런데 한국은 왜 이 정도로 일본을 싫어해 반일, 반일이라는 것인가." 김동조는 "미국의 점령하에서 고생한 요시다 씨라고 생각되지 않는 발언이다"라고 반격했지만, 요시다는 감이 오지 않는 모습이었다고 한다.

요시다의 이러한 감각은 그에게 한정된 것은 아니었을 것이다. 총리대신이 이와 같이 인식하고 있었다는 사실은, 오히려 당시의 일본사회를 지배하는 아시아관을 내비쳤다고 보아야 한다. 과연 후에 한국·조선의 식민지 지배에 대해 "일본은 좋은 일도 했다"라는 발언이 반복되는 것도 이 때문이다. 손자 아소 타로는 자민당 정조회장으로 있으면서 창씨개명에 대해 "조선사람이 바랐던 것이다"라는 취지의 발언을 해 물의를 빚은 적이 있지만, 그것도 이러한 요시다의 영향이 있는 것은 아닐까.

나는 전후 정치에 큰 레일을 깐 요시다의 실적을 경시할 생각은 없다. 오히려 그런 요시다이기 때문에 더욱 그 아시아관이 전후 일본에 드리운 그림자를 간과할 수 없다고 생각한다.

요시다로 대표되는 일본의 우월적 아시아관은 미국에도 잘 알려졌고, 미국은 오히려 그것을 이용했다. 특사로서 대일 강화의 책임자가 된 덜레스(후의 국무장관)가 1951년 1월에 일본을 방문했을 때, 영국의 주일대사 가스코인과 회담했다. 덜레스는 그때 "일본인은 아시아 대륙의 민중에 대해서 어떤 종류의 우월감을 안고 있다는 인상을 갖고 있다. … 일본인도 (서양인과) 같이 우위를 달성하고 있으므로 서구제국에 동참하고 싶은, 혹은 서구가 받아주었으면 하고 바라고 있다. 나는 이러한 일본인의 기분을 만족시키는 것은 일본인이 우리와 우호적 관계에 머무르도록 하는 매력적 요소가 된다고 생각한다"고 이야기했다는 것이다(이가라시 다케시, 《대일 강화와 냉전》, 도쿄대학출판회, 1986년).

다만 아시아 멸시가 몸에 밴 요시다에게도 10년 이상 재임한 중국이나 중국인에 대한 냉정한 관찰의 눈은 있었다. 혹은 중국에 대한 속죄감은 가지지 않았지만, 끝내 일본에 굴하지 않았던 중국을 재평가하는 마음은 있었던지. 그것은 중국에 공산주의가 뿌리내릴 리 없고, 중·소 밀월도 그리 오래가지 않을 것이라는 관측으로 나타났다. 후술하듯이 요시다는 수상 때 중국 봉쇄에 열성을 보이던 미국에 밀려 대만과의 국교를 선택하는 바람에 중국과의 관계를 쌓아올릴 수 없었지만, 나중에 이것을 애석해 했다.

요시다는 1959년에 대만을 방문했는데, 거기에 동행한 고사카 젠타로는 《의원외교 40년》(일본경제신문사, 1994년)에서 다음과 같은 에피소드를 소개했다. 요시다와 장제스의 회담에 동석한 대만의 진성(陳誠) 부총통이 "중국 공산당은 소련으로부터 돈을 빌려 꼼짝 못한다. 소련의 괴뢰다"라고 열을 내어 비판했다. 그러자 요시다는 "모처럼의 이야기이지만 중국 민족은 위대한 민족으로, 중국을 정복하려는 자는 반드시 실패한다. 영국도, 미국도, 일본도 군대까지 보냈지만 박살이 났다. 소련이 중국을 넘보려고 해도 소용없다"라고 반론해서 논쟁이 되었다는 것이다. "위대한 민족"이라는 표현에 어떤 진심이 있었는가는 모르지만, 적어도 전쟁 전의 모멸적 중국관과는 다른 견해였다.

이러한 요시다의 새로운 중국관은 이후 보수 주류에 인계되어 "반공 이데올로기 과잉"의 친대만파 그룹과는 다른 계보를 만들게 된다. 그것에 대해서는 뒤에서 상세하게 서술한다.

3. 탈아와 대동아의 원류

후쿠자와 유키치의 표변

나는 기시 노부스케가 '대아시아주의'에 영향받은 것이고, 요시다 시게루는 '탈아론'의 사상을 계승한 것은 아닐까라고 썼다. 전후 보수 정치를 보는 데 중요한 관점이라고 생각하므로, 여기에서는 '탈아'와 '대동아'의 원류에 대하여 간단히 보아두자.

일본은 민족적·지리적으로 아시아의 일원일 뿐만 아니라 한자나 불교, 유교 등 일본문화의 큰 요소가 인도, 중국, 한반도 등의 아시아 제국으로부터 많이 도래한 것은 의심할 여지가 없다. 특히 중국에 대해서는 견당사(遣唐使) 파견 등의 역사까지 갈 것도 없이 문화 발신의 근원으로서 외경(畏敬)을 가지고 접해왔고, 조선으로부터의 도래인(渡來人)들이 문화유입에 많은 역할을 해낸 것도 새삼 말할 필요조차도 없다. 왜구나 원구(元寇), 혹은 도요토미 히데요시의 조선침략 등을 예외로 친다면, 근대 이전 일본은 아시아 제국과 대체로 평화적 교류를 계속해 온 역사가 있다.

그런 일본의 아시아관이 크게 바뀐 것은 일본이 구미의 압력 아래 개국과 근대화로 나아간 메이지 시대부터였다.

메이지 시대에 근대국가의 형성을 진행시킨 일본은, 아편전쟁으로 비참한 운명을 거친 청나라와 같이 벌써 서구 열강의 침식을 받던 아시아 제국을 근대화에 크게 뒤진 '반면교사'라고 간주하게 된다. 그것이 먼저 탈아입구(脫亞入歐)의 사상이 되어 나타났다. 후진 지역으로서의 아시아를 벗어나 구미 열강의 동료가 된다는 목표를 가진 사상이다. 부국강병과 함께 메이지 시대의 대표적 슬로건이라고 할 수 있다. 탈아의 '아'(亞)란 구미의 근대주의를 거부하고, 근대국가가 되기를 거절하는 아시아의 완고한 구체제라고 인식되고 있었다. 그 대표적 논자가 후쿠자와 유키치〔福澤諭吉〕였다.

《문명론의 개략》, 《서양 사정》 등의 저자로서 구미의 근대적 가치관을 일본에 보급시킨 후쿠자와의 공적은 새삼 말할 필요도 없을 것이다. 후쿠자와는 그러한 사고를 일본인에게 요구하는 데 그치지 않았다. 후쿠자와는 아시아의 근대화에 기대를 걸었지만, 이윽고 중국이나 조선의 실태에 실망하자, 곧 이러한 주변국을 단념하고 구미에 붙어 아시아의 분할도 불사한다는 강경론에 이르게 된다. 서구에 뒤떨어지는 아시아의 자립은 바랄 수 없고, 일본이 구미의 제국주의에 침범되지 않고 대항하기 위해서는 필요에 따라 아시아로 치고 나가야 한다는 논리이다. 이것이 '탈아입구'가 가지는 정치·외교적인 일면이 되었다.

실은 그 후쿠자와도 당초는 일본에 의한 아시아 보호론을 전개하고 있었다. 1881년(메이지 14년) 9월, 《시사소언》(時事小言)에서 후쿠자와는 다음과 같이 논하고 있다.

> "현재 동양의 열국으로 문명의 중심이 되어, 주변 나라의 선봉이 되어 서양 제국에 대항할 수 있는 것은 일본국민이 아니고 누구랴. 아시아 동방의 보호는 우리 책임으로 각오해야 할 것이다. … 지금 서양의 제국이 위세로 동양에 강요하는 그 모양은 불이 만연하는 것에 다르지 않고, 그런데 동양제국, 가까운 조선 등이 둔하게도 그 세력에 맞설 수 없음은 목조 판잣집이 불을 견뎌 낼 수 없는 것과 같은 것이다. 고로 우리 일본의 무력으로 이것에 응원하는 것은, … 일본 자신을 위해 하는 것으로 알아야 한다"(《후쿠자와 전집》 제 5권, 국민도서주식회사, 1926년).

즉, 재빨리 근대화를 완수한 일본은 아시아 주변국의 근대화를 촉진하여 아시아를 보호하는 역할을 해야 한다는 것이다. 일본이 해낸 개국과 근대화를 아시아에 확장하려는 사상이었다.

그 후쿠자와가 〈시사신보〉(時事新報)에 '탈아론'을 써 아시아에 대한 보다 엄한 대응을 설파한 것은 4년 후인 1885년(메이지 18년) 3월이다. 문제의 대목은 다음과 같다.

> "우리 일본은 아시아의 동쪽 변두리에 있다고 해도 국민정신은 이미 아시아의 고루함을 벗어나 서양의 문명으로 변천했다. 그런데 여기에 불행한 이웃나라가 있으니 하나를 중국이라고 하고, 또 하나를 조선이라고 한다. … 우리 관점으로 이 두 국가를 보면, 지금의 문명동점(文明東漸)의 풍조에 즈음해 독립유지가 불가능하다. … 서양의 문명국과 진퇴를 같이 해, 그 중국과 조선도 이웃나라이기 때문이라고 특별하게 해줄 필요가 없고, 서양인이 하는 풍습에 따라서 처분해야 한다. 나쁜 악우(惡友)를 친하게 지내는 사람은 함께 악명을 면하기 어렵다. 나는 마음으로부터 아시아 동방의 나쁜 친구를 사절하고자 한다"(《속 후쿠자와 전집》 제 2권, 이와나미 서점, 1933년).

조선도 중국도 도저히 독립할 수 있는 상태가 아니기 때문에 벌써 구미화한 일본은 지금의 열강과 같이 주저 없이 아시아를 처분해야 한다고 한다. "나쁜 친구"와 결별을 선언, 구미 수준의 아시아 분할론으로 변했다. 무엇이 후쿠자와의 변화를 가져왔는가. 그것은 전년 12월에 조선에서 일어난 김옥균 등에 의한 쿠데타(갑신정변)의 실패가 큰 원인이었다고 전해지고 있다. 김옥균은 첫 방일 이래, 후쿠자와가 신경을 써서 지도하고 일본정부도 후원했던 급진개화파였다.

메이지유신으로부터 얼마 지나지 않은 1875년(메이지 8년) 군함으로 강화도에 들이닥쳐 강압적으로 조선을 개국시킨 일본은, 그 이후로 조선에서 기득권 확대를 도모하면서 개국·근대화의 길을 강요하고 있었다. 그 장애가 되었던 것이 역사적으로 조선의 종주국이었던 청나라이다. 조선에서는 청나라와 맺어진 수구파가 더 힘을 가지고 있어 일본이 배후에서 지원한 김옥균의 쿠데타를 좌절시킨 것도 즉시 군을 파견한 청나라였다. 후쿠자와가 '탈아론'을 쓴 것은 이 뒤처리를 둘러싸고 이토 히로부미〔伊藤博文〕와 이홍장(李鴻章)이 청진에서 교섭하는 시기, 구미류의 근대화에 의욕을 갖지 않는 중국이나 조선에 대한 분개와 실망 때문이었다.

후쿠자와는 "동양의 정략"을 관철하기 위해서 군비확장을 주창하고, 〈시사신보〉에는 구미 열강이나 일본에 의한 미래의 "지나 제국 분할지도"를 싣기도 했다(1894년 10월 음력 16일 밤). 이 분할도와 '탈아론'이 어디까지가 본심이고 어디까지가 강한 경고였는가는 논란이 있지만, '탈아론' 사상이 늦게 온 제국주의국 일본의 말하자면 국가적 이데올로기가 된 것만은 틀림없다. 1895년(메이지 28년) 청일전쟁에서 승리한 일본은 러시아, 프랑스, 독일의 삼국 간섭에 의해 요동반도의 할양은 단념했지만, 대만 등의 식민지를 얻어 '제국'의 동료로 어깨를 나란히 하게 된다. 원래 중국을 외경스럽게 여기던 일본인의 중국관은, 청일전쟁 때 중국의 어이없는 패배로 중국인을 '지나인'이라 낮춰부르며 업신여기게 된 것이다.

그해 친러시아 노선을 취하던 명성황후(민비)가 일본군인이었던 주한공사의 책모에 의해서 암살당하는 사건이 일어났다. 이 사건에 의해 러시아의 영향력이 오히려 커져 러·일의 대립이 날카로워졌다.

1904년(메이지 37년) 마침내 러일전쟁에 돌입하지만, 다음해 승전을 거둔 일본은 미국의 승인을 얻어 조선에 대한 지배권 확립을 추진한다. 서울에 온 이토 히로부미가 1905년 을사조약을 강요해 조선의 외교권을 빼앗고, 이윽고 1910년의 한일합방에 이른다. 대한제국 황제 고종은 보호조약의 무효를 국제사회에 호소하려고 고군분투하고, 항일 저항운동도 불타올랐지만 모두 일본의 힘 앞에 굴복하지 않을 수 없었다.

일본의 “위대한 근대사상가” 후쿠자와가 지금은 만 엔권의 얼굴이다. 후쿠자와는 ‘탈아론’ 때문에 한국에서는 지금도 평판이 나쁜 사상가이지만, 일찍이 천 엔권에 등장한 이토 히로부미와 후쿠자와 등 잇따르는 “지폐의 얼굴”에서 한·일의 큰 갭을 엿볼 수 있다.

이야기는 한층 더 옆길로 빗나가지만, 1973년 도쿄의 한 호텔에 체재중이었던 반체제 정치가 김대중을 한국의 공권력이 납치한 사건이 일어났다. 이때 일본의 여론은 “주권을 침해한 폭거”라고 해 격렬한 분노로 들끓었다. 그러나 메이지 시대, 일본은 조선 왕비를 납치하기는커녕 ‘암살’이라는 최대급의 주권침해 사건을 일으켰음에도 불구하고 이것을 스스로 단죄한 적이 없다.

김양기(金兩基)는 “한일 간의 역사 인식의 마찰과 갭”(《아시아로부터 본 일본》, 가와데서방, 1994년)에서 이 비교를 논하고 명성황후 암살의 주모자 등이 “증거 불충분”으로 무죄가 된 뒤, 후년에 오히려 일본을 위한 거사(행동)였다고 평가된 것을 지적하고 있다. 구미 제국에 대해서라면 이러한 일이 도저히 있을 수 없다고 생각되기에, 일본의 아시아 멸시적 감각을 생각하게 하는 것이다.

약육강식의 국제상식

이 시대 일본과 중국, 조선의 명암이 갈린 것은 자력에 의한 근대화가 되었느냐 아니냐에 차이가 크다. 청일·러일 양 전쟁이나 조선의 식민지화로 일본은 제국주의화를 진행시켰지만, 전쟁이나 아시아에 대한 팽창에는 구미의 제국주의에 대항하는 방어적 성격, 혹은 구미와의 병렬감각을 갖고 있었다. 앞의 두 전쟁도 조선의 식민지화도, 구미제국은 기본적으로는 지탄하는 것이 없었다. 오로지 구미를 따라잡는 것을 목표로 한 ‘탈아입구’의 선상에 있었다.

이에 대해서 전후 혁신세력의 “공상적 평화주의”를 비판하고, 반공

이데올로기 전파 역을 맡아 온 교토대학 명예교수 이노키 마사미치는 1995년에 낸 《군국 일본의 흥망》(中公신서)에서 견해를 말한다. "근대화에 일단 성공한 단계에서 이웃나라를 침략하거나 정복하려고 하지 않고 국민생활을 충실히 하는 것이 이상적이지만, 개인이나 국가나 성공의 한계를 자각하는 것은 좀처럼 용이하지 않다"는 것이다. 당시의 세계상황 속에서 일본의 아시아 팽창을 이해하자는 것이다. 제국주의가 죄악이라고 받아들여지지 않았던 이 시대에는 청일·러일 전쟁도, 조선 식민지화도, 약육강식의 '국제상식'에 현저하게 반하는 것은 아니었다는 것이다. 일본의 좌익이 청일·러일 전쟁을 "아시아 침략의 첫걸음"이라고 평가한 것과는 달리, 보수세력은 대개 청일·러일 전쟁을 옹호하는 점에서 일치하고 있다.

1878년생인 요시다 시게루가 후쿠자와의 '탈아론'을 읽었는지는 의문이다. 하지만 중국인은 나라를 다스릴 능력이 없다고 멸시, 철저하게 중국에 대한 권익확대를 도모하면서 한편으로 영·미와의 협조를 벗어나지 않으려 한 요시다의 사고가 '탈아론'과 서로 겹쳐지는 것은 더 설명할 필요가 없을 것이다.

한편 1931년의 만주사변으로부터 노구교 사건(1937년)에 의한 중일전쟁에 이르는 길은 분명하게 '방어'나 "영·미와의 협조"를 넘은 침략과 팽창의 길이었다. 국제사회에서는 1922년에 워싱턴에서 중국의 주권독립과 영토보전을 인정한 "중국에 관한 9개국 조약"이 체결되고, 1928년에는 파리에서 부전조약(不戰條約, 켈로그-브리앙 조약)이 있었다. 일찍이 규칙이 없던 제국주의도 변질되어 제 1차 세계대전 후에는 그 반성으로부터 일정한 규칙이 생겼다. 그럼에도 불구하고 조약에 참가한 일본이 그것을 깨뜨리는 침략을 개시했다. 그것은 '탈아론'에도 크게 일탈하는 길이었다. 만주사변으로 국제적으로 지탄받은 일본은 이윽고 국제연맹 탈퇴에 이르지만, 그 사실은 적어도 일본의 행동이 유럽과 한통속이 되려 한 '입구'(入歐)와 모순되고 있던 것을 이야기한다.

중국이나 한국에 사죄를 반복해 온 데 반발하는 우파 중에는 일본의 식민지 지배나 중국 침략에 대해 "19세기 영국의 인도침략 등과 동류이며, 일본만이 사과할 필요는 없다"라고 변호하는 주장이 보인다. 하지만 메이지 일본의 제국주의화를 이해하는 입장인 이노키 마사미치 등도 이러한 견해에는 단호히 반대한다. 제 1차 세계대전 후에는 세계의 상식이 바뀌고 있던 것을 지적하면서, 적어도 만주국 건국이나 그 후의 중국침략에 관해서는 '일영(日英) 동죄론'을 논하고 있다(《군국 일본의 흥망》). 이 점은 우익적 보수와 상식적 보수와의 큰 '분기점'이다.

예를 들면, 자민당 참의원을 한 적도 있는 역사학자 하야시 겐타로(전 도쿄대학 총장)도 만주사변 이후의 15년 전쟁은 "침략이라고 할 수밖에 없다"(《역사로부터의 경고》, 중앙공론사, 1995년)고 발언하고 있다. 최근에는 마쓰모토 겐이치의 《일본의 실패》나 한도 가즈토시의 《쇼와사》(평범사, 2004년) 등 풍부한 자료에 근거한 뛰어난 읽을거리가 많지만, 적어도 만주사변 이후 일본의 잘못을 날카롭게 추궁하는 점에서 일치하고 있다. 〈요미우리신문〉이 2006년 8월까지 전개한 전쟁책임 추궁의 시리즈(《검증 전쟁책임》 1·2, 중앙공론사, 2006년)도 같다.

쑨원의 비극—'대아시아주의'의 왜곡

만주사변 이후 영·미에 대항한 일본의 노골적 확장주의에는 '탈아론' 이상의 대의명분이 필요했다. 그 이데올로기가 되었던 것이 대아시아주의이며, 도조 내각이 전면에 내건 '대동아공영권' 구상이었다. 일본을 아시아의 대표로 하고 아시아를 지킴으로써 구미의 제국주의적 지배로부터 아시아 제국을 해방하고, 독자적 가치관에 근거하는 공영권을 쌓아 올리자고 하는 몽상적 구상이었다. 후쿠자와가 초기에 구상하여 불가능하다고 해서 포기한 "아시아 보호론"과도 겹치지만, 구미를 적대시하고 아시아의 우위성을 주장한 것은 후쿠자와와 또 다른 발상이었다.

'대동아공영권'에 대해서는 무수한 서적이 있지만, 나에게는 이리에 아키라의 《신(新) 일본의 외교》(中公신서, 1991년)의 분석이 알기 쉬웠다. 이 책의 서장은 다음과 같은 단적인 서두로 시작된다.

> "태평양전쟁 전야의 일본은 군사강국, 경제 약소국이었다. 그러한 나라가 구미의 군사·경제 대국을 상대로 싸움하기 위해서는 그 전쟁을 정당화하는 이데올로기가 필요했다. '대동아전쟁'이라는 명칭은 서양에 대해서 아시아를 지키기 위한 싸움이라는 사상을 나타내고 있었다. 그러나 군사·경제·사상의 어느 면에서도 태평양전쟁은 일본에게 참담한 결과를 가져왔다. 전쟁의 군사적 우위는 반년을 넘기지 못하고, 경제적으로는 '대동아공영권'의 자원을 유효하게 활용할 수도 없고 대전국, 특히 미국의 압도적 생산력에 밀려 열세는 나날이 커져 갔다. 동아시아를 위한 싸움이라는 대의명분조차 중국이나 동남아시아 사람들의 찬동을 얻지 못하고, 반대로 일본군 점령하의 여러 지역에서는 항일운동이 맹렬하게 일어나게 되었다. 그럼에도 불구하고 '아시아 해방 맹주로서의 일본'이라는 이미지는 일본 지도자의 사이에서는 끝까지 버려지지 않았던 것 같다. 그 외에 사상적 밑바탕이 없었기 때문일 것이다."

대동아공영권이 기초가 된 것은, 본래는 '탈아입구'의 대립개념이라고 해야 할 '대아시아주의'였다. 구미의 아시아 침략에 대항하는 아시아 연대의 사상이다. 이것은 메이지의 사상가, 오카쿠라 덴신이 저서 《동양의 사상》에서 주창한 "아시아는 하나"라는 이상주의에 발단하고 있다. 침략적인 서양의 근대문명에 대항해 아시아의 각성을 호소한 문명론이었지만, 이것이 점차 정치적 색채를 띠어 확대되었다.

예를 들면, 기시 노부스케에게 영향을 준 대아시아주의자인 오카와 슈메이는 1916년(다이쇼 5년) "인도의 국민적 운동의 현상 및 그 유래"라는 논문을 발표해, 영국에 의한 지배·박해로 괴로워하는 인도의 황폐와 저항운동의 현상, 그리고 러일전쟁에 이긴 일본의 발흥이 얼마나 인도의 독립운동을 격려하는가를 논했다. 러일전쟁이 아시아 여러 민족에게 준 영향은 적지 않아서, 그것이 일본의 내셔널리즘의 버팀목이 된 면은 부정할 수 없다. 러일전쟁은 일본의 승리였다고는 해도 러시아의 강대한 여력을 잘 아는 메이지의 정치가에 의해 현실적인 종전 처리가 이루어졌지만, "대국 러시아에 이겼다"라는 전승감이 그후 일본 혼자서 폭주하게 하였다고도 말할 수 있다.

아시아주의, 대아시아주의라고 할 때 잊어서는 안 되는 것은 중국의 혁명가 쑨원이 주창한 '대아시아주의'이다. 쑨원은 부패와 열강의 수탈에 휩쓸리던 중국에서 민족, 민권, 민생의 삼민주의(三民主義)를 주창한 혁명의 선구자이다. 망명 등의 형태로 몇 차례 일본에도 체재한 적도 있고 일본에도 적지 않은 영향을 주었는데, 자신의 아시아주의 역시 러일전쟁의 일본 승리에 촉발된 것을 숨기지 않았다. 그 쑨원이 베이징에서 죽기 전 1924년에 일본을 방문했을 때, 고베 강연에서 '대아시아주의'를 호소했다. 후지무라 히사오의 《혁명가 쑨원》(中公신서, 1994년)의 요약을 그대로 빌리면 다음과 같다.

- 세계최고의 문화를 가진 아시아 민족은 이 수백 년간 쇠퇴하여 유럽제국의 침략을 받았지만 최근 30년간 부흥해 오고 있다. 일본이 불평등조약을 철폐해 독립국이 된 것, 그리고 러일전쟁에 승리를 거둔 것이 아시아 제국에 독립의 희망을 가져왔다.
- 서양의 물질문명은 과학의 문명이며, 무력의 문명이 되어 아시아를 압박하고 있다. 이것은 중국에서 예로부터 말하는 '패도'(覇道)문명이며, 동양에는 그것보다 뛰어난 '왕도'(王道)문화가 있다. 왕도문화의 본질이 도덕과 인의이다.
- 아시아를 부흥시키기 위해서는 '대아시아주의' 아래에 왕도를 기초로서 아

시아 제민족의 연합을 추구하지 않으면 안 된다.

- 우리가 '대아시아주의'를 주창하는 것은 왕도를 기초로서 불평등을 타파하기 위해서 이다. 압박받는 것은 아시아 민족만이 아니다. 도든 민족의 평등과 해방을 추구하는 것이 우리의 '대아시아주의'의 주장이다.

그리고 쑨원은 이렇게 매듭지으며 일본에 강력하게 호소했다.

> "여러분들 일본 민족은 구미의 패도문화를 받아들이고 있는 것과 동시에 아시아의 왕도문화의 본질도 가지고 있습니다. 일본이 지금부터 세계문화의 전도에 대하여 서양식 패도의 집 지키는 개가 될 것인지, 동양의 왕도의 간성(干城)이 될 것인지는 여러분들 일본국민이 잘 생각해 신중하게 선택하는 데 달려 있습니다"("대아시아주의", 《쑨원 선집》 제 3권, 사회사상사, 1989년).

여기에는 쑨원의 일본에 대한 기대보다 실망이 스며나오고 있었다. 앞서 서술한 것처럼 당시 중국에서는 여러 나라와의 불평등조약, 일본에 강요당한 "21개조 요구"에 대한 반발이 심해지고 있었다. 쑨원도 진정한 아시아 연대를 만들기 위해서는 일본이 이 요구를 철회하지 않으면 안 된다고 생각하고 있었다.

실은 쑨원은 이 연설 직전 고베에서 도야마 미쓰루〔頭山滿〕를 만나고 있었다. '현양사'를 이끄는 도야마는 대아시아주의자의 한 사람으로 일본 망명중인 쑨원을 도운 경위도 있다. 쑨원은 도야마를 만나 '21개조' 파기의 협력을 얻으려고 했다. 그러나 도야마는 그것을 알고 기선을 제압한다. 후지모토의 《거인 도야마 미쓰루〔頭山滿〕 옹》(산수사서방, 1930년)에 의하면 도야마는 쑨원에게 이렇게 말했다.

> "귀국은 4억 국민이 외국의 모욕과 침해를 받고 있기에 국가를 사랑하는 지사 호걸이 분개하는 것은 당연하다. 일찍이 만주와 몽고지방이 러시아의 침략을 받았을 때와 같다. 다행히 우리 일본에 상당한 실력이 있어, 막대한 희생을 지불하고 서로 돕는 관계에 있는 귀국의 보전을 위하여 힘쓴다. 때문에

귀국 땅에서 우리의 특수권익은 장차 귀국의 국정이 많이 개선되어 타국의 침해 염려가 없어졌을 경우에는 물론 환부해야 하지만, 지금 쉽사리 환부의 요구에 응하는 것은 우리 일본국민 대다수가 용납하지 않을 것이다."

여기에서는 러일전쟁이 중국 보전을 위해서 싸웠다는 견해가 드러나고, 일본의 권익을 당연시하는 발상이 선명히 부각된다. 쑨원이 아시아주의의 이해자라고 생각하고 의지했던 도야마의 말이다. 실망한 쑨원은 자신이 "21개조 요구의 철폐"를 주장하는 것을 그만두었다. 3일 후에 고베여고의 강당에서 말한 것이 앞에서 든 연설이다.

쑨원은 아시아의 일체성을 주창한 오카쿠라 덴신 외에 후쿠자와 유키치의 근대화론에 영향을 받았다고 여겨지지만, 여기서 말한 '대아시아주의'는 후쿠자와의 '탈아론'에 대한 아시아의 입장에서 보는 날카로운 안티테제였다. 연설은 청중에게 깊은 감명을 주었고 박수는 그치지 않았다고 전해진다.

그러나 쑨원의 비극은, 일본이 제국주의를 버리고 진정한 아시아 연대에 눈을 뜨기는커녕 실제로는 구미 열강도 놀라울 정도로 노골적으로 아시아에 '패도'를 추구해 간 데 있었다. 바로 그때 쑨원의 '대아시아주의'가 아시아 침략의 구실에 이용되었다. 그런 "이중의 굴욕"을 과연 쑨원은 무덤 속에서 어떻게 느끼고 있을 것인가.

인도에서 일본으로 망명한 라스 비하리 보스의 생애를 추적하면서, 일본의 아시아주의의 모순을 파헤친 나카지마 다케시의 《나카무라야의 보스》(하쿠스이사, 2005년)는 쑨원 사망 1년 후인 1926년 3월에 보스가 〈월간 일본〉에 낸 글을 소개하고 있다.

"우리들이 가장 유감스러워하는 것은 목소리를 높여 아시아의 해방, 유색인종의 대동단결을 말하는 일본의 유식계급 제군이다. 중국인을 모멸하고 중국을 침략할 것이라고 외쳐, 결국에 이르러서는 유색인종은 백인에게 뒤떨어진다는 것이다. 종래 중국을 아는 사람들을 점검하여 보았더니 모두 다 그

> 러하다. 동시에 스스로를 알고 아시아를 인식하는 지사는 새벽의 별과 같이 그 수가 드물더라."

일본에 귀화해 훗날 대동아공영권을 찬성하기에 이르는 보스는, 영국으로부터의 독립을 비원으로 하기 때문에 일본에게 매달린다는 인도인의 고뇌와 모순을 밝힌 인물이다. 그 보스도 당시 일본의 아시아주의의 속임수를 이와 같이 날카롭게 지적하고 있다.

장제스의 "동아시아 신질서" 비판

니시하라 하루오의 《일본의 진로 아시아의 장래》(고단샤, 2006년)에 의하면, 아시아에 대한 팽창적 발상은 실은 메이지유신에 큰 영향을 준 에도막부 말기의 사상가 요시다 쇼인〔吉田松陰〕이나 하시모토 사나이〔橋本左內〕로 거슬러 올라간다. 예를 들면, 쇼인의 '유수록'(幽囚錄)에는 "조선을 강하게 재촉해 지난날과 같이 공납하게 시키고, 북쪽은 만주의 땅을 빼앗고, 남쪽은 대만 · 루손의 여러 섬을 우리 손에 거두어 점차 진취의 기세를 나타내야 하는 것이다"라는 취지가 쓰여 있다. 그렇게 하지 않으면 구미 압력에 먹힌다는 "방위와 침략"이 뒤섞인 논리다.

쑨원의 고베 연설로부터 3년 후인 1927년(쇼와 2년), 오카와 슈메이는 논문 "일본정신 연구"에서, 일본이 "세계 통일의 사명을 갖는다"고 썼다. 그 실현을 만주, 조선에서 추구하고 한층 더 "나아가 지나에 이르러, 더욱 전 세계를 향해 진출할 수 있어야 한다"라고 했다. 일본이 아시아의 맹주가 될 뿐더러 그것을 발판으로 세계의 맹주가 된다고 한다. 그야말로 황당무계한 몽상이다.

하지만 "세계의 맹주"는 차치하고 "아시아 맹주"가 되려는, 말하자면 왜곡된 대아시아주의는 만주국 건국(1932년)을 거쳐 이윽고 군부나 정부의 지도이념이 되어 태평양전쟁 개전 전야에 클라이맥스를 맞는다. 1932년에 전권대표로 국제연맹 탈퇴의 주역이 된 마쓰오카 요스케는 1940년, 고노에 후미마로의 내각 때 외상이 되자 '대동아공영권'의 구상을 밝힌다. 이에 도조 히데키 내각은 1941년 이 슬로건을 정식으로 내걸었다. 이렇게 해 대아시아주의는 무모한 싸움의 대의명분으로 떠올랐다.

쑨원도 지적한 것처럼 아시아는 서구 제국주의로부터의 독립을 목표로 하는데, 러일전쟁의 일본 승리에 의해 기운을 낼 수 있었던 면이 있던 것은 확실하다. 게다가 중국의 왕자오밍이나 인도의 체드라 보스와 같이 일본 주도의 아시아주의에 동의한 사람도 있었다. 그러나 그러한 예외를 제외하면 아시아의 민족주의는 일본의 아시아주의를 받아들이지 않았다.

이리에 아키라가 《신(新) 일본의 외교》에서 지적한 것처럼 "일본의 아시아주의 사상이 아시아에 대한 연합국의 사상을 이기기 위해서는 중국대륙이 중요한 시험대가 될 것이었지만 중국의 국민당이나 공산당도 일본의 사상에는 동의하지 않고 미국 혹은 소련의 사상적 영향하에 들어갔다", "장제스와 같이 서양사상보다 전통적 중국사상을 존중한 사람도 일본과의 정신적 결합은 고려하지 않고, 전시중 일본인의 '대동아공영권'이 얼마나 위선으로 가득 찬 것인지를 되풀이해서 비판하고 있었다"는 것이 현실이었다.

과연 쑨원의 후계자를 자부하는 장제스는 격렬한 항일전쟁을 한 지도자였다. 그것을 선명히 생각나게 해주었던 것이 다음의 저서이다. 아사히신문사의 서고에서 찾아보니 장제스의 전시중의 연설·논문집이 발견되었다. 1947년에 간행된 《폭력에 대한 폭력의 대응》(백양사, 1947년) 이라는 소책자이다. 이 유명한 말은 1945년 8월 15일, 일본의 패전에 대한 연설의 한 구절이었다. 라디오 연설을 통해서 중국 전 국토에 방송되었다.

중국 민중의 승리를 소리 높이 노래하면서 일본인에 대한 보복을 경고한 것이 연설의 포인트이다. "동포 제군. 우리 중국인은 구악을 생각하지 않고 사람에게 선을 베푼다는 것이 우리 민족의 전통적 지고지귀(至高至貴)의 특성이며, 우리가 일관해서 내건 것은 '우리는 일본 군벌을 적으로 하지만 일본 인민을 결코 적으로 하지 않는다'라고 말한 것을 생각하지 않으면 안 된다", "만약 폭력으로 적의 지금까지의 폭력에 보답하고 능욕을 가지고 그들의 지금까지의 잘못된 우월감에 응한다면, 원한은 원한을 부르고 영구히 그치지 않는다. 이것은 결코 우리 '인의의 스승'의 목적이 아니다" 등으로, 장제스는 일본병사의 평화적 귀환을 촉구했다.

독자는 벌써 눈치챘을 것이다. "일본 군벌을 적으로 하지만 일본 인민을 결코 적으로 하지 않는다"라는 표현에 후의 중국 공산당이 밝힌 '양분론'의 발상을 엿볼 수 있다. '양분론'은 아베 신조가 말하는 계급사관과는 관계 없다. 이것에 의해서 일본병사의 생명이 살아났다. 역사가 호사카 마사야스〔保阪正康〕는 이 장제스 연설이 "중국에 있던 일본군 병사나 거류민의 가슴에 와 닿았다. 이윽고 일본에 전할 때도 마음에 영향을 끼치는 말이 되었다"라고 쓰고 있다(《장제스》, 분슌 신서, 1999년).

그럼 일본 군벌이 범한 '폭'(暴)이란 무엇이었는가. 장제스가 전시 중에 일본을 어떻게 보고 있었는지는 같은 책에 수록된 1938년의 서간과 연설에 드러난다. 서간은 7월 7일, 한구(漢口)에서 쓰여진 "일본국민에 고함"이다. "일본국민 제군. 오늘은 우리 중화민국이 귀국의 흉포한 군부의 침략을 방어하여 전 민족 항전을 발동한 일주년 기념일이다"라는 서두로 시작되는 이 서간은 다음과 같이 이어진다.

> "중・일 양국은 원래 형제관계이다. 민족적 종별에서 또 문화에서도 깊은 관계다. … 그런데 귀국 군벌은 잘못된 관념에 지배되어 폭력으로 덕에 보답했

> 고, 그 생각은 아직도 시정되지 않고 있다. … 계속하여 침략하고, 그 방법은 악랄해 우리 민족을 망하게 한 뒤라야 그칠 기세다. … 제군은 귀국의 군대가 세계에서 가장 야만스럽고 가장 파괴력을 가진 군대인 것을 알고 있을 것이다. 제군은 귀국이 항상 자랑하던 '야마토 정신'과 '무사도'는 이미 땅에 떨어진 것을 알 것이다. 독가스, 독가스탄을 거침없이 사용하고 있다. 아편, 모르핀류는 공공연히 판매되고, 국제규약과 인류 정의는 전부 귀국의 중화침략군대에 의해서 완전히 파괴되고 있다. 또 일본군이 점령한 어디에나 폭행의 여세로 멀리 피난조차 할 수 없었던 무고한 인민 및 부상병사를 대규모로 학살했다. 또 수천 명을 광장에 묶어 기관총 소사를 하고 혹은 수십 명을 한 방에 모아 기름에 불을 붙여 죽이고, 일군끼리 누가 더 죽이느냐로 서로 농담의 주제로 삼고 있다."

서간은 한층 더 "부녀 동포에 대한 폭행"에 대해서도 자세하게 지적해 "수십 명의 부녀를 나신으로 한 방에 몰아넣고 우선 강간한 후 참살해, 가슴을 가르고 배를 도려내고도 만족할 줄 모르는 비인도적 폭행"을 고발했다. 일본군이 중화민국의 수도였던 난징에 쳐들어가 시민과 포로를 끌어들여 사람으로서는 하지 못할 비인도적 '대학살'을 감행한 것은 바로 8개월 전의 일이었다. 이것이 장제스의 머리에 강하게 박혀 있었던 것은 의심할 여지가 없다.

장제스는 1938년 12월의 중경 연설에서, 고노에 후미마로 정권이 밝힌 "동아시아 신질서 건설"에 대해 엄격한 비판을 더하고 있다. 연설 일부를 인용하면 아래와 같다.

> "'동아시아 신질서 건설'은 일본이 자랑으로 여기는 표어이며 수법이다. … 그 목적은 무엇인가 하면, 적화(赤禍) 방지의 이름을 빌어 일본이 중국의 군사를 장악하고, 동양문명 옹호라는 이름을 빌어 일본이 중국의 민족문화를 소멸하며, 경제장벽의 배제를 빙자하여 구미세력을 배척해 일본이 태평양에 홀로 패자(覇者)임을 주창해 더욱 '일본・만주・지나 경제단위' 혹은 '경제블록'이라는 것을 구실로 그들이 중국경제의 맥을 쥐려 하는 것이다. 정말로

> 생각해 보건데 '동아시아 신질서 건설'이라는 이 일곱 자 안에는 어떤 악의가 내포되어 있는 것인가. 간단히 말한다면 이것은 일본이 동아시아의 국제질서를 뒤집어엎고 노예 중국을 완성시켜 태평양 독패(獨覇)와 세계 정복의 기도를 이루자는 총괄적 명칭이다."

과연 이리에의 지적대로였다. 장제스는 격렬히 '대동아공영권'의 기만성을 지탄한 것이다. 같은 시기, 마오쩌둥이 인솔하는 중국 공산당은 '지구전'으로 대일 항전에 임하고 있었지만 일본군의 정면의 적은 장제스가 지도하는 국민당 군이며, 공산당의 세력은 지하에서 성장하고 있었다. 이노키 마사미치와 같이 "일본이 장제스의 국민당 군을 타도에 급급함으로써 중국 공산당의 중국 지배를 준비하도록 만드는 것"(《군국 일본의 흥망》)이라고 지적하는 사람들도 있었다. 요즈음은 중국 공산당도 대일 항전에서 국민당의 업적을 정당하게 평가하기 시작했다고도 한다.

중·일 국교정상화가 떠올랐을 때, 그 반대파는 중일전쟁의 주된 교전상대가 공산군이 아니고 국민당 군이었던 사실을 근거로 중일전쟁은 중일평화조약(1952년)으로 끝났다고 주장했다. 하지만 그처럼 주장하며 장제스에게 은의를 강조한 사람들이 어느새인가 "그것은 아시아 해방의 전쟁이었다"라고, 장제스가 들으면 기막혀 할 주장을 하리라고는…. 그 기회주의는 정말 이상하지 않은가?

'탈아입구'와 '대동아'. 두 이데올로기는 물론 선명하게 가를 수 없는 부분이 있다. 그러나 애당초 대립개념이었다는 탈아와 대동아가 서로 어느덧 보완해 아시아 침략과 태평양전쟁에의 길을 재촉했다. 무덤 속의 후쿠자와 유키치로서도 이것은 의외의 전개였을 것이다.

4. 이시바시 단잔의 비극

독특한 '소일본주의'

요시다 시게루가 "보수 주류", 기시 노부스케가 "보수 우파"의 흐름을 만든 원류(源流)였다고 한다면, "보수 좌파"의 원류는 "비극의 정치가" 이시바시 단잔〔石橋湛山〕이라고 말할 수 있을 것이다.

1994년부터 1995년에 걸쳐 이시바시 단잔을 다룬 출판물이 잇달아 나왔다. 강극실(姜克實)의 《이시바시 단잔》, 사다카 마코토〔佐高信〕의 《일본주의 정치가》, 마스다 히로시의 《이시바시 단잔》, 그리고 한도 가즈토시〔半藤一利〕의 《싸우는 이시바시 단잔》(동양경제신보사, 1995년) 이다.

이것보다 먼저 마쓰오 다카요시 편의 《이시바시 단잔 평론집》이 출판되어 단잔 재평가에 앞장선 것은 1984년의 일이었다. 그리고 10년 후의 출판 러시였다. 전후 50년, 그리고 "냉전 후"라는 신시대를 맞이한 가운데, 이시바시의 생애와 그 사상이 다시금 빛을 발하였기 때문이다.

이시바시가 수상이 된 것은 1956년 12월 하토야마 이치로의 퇴진 후의 일이다. 기시 노부스케, 이시이 미쓰지로와 삼파전이 된 자민당 총재선거에서 이시바시는 이시이와 "2, 3위 연합"을 펼친 결과 결선 투표에서 기시를 누르고 수상 자리에 올랐다. 하지만 이때 벌써 72세. 중·일 관계 타개에 의욕을 보이면서도 감기가 악화되어 병상에 있었던 이시바시는 불과 2개월 남짓 만에 수상 자리를 내려서고 외상이었던 기시에게 그 자리를 양보했다. 1957년 2월의 일이다.

일본의 독립을 이룩한 요시다 시게루, 일・소 국교회복을 완수한 하토야마 이치로, 미・일 안보조약 개정을 완수한 기시 노부스케 ….
쟁쟁한 실적을 남긴 전후의 수상들 속에서 이시바시의 업적은 별로 눈에 띄지 않는다. 하지만 "진정한 자유주의자"라고 평가되는 이시바시는 전전에는 언론인으로서, 전후에는 정치가로서 특기해야 할 세계관을 갖고 있었다. 전쟁 전 〈동양경제신보〉(東洋經濟新報)의 주간으로서 '소일본주의'를 주장한 그는 기시의 '대아시아주의', 요시다의 '탈아입구'와도 다른 아시아관으로 이채를 띠었다. 중국, 한반도 등 이웃 아시아에의 영토적 진출을 엄하게 제지하는 논리를 계속 폈다.

전전에 절감하지 않을 수 없었던 언론의 무력함에다, 전후에는 GHQ에 의한 불합리한 공직추방, 그리고 생각치도 않은 병마 등 이시바시에게는 비극만 겹쳤다. 또 이시바시가 생각하였던 세계의 이상이나 일본의 아시아 정책도 전후 냉전체제하에서 실현도 되지 않았다. 이시바시는 이래저래 "비극의 정치가"였다.

1884년(메이지 17년)에 도쿄에서 태어난 이시바시는 부친이 니치렌종〔日蓮宗〕의 승려였다. 청일전쟁이 시작된 1894년 이시바시는 10살 때 혼자 야마나시현의 절에 맡겨졌다. 주지는 훗날 신연산 구원사(久遠寺)의 법주가 되는 모치즈키 이치겐이다. 이시바시는 이 고승 밑에서 독립자존의 정신을 몸에 익히며 자랐다. 또 야마나시 현립 제일중학 시절 삿포로농학교에서 윌리엄 클라크 박사의 지도를 받은 크리스천 오시마 마사타케가 교장으로 부임해 있어서 미국적 자유주의, 개인주의 교육에 깊은 감화를 받았다.

1902년(메이지 35년)에 와세다대학 고등예과에 들어간 이시바시는 러일전쟁이 시작된 1904년에 와세다대학 철학과에 입학, 그곳에서는 다나카 오도〔田中王堂〕의 영향을 받았다. 듀이의 프라그마티즘 철학을 일본에 처음 소개한 다나카는 개인주의나 자유주의에 입각하여 평론활동을 한 인물이다. 이렇게 이시바시는 12세 연하의 기시가 도쿄제국대학에서 국수주의의 영향을 받은 것과는 대조적인 학창시절을 보냈다. 니치렌종의 신도이면서 "그리스도교, 프라그마티즘, 자유주의, 민주주의, 개인주의에 상관하지 않고 넓게 자양분을 흡수할 수 있었다"(강극실, 《이시바시 단잔》).

이런 이시바시는 도쿄 마이니치신문사를 거쳐 동양경제신보사에서 "물 만난 고기"가 된다. 신보사에는 주간이었던 아마노 다메유키 등에 의하여 자유주의적 전통과 "반군벌, 반번벌"의 기풍이 확립되었다. 이시바시는 월간지 〈동양시론〉의 편집기자, 〈동양경제신보〉의 간판기자로서 활약하게 된다. 편집부에는 사회주의자인 가타야마 센 등도 있었다.

이시바시가 신보사에 들어간 1911년(메이지 44년)의 10월에 일어났던 것이 쑨원에 의한 중국의 신해혁명이었다. 〈동양경제신보〉는 이것을 메이지유신에 필적하는 대혁명이라고 칭해 철저한 불간섭과 민족자결의 존중을 주장했다. 그리고 주간인 미우라 데쓰타로의 주도에 의해서 선명히 천명된 것이 '소일본주의'의 입장이었다. 경제전문이었던 이시바시는 미우라의 후계자로서 그의 정치·외교 논조도 계승했다.

이시바시가 "사려 없는 국민", '대일본주의', "만주 포기론" 같은 사설을 잇달아 쓴 것은 다음 해인 1912년이었다. "사려 없는 국민"에서는 "우리는 청일전쟁 당시 한 사람도 전쟁을 반대하지 않았던 것을 유감스럽게 생각한다. 러일전쟁 전에 충분히 반대론이 결집되지 않았던 것을 유감스럽게 생각한다"(《이시바시 단잔 전집》)며 일본이 대일본주의·군비확장주의로 치달리는 데 경종을 울렸다.

1914년에 제1차 세계대전이 시작된다. 일본정부나 언론계의 참전론에 대해서, 이시바시는 "호전적 태도를 경계한다"고 반대론을 전개했다. 그러나 일본은 참전하여 독일의 거점이었던 청도와 남양군도를 공략하고 승리를 거두었다. 산둥성에서의 독일의 권익을 획득해야 한다는 공기가 강해지던 가운데도 이시바시는 "청도는 결코 영유하면 안 된다", "청도 영유의 불가를 논함"이라는 사설을 쓰고, "아시아 대륙에 영토를 확장하면 안 되고 만주도 빨리 포기할 것", "'청도 영유는' 해악 중의 해악이고 위험 중의 위험을 부르는 것이니 결코 반대하지 않을 수 없다"라고 맹반대했다.

중국에의 영토적 야심을 의심받던 일본이 만주뿐만이 아니라 산둥성에서도 영토를 늘리면 중국에 대한 침입이 되어 영·미로부터도 위험시 당한다, 일본은 어디까지나 중국에 문호개방을 요구해 기회균등주의의 경제활동을 진행시키는 것이 유리한 계책이며 청도 영유는 이것에 역행한다는 취지였다.

그러나 오쿠마 내각은 산둥성 영유 및 만주에서의 이권확대를 축으로 한 "대(對) 중국 21개조 요구"를 원세개 정권에 들이댔고 일부를 삭제했다고는 하나 마침내 억지로 이것을 관철시켰다. 중국의 '반일' 기운이 이를 기화로 거세져 가지만, 이시바시는 교섭단계에서 일본 정부의 의도가 "조선(식민지화)처럼 만주도 일본 영토에 병합하는" 것에 있다고 경고했다. 그리고 조약이 조인되자 이것을 '중일친선'에 반하고 자국의 이익도 해하는 '대실패'라고 논했다. 이웃나라의 번영 강화는 자국의 이익에 직결된다는 철학에서였다.

산둥성 영유 등 일본에 의한 독일의 권익박탈은 제 1차 세계대전의 종결에 의한 1919년의 베르사유 회의에서 중국의 격렬한 항의를 부르고 결국 일본에 대한 열강의 비난도 강해졌다. 베이징에서 "청도를 반환하라", "21개조를 취소하라"는 학생 항의집회가 일어나 각지에 파급되었던(5·4운동) 것이 바로 그해이다.

버려야 산다는 '소일본주의'

'소일본주의'의 핵심은 일련의 "만주 포기론"이었다. 그 기본은 만주가 중국의 일부이며, 중국이 주권을 가지는 외국 땅이라는 단순한 사실 때문이었다. 청일·러일 전쟁의 승리로 조선과 같이 만주를 병합하려는 것은 중대문제라고 보았다. 그 이유는 여러 갈래지만 마스다 히로시는 《이시바시 단잔》에서 다음과 같이 '요약'하고 있다.

> "첫 번째, 일본이 중국에 남만주 등의 식민지와 여러 종류의 특권을 보유하는 한 중국 민족의 반일감정은 사라지지 않을 것이고, 그것은 양국간의 정치·외교·경제·무역상의 저해요인이 된다. 두 번째로, 만주 등의 식민지가 천연자원이나 일본 내 과잉인구의 배출구로서는 일반적으로 떠드는 정도의 가치를 지니지 않고, 또 일본은 해외영토를 가질 만큼 국내자본도 없다. 세 번째, 식민지 영유는 군사지출을 늘리고 국가재정을 압박해 결국 국민생활을 악화시키게 되고, 한층 더 무익한 전쟁을 부를 위험을 가져온다. 네 번째로, 식민지 영유는 열국, 특히 미국과의 대립을 낳아 일본의 국제적 고립화를 가져온다. 그리고 다섯 번째, 민족주의(내셔널리즘) 운동이 고양되어 식민지 분리독립은 불가피한 운명에 있다."

지금 읽어도 훌륭한 분석이 아닌가. 여기서 생각나는 것은 이 시기 요시다 시게루가 만주의 심양에 재임해 총영사로서 만주에서의 강압적 권익강화를 도모한 사실이다. 영토를 포함한 권익확장을 외교게임의 일환이라고 본 요시다는, 중국에서의 민족주의 고양이 일본의 이권을 해치는 것이라고 판단해 "중일친선, 공존공영의 헛소리"를 정면으로 부정하고 있었다. 이시바시와는 대조적 입장이었지만 당시 여론상 이시바시가 압도적 소수파였던 것은 두말할 필요도 없다.

이시바시의 주장이 더 선명하게 된 것은, 열강의 군비확장 경쟁이나 일본의 산둥, 만주와 몽고의 권익문제 등을 일괄 타결하려고 관계 9개국이 모여 1921년 11월에 열린 워싱턴 회의의 전후였다. 이시바시는 영토적 야심을 "전부를 포기한다는 각오"(7월 23일호 사설)로 회의에 임하도록 강력하게 주문했다.

후에 이시바시 내각의 관방장관을 한 이시다 히로히데〔石田博英〕는 저서 《이시바시 정권 71일》에서, 이 "전부를 포기한다는 각오", 3회에 이른 사설 "대일본주의의 환상"을 "일본 근대사에 남을 명(名) 논문"이라고 높게 평가하고 있다. 이시바시는 "중국과 일본이란 융화하고 교환 제휴하는 것이 지리상, 역사상, 국제관계상 순서이며 자연스럽다"라고 할 뿐만 아니라 "대만이든, 조선이든, 중국이든 빨리 일본이 자유해방 정책으로 나아간다면 그들 국민은 결코 일본으로부터 멀어지는 것은 아니다"라고, 모두의 영토에서 손을 뗄 것을 주장했다. 그러면 "그들은 반드시 일본을 맹주로 하여 정치적으로, 경제적으로 영원하게 동일 국민과 친밀을 유지할 것이다"라고도 말했다. 같은 '맹주'론에서도, 영토의 포기에 근거하는 점에서 나중의 '대동아공영권'과는 먼 발상이었다.

특히 눈길을 끄는 것은 "대일본주의의 환상" 논증을 위해서 식민지의 영유가 결코 경제적 이익으로 되지 않는다는 것을, 많은 통계·자료를 통해 분명히 입증한 것이다. 예를 들면, 1920년 조선, 대만, 만주와의 무역총액은 9억 엔 남짓인 데 비하여, 미국과는 14억 3천만 엔, 인도와는 5억 8천 7백만 엔, 영국과는 3억 3천만 엔이다. 게다가 조선, 대만, 만주에는 철, 석탄, 석유, 면화 등 공업상 필요도 높은 자원이 거의 없다고 논했다. 일본이 영토를 버리는 태도를 취하면 전쟁은 절대로 일어나지 않는다고 하고, 국방상의 영토 필요론도 물리친 것이다.

또 1920년에 "미·일 충돌위험"이라는 사설에서 쓴 것처럼 "제국주의적 발전"을 추구하는 미·일 양국이 중국에서 불꽃을 튀기면 반드시 미·일이 충돌해 전쟁을 피할 수 없게 된다고도 논하고 있었다. 아직 "미·일 전쟁" 등 아무도 상상하지 않았던 무렵의 일이지만 그

혜안에 놀랄 뿐이다.

조선의 식민지 해방론에 대해서는 더 자세히 논한 부분은 없지만 1919년 3월에 독립을 외치고 민중이 일어선 '3・1운동'이 일어났을 때에는, 사설 "조선인 폭동에 대한 이해"를 게재해 "조선인도 하나의 민족이다. 그들은 그들의 특수한 언어를 가지고 있다. 다년간 독립역사를 가지고 있다. 진심으로 일본의 속국임을 기뻐하는 조선인은 아마 한 명도 없을 것이다"라고 하였다. 조선인의 지식이나 자각이 높아짐에 따라서, 일본에 대한 반항이 강해질 것임에 틀림없다고 논했다. 이것도 요시다와는 완전히 다른 입장이다.

그러나 워싱턴 회의에서 일본이 "전부를 포기한다"는 것은 전혀 없었다. 이윽고 일본은 만주사변을 거쳐 만주국의 건설로부터 중일전쟁으로 나아가지만, 이시바시는 여기에 격렬하게 경종을 울린다. "오족협화(五族協和), 왕도낙토(王道樂土)"라는 만주국의 슬로건을 '공상'이라고 때리며 일중사변의 불확대를 호소했다. 점차 언론이 통제되는 가운데, 1938년에는 고노에 내각이 밝힌 "장제스와 상대(협상)하지 않겠다"는 방침에도 강한 의심을 나타냈다.

중국의 현상을 메이지유신에 맞추는 이시바시는 러시아 공산당에 이어 중국 공산당에도 이해를 나타냈지만, 그런데도 민족의식에 근거하는 지식대중의 신망을 모은 것이 국민당의 장제스라고 판단했다. 1940년 4월 강연에서 "중국과 손을 잡고 구미의 세력을 대처해야 하는 것입니다. 그렇다고 해서 반드시 구미 제국과 맞서라는 의미는 아니다"라고 말해 어떤 희생을 하여도 "중・일의 긴밀한 제휴"를 만들어내야 했다고 논했다(마스다, 《이시바시 단잔》). 이시바시는 언론을 통해서 '탈아입구', '대아시아주의'와 완전히 다른 입장을 취한 것을 알 수 있다.

이시바시와 동시대의 언론인 기요사와 레쓰〔淸澤洌〕가 있었다. 일본의 대(對)중국정책을 날카롭게 비판하면서, 1945년 종전 불과 얼마 전에 병에 걸려 죽은 친미 자유주의자이다. 기타오카 신이치는 《기요사와 레쓰》에서 만주사변 후 그때까지 자유로웠던 〈아사히신문〉을 포함해 "사변 지지 일색"인 가운데 기요사와와 이시바시가 드문 반론을 편 것을 지적, 그 후의 미·일 개전 후에도 '기요사와 주위의 자유주의 지식인 사이에서조차 일관되게 전쟁에 반대한 사람은 이시바시 단잔과 바바 쓰네고(동 시기의 저널리스트) 정도이다"라고 쓰고 있다.

요시다, 기시와 너무 달랐던 노선

그런 이시바시이기 때문에 패전은 "실로 일본국민이 영원히 기념해야 할 신일본 출발"이며 "쓸데없이 비분강개하며 시간을 보낼 일이 아니다"(1945년 8월 25일자 사론) 라고 쓴 것도 당연했다. 이시바시는 신일본 건설로서 경제재건과 민주화를 주장하면서, 신헌법의 특히 제 9조를 "통쾌하기 짝이 없는 심정이다"라고 높게 평가했다. 헌법 이념에 의한 세계국가 건설의 꿈을 키운 것도 그 무렵이다. 후에 아시아 정세의 긴장에 따라 개헌론으로 돌아서지만 후에 다시 호헌론(護憲論)으로 바뀌고 있다.

이시바시는 1946년 4월 총선거에 처음으로 입후보했다. 사회당이 아니고 자유당 간판으로 출마해 주위를 놀라게 했지만 '자유주의'는 움직일 수 없는 신념이며, 자유당이 자신을 살리기 쉽다는 판단이었다. 그러나 이 선거에서는 준비부족으로 낙선했지만 내각 구성을 눈앞에 둔 하토야마 이치로가 공직추방이 되었기 때문에 요시다 내각이 생기게 된다. 그리고 요시다 시게루로부터 대장상(大藏相, 재경부장관)을 부탁받았다. 이시바시가 〈동양경제신보〉에 어떤 논지를 펴고 있었는지를 요시다가 충분히 알고 있었는가는 의문이지만, 자유주의자 경제인이라는 평판과 주위의 권유를 받아들인 것이었다.

하지만 요시다와 이시바시의 기질은 전후에도 달랐다. 요시다가 오로지 GHQ의 뜻에 따르면서 그 힘을 이용하려고 하는 리얼리스트였다면, 이시바시는 줏대를 소중히 하고 일본의 민족자결을 존중하는 이상주의자였다. 이윽고 이시바시의 적극 경제나 재벌 이용론이 GHQ와 충돌하자 요시다는 이시바시에 거리를 두게 된다. 이시바시가 GHQ의 "전시보상 중단" 방침으로 정면 저항하기에 이르고, GHQ와 이시바시의 대립은 결정적으로 격화되어 1947년 5월 마침내 이시바시가 공직추방이라는 쓰라린 일을 당하게 된다. "〈동양경제신보〉의 편집주간 겸 사장으로서 이시바시는 아시아에서의 군사적·경제적 제국주의를 지지하고 일본의 추축국에의 추종을 제창해…"라는 추방령의 이유가 얼마나 난센스였는지는 두말할 필요도 없을 것이다. 미국은 노골적으로 이시바시를 추방했던 것이다.

그 불합리와 싸운 이시바시인 만큼 미국에의 불신감이 자랐을 것이다. 미국과 철저하게 제휴한 요시다 시게루. 본래는 반미적 심정을 가졌지만 미국과의 타협으로 복권의 실마리를 얻은 기시 노부스케. 그리고 가장 자유주의적이었으나 반미에 의해 쫓겨나버린 이시바시 단잔…. 미국과의 관계가 3인 3색이다. 후에 하토야마 이치로 아래서 이시바시와 기시가 '반(反) 요시다'가 되지만 기시와 이시바시의 기질 차이는 너무 크다. 자민당 우파의 원류가 되는 기시는 좌파의 원류가 되는 이시바시의 대극에 있었다. 한편 요시다로 발단하는 보수주류는 좌우 사이를 도도히 흐른 중간파였다.

전후의 냉전진행은 중·일 관계에 큰 벽이 되어버리지만, 이시바시가 중국과의 국교정상화에 열정을 바친 것은 자연스러운 일이었다. 공직추방에서 풀려 정계에 복귀하자마자 단절된 중·일 관계의 재건에 힘쓴다. 또 병으로 수상을 퇴진한 후에도 기시의 반공정책에 의한 중·일 관계단절을 우려해 건강회복과 함께 1959년 9월에 처음으로 방중(訪中)하는 등 일관해서 중·일 관계에서 선구자 역할을 완수했다. "이데올로기로 대립하는 것은 불행한 일이다. 중·일 양국은 장래 제휴해야 할 운명이다. 정치와 경제는 불가분이다"라는 것이 그의 기본자세였다. 이 "정경 불가분론"은 자민당 내에서 제명론이 나올 만큼 파문을 일으켰다. 이시바시의 방중 이후 이시바시와 기시의 대립은 되돌릴 수 없을 만큼 치달았다.

주목할 만한 것은 이시바시가 그 무렵 "일·중·미·소 평화동맹" 구상을 지론으로 삼고, 저우언라이와의 회담에서 제시하는 등 나 외에이 구상을 계속 호소했다. 이데올로기는 달라도 평화공존 시대가 되면 가능하다고 보았다. 냉전의 피크 시절이었기에 이것은 현실성이 없는 몽상적 구상으로 받아들여졌지만, 이시바시는 이것을 호소하려고 소련 방문계획을 진행시키는 등 만년까지 의욕을 버리지 않았다. 일찍이 무시된 소일본주의와 같이 전후의 구상도 언제나 무시되었지만 냉전이 끝나고 나니 그 옳았던 선견지명이 떠오른다.

'빛나는 아시아'를 꿈꾸다

전쟁 전 이시바시의 존재를 몰랐던 중국문학가 다케우치 요시미는 전후 《이시바시 단잔 전집》을 읽고 놀랐다고 한다. "자유주의자이며 아시아주의자"라는 "다년간 찾다가 거의 포기하고 있던 유형"을 처음으로 찾아냈다는 감격이었다(다케우치 요시미, 《일본과 중국 사이》, 문예춘추, 1973년).

하지만 마스다 히로시는 조금 견해가 다르다. 이시바시는 아시아주의자라기보다 세계주의자라는 것이다. 후쿠자와 유키치를 사상가로서 존경하던 이시바시는 마쓰무라 겐조 등보다 깨인 눈으로 아시아를 보고, 아시아라는 것보다 세계 전체에 관심을 기울이고 있었다는 견해이다. 마스다는 "오히려 단잔의 정신적 기반은 후쿠자와 유키치와 같은 탈아론을 기점으로 하고, 거기에다 평등호혜·평화공존 관계에 근거한 중·일 제휴, 아시아 제국의 공존공영의 추구에 있었다"(《이시바시 단잔》)라고 쓰고 있다.

그러나 이시바시의 사상은 아시아에 절망해서 "아시아와의 결별"로 나아간 후쿠자와의 탈아론보다 훨씬 아시아에의 공감이 강했다. "전부를 포기한다는 각오" 등에서는 일본이 아시아 영토를 버리고 아시아 연대를 리드하는 것이 구미 제국주의에 대해서 우위에 서는 길이라고 논하고 있다. 이것은 분명하게 후쿠자와에게는 없었던 시각이며, 쑨원의 '대아시아주의'와도 서로 겹친다고 생각된다. 정의하면 이시바시의 아시아관은 오늘날에 이르러 더욱 놀라울 뿐이다. 전후 50년을 계기로 이시바시 재평가에 나서는 출판 러시도 이해가 된다. 태평양전쟁에 이른 일본에 대해 "요즘 현재의 가치관만으로 그 당시를 부정할 수 없다"는 식으로 옹호하는 (아베 신조를 비롯한) 사람들은 당시에도 이러한 빛나는 혜안의 인물이 있던 것을 잘 알아야 할 것이다.

단명 정권으로 끝난 이시바시는 요시다나 기시처럼 자민당에 큰 흐름을 남긴 것은 아니다. 하지만 사상적으로는 이시다 히로히데나 우쓰노미야 도쿠마〔宇都宮德馬〕를 통해서 온건파인 미키 다케오 파벌로 이어진 것 말고도 이케다 하야토나 미야자와 기이치와 같은 보수 주류에도 영향을 주었다. 1993년 자민당을 뛰쳐나와 만들어진 미니 정당 "신당 사키가케"에서는 당수가 된 다케무라 마사요시가 "작고도 빛나는 나라"를 내걸었지만 거기에는 '소일본주의' 사상이 반영되고 있다. 이 당의 이념적 기둥이 된 다나카 슈세이는 일찍이 이시다 히로히데의 비서를 지낸 인물이며 이시바시 사상에 심취한 사람이다.

이시바시에 심취한 우쓰노미야는 자민당에 아시아·아프리카 문제연구회(AA硏)를 만들어 온건파의 거점이 되었다. 기무라 도시오나 이토 마사요시, 고토다 마사하루 등이 회장을 이어오고 있었지만, 그 AA연(硏)의 활동을 2003년에 재개시켜 회장이 된 것은 중의원 의장 고노 요헤이였다.

5. "미국에 졌지 아시아에 진 게 아니다"

철저한 자각 없는 전쟁 패배

그런데 몇 갈래의 의문이 떠오른다.

"아시아 해방"이라는 대의명분이 정작 아시아에서 받아들여지지 못한 채 일본이 비참한 패전을 맞이했음에도 불구하고 왜 오늘까지 일본의 정치에 "아시아 해방"의 전쟁관이 살아남은 것일까. 패전에 의해서 아시아 지배의 꿈이 깨졌음에도 불구하고 일본의 전후 정치에는 아시아에 대한 죄악감은 별로인 채 아시아 멸시의 감정이 승계된 것은 왜일까. 아시아에서 영토적 야심을 버리도록 주장한 이시바시 단잔과 같은 정치가가 왜 즉시 재평가되지 않았던 것일까.

이러한 의문에 대답이라도 하듯이 이리에 아키라는 "신(新) 일본의 외교"에서 "관념적으로 일본인의 아시아주의 사상은 패배를 자각하지 않았기 때문"이라고 지적한다. "아시아주의적 지향은 (태평양전쟁의) 최후까지 없어지지 않았다. 그것은 근본적으로는 일본인이 태평양전쟁의 의의에 계속 집착했기 때문일 것이다. 일본 한 나라의 이익이나 판도확대를 위한 침략전쟁이라고 보고 싶지 않다. 아시아를 위한 싸움이라는 픽션을 가질 수 있으면 싸워서 져도 대의명분이 선다. … 일본 지도자는 그렇게 '전투에는 졌지만 전쟁에는 이겼다'라는 자기 최면을 걸면서 연합군에 대해 평화를 청하게 된다"라고 한다.

과연 그렇다. 구미의 식민지였던 아시아 제국이 전후 차례차례로 독립을 이룩한 것이 "일본의 전쟁목적이 완수되었다"라는 식으로 이해되었던 것도 그 때문이 아닌가.

전쟁목적의 옳고 그름은 둘째로 치고, 많은 일본인이 패전을 압도적인 구미의 물량과 과학에 대한 패배라고 받아들인 것도 아시아에의 패배감을 방해한 큰 요인이었다. 패전 후인 1945년 9월 4일, 제국의회에서 행해진 히가시쿠니노미야 나루히코 수상의 시정연설에 그것이 단적으로 나타나고 있다. 일본을 패전으로 몰아간 미·일의 전력격차가 자세한 숫자로 나타나 일본의 전력과 국력의 괴멸이 패인으로 지적되었다. 원래 중국을 침략하려고 한 데 대한 잘못은 자각되어 있지 않다.

히가시쿠니노미야는 이에 앞서 8월 28일의 기자회견에서 "전 국민이 총참회하는 것이 일본 재건의 첫걸음이다"라고 말하고 있었다. 이른바 "일억 총참회"의 제창이며, 전쟁 책임의 소재를 애매하게 얼버무린 것으로서 유명하다. 하지만 아와야 겐타로가 "도쿄재판으로 보는 전후처리"(《전쟁 책임·전후 책임》, 아사히신서, 1994년)에서 지적한 것처럼 미국의 과학과 물량에 대한 패배만을 인상에 남긴 국회연설도 아시아에 대한 패전의식을 봉해버렸다는 의미에서 죄가 많은 것은 아닐까.

사실 아시아에 졌다든가, 중국에 졌다는 의식은 아직도 일본인에게는 희박한 것 같다. 작가 이시카와 요시미가 전후 50년에 해당하는 1995년 1월 NHK 정초 프로그램에서 "일본은 아시아에 졌다"라는 취지의 발언을 했는데, "설날부터 비굴한 소리 말라"라는 항의가 쇄도했다고 한다.

그 이야기를 전 수상인 미야자와 기이치로에게 하자 미야자와는 다음과 같이 대답했다.

> "그것 이상하네요. 내 생각으로는 만주사변은 별도로 치더라도, 적어도 쇼와 12년(1937년)에 시작한 중일전쟁 무렵부터 그토록 넓은 중국, 그 많은 인구

를 상대로 나가 싸워서 진 것이고, 처음부터 승산은 없었어요. 당시 '점으로 선을 이루고' 하는 식으로 말했습니다만, 그토록 큰 나라에서 점이고 선이고 간에 아무것도 할 수 있을 리가 없었지요. 나는 그때 대학생이었습니다만 처음부터 중일전쟁에 승산이 없는 짓을 했다고, 당시도 생각했고 지금도 그렇게 생각합니다"(미야자와 기이치, 《신(新)호헌 선언》, 아사히신문사, 1995년).

학생 시절 이시바시 단잔의 '소일본주의'에 공명하고 있었다는 미야자와는 일본이 중국에 진 것에 의문이 없다는 것이었다. 그러나 일본인 전체, 아니 정계를 바라봐도 "아시아에 졌다"라는 의식은 패전 직후부터 희박하였다고 생각된다.

다케우치 요시미는 1960년의 강연 "방법으로서의 아시아"에서 질문에 답하면서 다음과 같이 말하고 있다.

"일본인은 중국에 졌다라는 실감이 없는 것은 부정할 수 없다고 생각한다. 이것은 어째서인가. 일본은 연합국에 대해서 무조건 항복한 것입니다만, 그때의 연합국은 주로 영(英)·미(美)·소(蘇)·중(中)이다. 그 중에 미국에만 고개를 숙였던 것이라는 느낌이 강하다. 소비에트도 그렇습니다만 특히 중국에 대해서는 졌다는 느낌이 매우 적지요. 그 느낌이 어떤 곳에서 오는지 여러 가지 복잡한 이유가 있겠지요. 주로 미국이 점령해서 그렇다고도 합니다만 한 가지 더 중국에 대한 모멸감이 있겠지요. 중국에게는 질 리가 없다고 생각한다는, 즉 무력적으로는 분명히 그렇지요. 당시 군사력의 비교로는 일본이 훨씬 강했지만, 미국은 압도적인 군사력이 있었기 때문에 일본이 졌다는 식으로 납득한다"(《다케우치 요시미 전집》).

"중국에 졌다"는 의식조차 없는 일본인에게 하물며 "조선에 졌다"라는 의식은 전혀 없었다고 해도 좋을 것이다. 식민지시대의 조선은 일본에 정신적으로 굴복했다고까지는 말할 수 없고, 실제로 격렬한 독립운동도, 망명정부도 존재했다. 하지만 그러한 민족운동도 일본의 조선 지배를 뒤집기에는 힘이 약했다. "조선 해방"은 조선 민중의 힘

그 자체에 의한 것이 아니고 일본이 태평양전쟁에 패전한 결과, 즉 미국 덕분에 실현된 것도 사실일 것이다. 또 대만의 경우에는 전후 중국 본토로부터 피난 온 사람들에 의한 강권적 지배에 의해서, 오히려 일본의 식민지시대가 미화되는 풍조조차 생겨났다. 일본인은 식민지 지배에 대한 죄악감을 거의 느끼는 일 없이 전후를 맞이해 버린 것은 아닐까.

"아시아에 졌다"라는 의식의 결여는 많은 일본인으로 하여금 전쟁 전의 아시아관을 거의 그대로 계승케 하였다. "귀축 미영"(鬼畜米英)은 곧바로 '친미'(親美)로 바뀌었음에도 불구하고 아시아에 대한 우월적 감정은 이렇게 온존되었다.

아시아 침략을 단죄 못한 채

그런 일본인의 의식을 묵인했던 것이 구미 주도로 행해진 극동군사재판(도쿄재판)이었다. 도쿄재판에서는 "중대 전쟁범죄인"(A급 전범)으로 28명이 기소되어 병사자 등 세 명을 제외한 25명의 군인과 정치가가 사형 등의 처벌을 받았지만, 그 죄상의 핵심은 미국에 전쟁을 건 개전 책임이며 아시아 침략 책임은 아니었다.

아니 정확하게 말하면 만주사변 이후의 중국 침략도 죄상에 첨가되었지만, 중국 침략에 적극적이었거나 용인하였던 정치 지도자라도 대미 개전에 저항하거나 신중했던 사람은 최초부터 기소를 면제했다. 예를 들면, 우가키 가즈나리나 요나이 미쓰마사라는 군인 출신의 정치가도 만주사변을 "자존·자위의 싸움"이라고 하여 중일전쟁으로 주전론을 주창한 것은 추궁당하지 않고 소추되지 않았다(요시다 유타카, 《쇼와천황의 종전사》, 이와나미신서, 1992년). 만주사변의 주모자인 이시하라 간지가 A급 전범이 되지 않은 것도 이상한 점이다.

아시아 침략의 책임은 실제로는 대미 개전파, 그것도 거의 군인에 한해 모두 뒤집어씌워진 것이다. 이렇게 하여 도쿄재판에 협력한 '온건파' 지도자들은 대부분이 스스로의 아시아 침략 책임을 애매하게 흐려버리고 추궁을 면하는 결과가 되었다.

앞에서 본 것처럼 외교관이었던 요시다 시게루에게서도 중국 침략 준비를 한 과거가 있었지만 영·미와의 전쟁에 반대했던 것이 인정되어 '친미노선'으로 전후 정치의 레일을 깔게 되었다. 게다가 일찍이 만주국의 고관을 맡아 도조 내각의 각료로서 미·일 개전에도 관계된 기시 노부스케까지 기소를 면하고 석방되었다.

도쿄재판에 협력하는 자세를 취한 천황 측근의 중신들도 대부분이 요시다 시게루와 대동소이하다. 예를 들면, 요시다 시게루의 의붓아버지로 내대신을 맡은 마키노 노부아키는 영·미와의 개전에 비판적인 '온건파'의 대표 격이었다. 그러나 《마키노 노부아키 일기》를 분석한 요시다 유타카에 의하면, 마키노조차 "(태평양) 전쟁의 확대나 장기화에는 극히 신중한 자세를 나타내는 반면, 대중국 전쟁을 과잉한 인구와 식료부족에 고민하는 일본의 생존을 위한 전쟁으로서 혹은 중국의 조직적 반일운동에 대한 반격으로서 정당화하는 경향을 갖고 있었다"(《쇼와천황의 종전사》)고 한다. 앞에서 논한 것처럼 처음부터 힘에 의한 중국 지배의 적극파였던 요시다 시게루의 가슴 속에도 이것과 공통되는 것이 있었을 것이다.

연합국이 A급 전범을 "대미 개전파 정치가·군인으로 한정했다"고 하는 것은 전후 일본의 재건을 위해서는 친영·미파를 이용할 수밖에 없다고 판단했기 때문이다. 나아가 쇼와천황의 전쟁책임을 불문에 붙이고자 하는 다른 정치적 배려도 있었다. 대미 개전의 천황 책임론에 대해서는 다양한 생각이 존재하지만, 요시다 유타카가 이 저서에서 쓴 것처럼 천황이 중국에의 권익확대를 '국시'라고 간주하고 있던 것은 틀림없다. 요시다가 지적하듯이 천황의 독백록에도 "만주는 시골이기 때문에 사건이 일어나도 대단한 일은 아니지만"이라는 말이

나온다. 중국 침략 책임을 엄히 묻는다고 하면 천황의 면책에도 영향이 없으리라는 보증은 없었을 것이다. 그것이 도쿄재판의 내용에도 영향을 주었다고 생각된다.

만주에서 인체실험을 반복하면서 국제법에 반하는 세균전을 연구・개발하던 '731부대'의 전쟁범죄도 미국에 데이터 제공이라는 거래에 의해서 면책된 것이 알려져 있다. 또 조선의 독립운동에 대한 탄압 등 식민지 지배상의 만행도 당초는 인도(人道)에 대한 죄로서 소추가 검토되었지만 결국은 흐지부지되었다. 재판하는 측에도 식민지 보유국이 적지 않았던 것만큼, 도쿄재판에 의해서 제국주의적 식민지 지배 그 자체의 시비론에 불을 붙이는 것은 피하려 했던 것임에 틀림없다. 원래 영토분할적 발상으로부터 한일합방을 인정해버린 미국 등으로서는 조선 식민지 지배 그 자체를 재판할 권리는 없었다.

무엇보다 전후 초기에는 미국의 점령정책 중에 일본의 대아시아주의를 타파하는 사상교육이 베풀어졌다. 정치가의 공직추방이나 언론통제에 의해서, 국가주의와 대아시아주의는 '탄압'되고 구미류의 자유주의나 온건 사회주의의 사상이 육성되었다. 이러한 와중에 대아시아주의가 전체적으로 퇴조한 것은 말할 필요도 없다. 그러나 이것은 대미 추종 무드를 촉진할지언정 일본에 진정한 아시아 중시나 아시아 연대사상을 기르는 것으로는 이어지지 않았다. 그것은 오늘날 아시아에서 말해지는 "동아시아 공동체"의 구상에 미국이 경계심을 나타내는 것만 보아도 명백하다.

전후 일본에 아시아, 특히 길게 전쟁 참화를 겪은 중국에 대한 패배의식이나 속죄감, 혹은 이시바시 단잔과 같은 연대정신이 생기기 어려웠던 데에는 또 하나, 냉전도 그림자를 드리우고 있었다. 아시아에서는 중국이 공산화되고, 한반도 북반부가 김일성의 나라가 되어버렸다. 남북은 동족상잔의 비극을 겪게 되고, 일본을 기지로 삼은 미군이 북한, 중국과 전쟁을 하게 된다. 일본이 사죄해야 할 상대의 많은 부분이 적 진영에 들어가버렸다.

전후 50년이 되는 1995년, 한때의 침략이나 식민지 지배를 아시아에 사죄하는 국회 결의나 무라야마 수상 담화가 연달아 나온 것은 그런 의미에서도 냉전 후의 의식변화를 나타낸 획기적이었던 것이지만, 이것에 반발하는 분위기가 정계에 뿌리 깊었던 것도 사실이다. "아시아에 졌다"라는 것만으로도 "비굴한 소리 마라"라는 소리가 쇄도했다는 이시카와의 체험은 그러한 정치적 분위기와 서로 맞물린다.

냉전하에서 일본의 외교가 전후 어떻게 흔들리고, 어떤 방향으로 수습되었는가. 그것이 일본인의 아시아관에 어떤 영향을 주었는가. 그것을 이제부터 자세하게 검토하도록 하자.

6. 미 · 소 냉전시대의 선택

한국전쟁의 충격파

미 · 소 냉전의 진행은 아시아에도 공산주의 국가를 낳고, 긴장의 격화를 불렀다.

기시 노부스케의 석방으로 대표되듯이 미국의 대일정책이 냉전에 의해서 크게 바뀐 것은 이미 서술했지만, 1949년 10월에는 중국에서 마오쩌둥이 이끄는 공산당이 장제스의 국민당을 물리치고 중화인민공화국 정부를 수립했다. 한반도에서는 1950년 6월 한국전쟁이 시작된다. 소련의 지지 아래 1948년 9월에 건국을 선언했던 김일성의 조선민주주의인민공화국(북한)이 미국의 지지로 성립한 대한민국(한국)과의 경계선(38도선)을 돌파해 군사공격을 시작한 것이다. 이윽고 미국을 주체로 하는 UN군에게 패퇴해 열세에 빠진 북한을 지원하고자 중국의 인민의용군이 참전한다.

이러한 일이 일본의 아시아관에 준 영향은 이루 헤아릴 수 없을 만큼 컸다. 우선 이시바시 등이 주창한 "중 · 일의 친밀화"가 이 새로운 요인으로 어려워진 것이다. 그리고 모처럼 일본의 식민지 지배를 벗어난 한반도가 냉전은커녕 열전(熱戰)의 장소가 되어, 그 북반부가 일본의 "적대국"이 되어버렸다. 이것에 대항한 미군의 후방기지가 된 것이 일본이다. 헌법에 의해 비무장화된 일본은 직접적 군사행동은 하지 않았지만 미국의 강한 기대를 등에 업고 서쪽 '기지', '공장'의 역할을 담당하게 된다. 그렇게 함으로써 국제사회로의 복귀와 경제발전의 길이 보증되었다.

이시바시도 이 시기에 당황스러움을 감추지 못했다. 마스다 히로시는 한국전쟁이 시작된 직후에 쓰인 이시바시의 논문 "제 3차 세계대전의 필연과 세계국가"를 《이시바시 단잔》에서 소개하고 있다. 이 논문에서는 미 · 소의 정면대결로 발전하는 것은 피할 수 없고, 중국도 가세해 소련이 우세하기 때문에 미국은 진영 강화를 위해서 일본, 서독을 업신여기지 않고 완전한 아군으로 삼지 않으면 안 된다는 논지를 전개하고, 미국의 반성을 요구하고 있다. 일본에는 ① 완전한 독립을 준다, ② 육 · 해 · 공군을 재건한다(헌법 제 9조는 당분간 효력을 정지시킨다), ③ 대부분의 대일 제재를 해제한다, ④ 신속하게 공직추방을 해제한다 등의 대결단을 촉구한 것이다.

논문은 이어 미국이 승리를 거둔다고 해도 내셔널리즘을 근절하지 않는 한 전쟁은 없어지지 않는다고 주장하고, 연방제의 세계국가, 즉 세계연방의 실현을 제창했다. 현실과 동떨어진 발상이기는 하지만 냉전 후의 내셔널리즘을 경계하는 점에서 빛을 발하고 있다.

이시바시가 걱정한 "세계대전의 발발"은 없었지만 눈길을 끄는 것은 이시바시가 중국의 참전을 예측해, 그 대비책으로서 일본의 재군비, 헌법 개정을 제창한 점이다. 이것은 패전 직후의 이시바시와는 다른 주장이다. 중국 공산화와 한국전쟁의 발발이라는 국제정세의 변화가 그 이유지만, 이때 이시바시는 일찍이 추구해 온 "중일 친선"의 길이 아직 먼 것임을 통감했음에 틀림없다. 전후의 아시아 정세는 그만큼 격변기였다.

그러나 세계국가를 꿈꾸는 이시바시에게 공산국가를 배제하려는 의식은 적었고, 이시바시는 그 후에도 중 · 일 관계개선에 힘쓰게 되지만 대조적이었던 것은 아시타 히토시였다. 전쟁 전부터 아시타가 요시다 시게루의 강경한 중국정책을 비판한 것은 앞에서 언급했지만, 그 아시타가 강한 '반공'의식 때문에 전후에는 반대로 중국 경계론에

사로잡히게 된다. 한국전쟁을 경계로 '개헌 · 재군비' 노선으로 급선회한 것이다. 이런 상태에서 원래 정계에 희박했던 아시아에 대한 반성이나 사죄의식은 한층 더 자라기 어려웠던 것이 아닐까. 반성에 바탕한 건전한 아시아 의식이 자랄 절호의 찬스는 이렇게 사라져버렸다.

그런 정세하에 1951년 9월 샌프란시스코에서 조인된 대일강화조약은 소련 등 동쪽 진영이 가담하지 않은 "단독 강화"로 끝났다. 일본이 가장 큰 피해를 준 중국이 가담하지 않고, 한반도의 남 · 북은 전승국이라고 여겨지지 않았다. 일본의 종전 처리는 이치대로라면 가장 인연이 깊은 근린 국가가 대상이 되어야 할 터인데 상반된 형태로 시작되었다. 아시아에 대한 반성의 기회는 여기서도 생기지 않았다.

미국, 중 · 일 사이 가로막다

그런데 공산세력을 힘으로 봉쇄하려는 미국의 아시아 정책은 강화조약 후에도 일본에 직접적인 영향을 주었다. 그 첫 번째는 중국에 대한 정책이다. 강화조약 당사자였던 요시다 시게루는 대만으로 피신한 장제스의 중화민국 정권은 존중하면서도, 15년에 걸친 중국과의 전쟁을 종결하기 위해서는 중국대륙을 지배하는 마오쩌둥 정권(중화인민공화국)을 무시하기 어렵다고 생각했다.

사실 요시다는 1951년의 샌프란시스코 강화조약 체결에 즈음하여 장래 일본이 우방으로서 대만을 선택할지 중국을 선택할지는 일본의 자유에 맡겨 주지 않겠는가라고 미국의 의향을 살폈다. 중국 민족의 재인식과 동시에 중국의 광대한 국토와 방대한 인구는 전후 일본의 입장에서 더없는 시장이며 자원의 공급원이라고 생각하고 있던 것임에 틀림없다. 요시다의 진심은 '중국'과의 협조에 있었다.

하지만 이것은 달콤한 환상에 지나지 않았다. 중국 인민의용군과 한국전쟁에서 싸우고 미국 내에서도 "공산주의자 색출(매카시즘)"에 열심이었던 당시의 미국에게 공산 중국과 일본이 손잡는 것을 허락할 여유 같은 건 없었다. 요시다의 의향에 놀란 미국은 만약 일본이 공산 중국을 택한다면 미국의회는 강화조약을 비준하지 않겠다는 태도를 보이는 등 일본이 장제스 정부를 선택하도록 강하게 압박했다.

이미 요시다에게 선택의 자유는 없었다. 이 해 12월 덜레스 앞으로 서한을 보낸 요시다는 "일본정부는 궁극적으로 이웃 중국과의 사이에 전면적인 정치적 평화 및 통상관계를 수립하는 것을 희망한다"고 미련을 보이면서도, 당장은 중화민국 정부와의 관계발전이 "현실적이고 최선"이라고 쓰고, "중국 공산정권과의 양국간 조약을 체결하는 의도를 가지지 않을 것을 확약한다"고 했다. 1952년 2월에 중화민국과의 교섭이 시작되어 샌프란시스코 강화조약과 미·일 안보조약이 발효된 4월 28일 "중(대만)·일 평화조약"이 조인되었다. 이렇게 하여 공산중국에 대한 봉쇄정책에 일본의 가담이 이후 20년에 걸쳐서 계속된다.

일본의 선택을 둘러싸고는, 실은 영·미 사이에서도 의견의 불일치가 있었다. 이미 중화인민공화국을 승인한 영국은 일본에 선택의 자유를 주어야 한다며 미국이 일본에 압력을 가하는 것을 비난했다. 후에 요시다는 《회상 10년》에서 "중국 민족의 심리를 가장 잘 이해하는 것은 다년간 중국문제로 고생해온 영국과 일본이다. 솔직하게 말하면 미국은 아직 중국을 제대로 안다고 할 수 없다. 전후의 미국이 중국에 대해서 취한 정책은 거의 모두 실패였다고 해도 좋다"라고 썼다.

여담이지만 일본의 중국정책을 둘러싼 영·미의 시각차의 밑바탕에는 경제문제를 둘러싼 속셈의 차이도 있었던 것 같다. 영국으로서는 중국으로부터 배척된 일본이 미국의 목적대로 아시아의 '반공(反共) 공영권'에서 주요한 역할을 담당하게 되면, 동남아시아에서 영국의 통상이익이 위협받을 수 있다는 경계심을 가졌다. 그것은 빗나간 예측이었다고는 말할 수 없을 것이다. 사실 이 이후의 일본은 얼마 동안 "아시아의 자유주의 발전"을 드높이 내세우고 중국시장을 대신하듯이 동남아시아와의 경제협력관계 구축에 열중한다.

중국과 단절되고 남·북한과의 관계 정상화도 난항하는 가운데, 이것과는 대조적으로 동남아시아 제국에 대한 경제원조는 전쟁피해의 배상과 함께 이루어져 관계가 급속히 진행된다. 요시다 내각으로부터 하토야마, 기시 양 내각에 걸쳐 아시아 각국과의 배상협정과 평화조약이 잇달아 매듭지어졌다. 미얀마(1954년), 필리핀(1956년), 인도네시아(1958년), 베트남(1959년) 순이었다.

앞에서 지적했듯이 요시다는 《회상 10년》에서 아시아에 자유주의의 가치를 알리기 위해 일본이 경제원조에 기여해야 하고, 미국 자금과 일본의 기술을 결합해 동남아시아를 개발하는 것이 바람직하다고 쓰고 있는데, 이것이 현실정책으로 진행되었다. 일본은 독립 직전인 1951년 여름, 이미 GHQ의 지도에 따라 처음으로 동남아시아에 경제사절단을 파견해 협력체제 구축을 시작했다. 독립 후는 경제협력에 의한 미·일과 동남아시아의 "삼각 연합체" 결성에 본격적으로 나선다.

그 즈음 미국이 일본에 기대한 것은 ① 동남아시아의 경제안정을 위해서 중요한 상품을 생산한다, ② 현지의 원료자원을 개발한다, ③ 일본이나 동남아시아에서 사용할 값싼 군수물자를 대량생산한다는 것 등이었다. 그것을 잘 아는 요시다 내각은 1952년 5월, 대장상(재경부장관)인 이케다 하야토 이름으로 "미국과 협력하며 동남아시아를 개발한다"고 표명하고, 10월에는 요시다가 시정연설에서 "아시아 민주주의국과의 상호이해"와 "동남아시아와의 경제 긴밀화"를 내세웠다.

이 시기 중국·북한뿐만 아니라 자유진영의 한국과도 국교를 맺지 못해 주변 국가와는 거의 단교상태에 있던 일본에게 동남아시아와의 경제관계 구축은 여러 가지로 큰 의미를 가진다. 첫 번째로 부흥과 성장과정에 있던 일본에 대한 자원공급과 시장개발이다. 또 일본이 "아시아의 동료"임을 나타내기 위해서는 동북아시아에 비해 과거의 속박이 비교적 덜한 동남아시아를 발판으로 할 수밖에 없었다. 그리고 일본의 지원조치에 의한 아시아 자유경제의 발전은 미국의 중국 봉쇄정책에도 부합되고, 일본의 역할을 미국으로 하여금 인정케 하는 정치적 의미를 가진다. 요시다 시대에 기반이 다져진 이 노선을 계승해 반공의 정치적 계산을 섞어 발전시킨 것은 기시 노부스케였다.

중 · 소에 손뻗치려던 하토야마와 이시바시

요시다 정권과 기시 정권 사이에는 보수 합동에 의한 자유민주당의 발족이 있었고 하토야마, 이시바시의 양 정권이 끼여 있다.

공직추방으로부터 복귀한 하토야마 이치로는 1954년에 요시다 정권 타도라는 비원을 이루자 "자주헌법 제정", '재군비'를 기치로 내거는 한편, 요시다의 "대미 일변도" 노선을 수정하기 위해 중 · 소와의 관계개선에 의욕을 나타냈다. 특히 소련과의 국교회복에 정치생명을 걸어, 1956년 10월 북방영토의 반환문제에 오점을 남기면서도 일 · 소 공동선언으로 국교회복 및 시베리아 억류자의 전면 귀환을 실현했다. 그로써 유엔가입과 국제사회로의 본격적 복귀를 이루어냈다.

하토야마의 외교노선 수정에는 요시다에 대한 감정적 대항심도 있었다. 전후 곧바로 자유당을 만들어 총재가 된 하토야마는 1946년 자유당 총재로서 정권획득을 목전에 두고 GHQ의 지령으로 공직추방을 당하는 쓰라림을 경험했다. 전전의 언동에 대한 비판적 평가와 함께 종전 후 〈아사히신문〉과의 인터뷰(1945년 9월 15일)에서 미국의 원폭투하를 비판한 것이 추방의 진짜 원인이었다고 한다. 이시바시 단잔의 공직추방과 빼닮은 미국의 공작이다. 게다가 후임으로 수상 자리에 앉게 된 요시다는 철저한 친미 노선으로 정권을 유지했고, 하토야마의 복귀 후에도 그 자리를 내놓으려 하지 않았다. 그러한 씁쓸한 기억이 하토야마의 미국에 대한 거리감을 부채질하고 있었다. 보수연합을 해낸 하토야마 정권이 요시다 그룹의 맹반대를 무릅쓰고 일 ·

소 국교회복을 단행하여 소련과의 전쟁에 종지부를 찍은 것은 그런 배경이 있었기 때문이다.

본래부터 입장이 다른 이시바시 단잔과 기시 노부스케가 하토야마 밑에 결집했던 것도 한마디로 말하면 요시다와의 전후 체험의 차이에 서였을 것이다. 후에 《좋은 일본주의 정치가》에서 이시바시를 묘사한 사다카 마코토는, 기시와 이시바시라는 양극의 정치가가 손잡은 것을 1993년의 호소카와 정권 탄생에 비유하면서 "비(非) 자민으로 성립한 호소카와 정권을 오자와 이치로와 타케무라 마사요시가 함께 지지한 것과 같은 경우일 것이다. 특히 정계에서는 자주 이러한 모순(뒤틀림)이 일어난다"라고 썼다. "보통 국가"의 오자와와 "작고도 빛나는 나라"를 내건 다케무라, 이 두 명에게서 기시와 이시바시의 이미지를 떠올린 것이다.

일 · 소 국교회복을 1년 반 앞둔 1955년 4월 인도네시아 반둥에서 열린 아시아 · 아프리카 회의(반둥회의)에 하토야마 정권이 정부 대표로 다카사키 다쓰노스케를 보낸 것도 외교전환의 일환이었다. 반둥회의는 미 · 소 대립중에 '평화공존', "내정 불간섭", '군비축소' 등의 10원칙을 내세워 제 3세계의 존재를 어필했는데, 회의를 주도한 것은 인도, 이집트, 인도네시아, 중국 등이었다. 특히 중국은 소련과의 동맹관계에도 불구하고 유연한 자세를 취하며 인도 등 비동맹 제국과 손잡고 반둥회의를 추진했다. 인도네시아 대통령 수카르노가 말한 것처럼 "인류사상 최초의 양 대륙에 이르는 유색인종 회의"이며, 제 2차 세계대전 후 아시아 · 아프리카에 대두하던 민족주의의 흐름을 보여주는 것이기도 했다.

회의에는 아시아 · 아프리카 29개국이 참가했는데, 요시다 시게루 등이 싸늘한 시선을 보내는 가운데 일본도 그 일원으로 참가했다. 다카사키와 고문으로 동행한 후지야마 아이이치로(당시 일본상공회의소 회장)는 여기서 중국 저우언라이와도 회담할 기회를 얻었다. 반둥회의의 노선이 그 후에도 정착했다면 일본의 아시아 외교도 바뀌었을지 모른다. 하지만 미・소는 이것을 거의 무시해버렸고, 반둥에 모인 제3세계의 보조도 흐트러져 간다. 이윽고 중국은 격심한 '반미' 노선으로 치닫고, 일본의 기시 정권은 미국과의 동맹관계를 강화해 갔다. 말하자면 "건전한 아시아주의"가 자랄 기회는 여기에서도 사라져버린 것이다.

하토야마 내각에서 통산상이 된 이시바시는 그 이전부터 "중・일 관계의 타개"를 목표로 활동하고 있었다. 한국전쟁 발발과 중국 참전으로 중・일 무역이 끊긴 가운데, 이시바시는 1952년 1월 경제인 무라타 쇼조(오사카상선 사장), 히라쓰카 쓰네지로(니치로어업 사장, 후의 중의원 의원), 가자미 아키라(사회당) 등과 초당파적인 '국제경제간담회'를 만들어, 일・소, 중・일 무역촉진에 관심을 기울였다. 간담회 멤버인 참의원 호아시 게이(사회당) 등은 4월에 은밀하게 모스크바를 방문한 뒤 귀로에 처음으로 혁명 후의 베이징에 들어가 "제 1차 중・일 민간무역협정"을 체결한다. 이시바시는 시종 이를 지원했다.

대만과의 사이에 중(대만)・일 평화조약이 맺어진 시기의 일이고, 요시다의 "대미 추종외교"와는 다른 독자노선이었지만 중국에 미련을 가진 요시다도 여기에는 복잡한 심경이었을 것이다. 이시바시는 1954년 9월 히라쓰카와 무라타 등과 일본 국제무역촉진협회(國貿促)를 발족하기에 이르렀으며, 중・일 관계의 타개의도를 보다 분명히 한다. 요시다 내각이 마침내 무너지고, 하토야마 정권이 들어선 것은 그로부터 얼마 후의 일이다.

하토야마 정권에서는 반둥회의와 같은 무렵 중국의 통상사절단이 도쿄를 방문했는데, 통산상인 이시바시가 환영 오찬모임에 출석해 중국의 단장 등과 만났다. 전후의 각료로서 중국 요인과 처음으로 접촉한 것이다. 5월에는 제 3차 민간무역협정에 의해서 통상대표부의 설치를 결정하는 등 획기적 진전도 있었다. 공산권과의 무역을 제한

하는 코콤〔COCOM, 대(對)공산권 수출통제위원회〕 적용의 완화에도 힘쓴 이시바시는, 당시 〈일본경제신문〉(1956년 6월 25일)에 "중·일 무역을 촉진하자"라는 제목의 기고문을 내보냈다. 그 글에서 이시바시는 원재료의 제공지이며 일본의 제품시장이기도 한 중국을 중시해야 하며, 냉전에 의한 경제교류의 저해는 유감스럽다고 지적했다. 나아가 ① 중·일 무역은 정치적·사상적인 공산주의에의 동조와는 다르다, ② 중·일의 경제관계는 사활이 걸린 문제다, ③ 동남아시아 등은 중국의 대체지로서 부족하다는 등의 주장을 펼치고 있다.

그 이시바시가 1956년 12월에 수상이 되었다. 중국 공산당 기관지인 〈인민일보〉가 '환영'의 사설을 싣는 등 중국의 기대가 커진 것도 당연하다. 이시바시 내각은 "중·일 무역을 적극적으로 확대하고, 유엔이나 자유주의 국가와의 조정이 이루어진 단계에서 국교정상화로 향한다"는 기본방침을 세운다. 관방장관이었던 이시다 히로히데에 의하면, 이시바시로부터 이 방침에 대한 요시다 시게루의 이해를 얻으라는 지시를 받고 요시다를 찾아갔다고 한다. 그러자 요시다는 "그것은 좋은 일이라고 생각한다. 다만 이 한 가지를 이시바시 씨에게 전해주면 좋겠다. 중·소의 관계는 지금 굳건하다고 보여지지만 그 둘은 언젠가 싸우게 될 것이다"라고 했다. 돌아가 이시바시에게 그것을 전하자 "외교가다운 식견이구나. 좋은 충고다"라고 했다고 한다(《이시바시 정권 71일》). 이시바시의 방침이 요시다의 본심과 별로 다르지 않음을 엿보게 한다.

당연히 미국은 이시바시를 경계했는데, 이것과 관련해 1995년 2월 3일자 〈요미우리신문〉에 흥미 있는 기사가 실렸다. 이시바시 내각이 발족한 지 얼마 안 되어 당시 영국의 주미공사 드 라메아가 미국 국무성의 북동아시아 국장 하워드 파슨즈와 주고받은 내용을 본국에 보낸 비밀 보고서의 내용이다.

그에 따르면 중·일 관계의 개선을 걱정하던 미국은 "이시바시가 총리로 취임한 것에 의심할 여지없이 당황하고" 있으며, "그들(미국)은 기시에게 계속 투자해왔기 때문에 기시가 이시바시 내각의 외상으로서 이시바시에게 브레이크를 걸 것에 기대하고 있다. 미국은 결국 기시가 이시바시의 뒤를 잇기를 바라며, 파슨즈 스스로도 '우리에게 운이 있다면 이시바시는 오래 가지 못할지도 모른다'고 나에게 말했다"고 하고 있다. 신기하게도 이 희망적 관측은 머지않아 보기 좋게 들어맞는다. 이시바시는 병으로 곧 퇴진하고, 미국이 '투자'해 온 외상 기시가 그 뒤를 이었다. "역사의 장난"이라고 해야 할지, 기시는 일변하여 미국과 보조를 맞춰 "중국 봉쇄"로 내달리고 중·일 관계는 냉각으로 향하는 것이었다.

이시다는 "이시바시 내각이 계속되었다면 그 후의 중·일 관계는 완전히 다른 역사를 걸었을 것이다"라고 쓰고 있다. 이시바시라 해도 냉전구조 속에서 "미·일 기축" 노선은 변경치 못했을 것임이 틀림없고, 중·일 관계의 타개는 머지않아 시대의 벽에 부딪혔을 것이라 생각한다. 하지만 도미모리 에이지의 《전후 보수당사》도 다음과 같이 지적했다.

> "이시바시가 건강해서 정권을 장기간에 걸쳐 유지할 수 있었다면 중국 승인까지는 가지 않더라도 중·일 관계는 꽤 전진했으리라고 생각된다. 그 결과 중·일 국교정상화는 훨씬 빨리 실현되고 중·소 대립, 미·중 관계 등 극동의 국제정세에 일본이 중요한 역할을 하게 되었을 것임에 틀림없다. … 기시 내각은 어쩌면 탄생하지 않았을지도 모르고, 자민당 내에서 온건파가 조금 더 힘을 가지게 되어, 보수정치의 흐름도 저절로 다른 방향으로 흘러갔으리라고 생각된다."

이시바시의 거듭된 비극은 일본의 불행이었는지도 모른다.

'반공' 전선(前線) ― 기시의 시대

기시는 1957년 5월 인도, 파키스탄, 스리랑카(당시 실론), 태국, 대만을 순방했다. 전시중에 있었던 도조 히데키의 남방시찰을 제외하면 일본 수상의 아시아 외유는 실로 이것이 처음이었다.

기시로서는 여기에 명확한 의도가 있었다. 민족주의를 버리지 못하고 자주헌법 제정의 야심에 불타던 기시는 미·일 안보조약을 그때까지의 미군의 "주둔군(駐屯軍) 협정"적인 편무(片務) 조약에서 미·일에 의한 쌍무적(雙務的) 방위조약으로 개정하는 것에 정치생명을 걸었다. 그리고 그 안보 개정의 교섭을 목표로 한 방미가 다음 달 예정되어 있었다. 기시는 방미를 앞둔 아시아 순방의 목적을 《기시 노부스케 회고록》에서 분명히 밝히고 있다. 거기에 따르면 "아시아의 중심은 일본임을 부각시키"는 것이 안보 개정에 임하는 기시의 입장을 "강화하게 된다"라고 판단했다는 것이다.

아시아 순방이긴 해도 물론 중국은 포함되지 않았다. 기시는 마지막 방문지 대만에서 장제스와 친교를 두텁게 하고, 머지않아 중국 본토에서의 정권을 탈환한다는 "대륙 반공"(본토 수복)의 방침을 지지했다. 중국을 크게 자극한 것은 말할 필요도 없다. 기시는 아시아 순방을 끝낸 뒤 기자회견에서 "(아시아가) 혼란에 빠져 공산주의의 침략을 받으면 자유주의 제국으로서 중대한 문제이며, 미국으로서도 곤란할 것이다. 그러니 동남아시아의 실정에 따라 일본 자신이 해야 할 일과 미국이 하고자 하는 것에 대하여 솔직하게 서로 이야기하고 싶다"고 방미 포부를 밝혔다(요시모토 시게요시, 《기시 노부스케전》, 동양서관, 1957년).

또한 주일 미국대사인 맥아더와 만나 "동남아시아 개발기금"의 설치구상을 전했다. 동남아시아를 "빈곤으로부터 해방시킨다"는 역할을 미·일 공동으로 담당하려는 구상이며, "구상이 실현되면 동남아시아에서 일본의 주도권이 확립된다는 것은 동남아시아에서의 중공, 소련의 영향력을 배제하고 자유주의 진영의 입장이 강화된다는 의미이다. 물론 일본의 산업계도 덩달아 윤택해지겠지만, 그보다는 일본의 세계정책으로서 반드시 이해되어야 한다"(《기시 노부스케 회고록》)는 생각이었다. 냉전을 이용했다고도 말할 수 있는 기시의 강렬한 '전략성'이 거기에 드러나 있다. 같은 아시아 중시라도 이시바시의 발상과는 분명하게 다른 것이다.

기시는 방미 후인 11월에도 나머지 아시아·태평양 제국을 순방했다. 베트남, 캄보디아, 라오스, 말레이시아, 싱가포르, 인도네시아,

1961년 8월, 대립을 넘어 '반공'으로 손잡은 기시 노부스케 수상(오른쪽)과 대만의 장제스 총통. 기시는 수상에서 물러난 후 장제스의 별장에 묵기도 했던 친숙한 사이다(사진 : UPI·선).

그리고 호주, 뉴질랜드, 필리핀이었다. 이와 같이 동남아시아와의 화해와 반공동맹 결성에 부심한 기시가 "반공 최전선"인 한국에 큰 관심을 기울인 것은 당연했다. 이윽고 야쓰기 가즈오〔矢次一夫〕를 자신의 특사로 방한시켜, 한일 정상회담의 실현을 위해 "이토 히로부미의 과오"를 언급하면서까지 이승만의 환심을 사려고 했지만 이것은 뜻대로 되지 않았다. 그 경위에 대해서는 제3장의 "추적: 파묻혀버린 사죄 — 이토 히로부미의 과오"에서 상세하게 서술한다.

여담이지만 후에 나카소네 야스히로는 수상이 되자 관계가 삐걱거리던 한국을 최초의 외유처로 택하여 한·일 관계를 복원하고 나서 방미에 임했다. 아시아에서 발판을 만들지 않으면 대미 외교도 제대로 할 수 없다는 발상은 기시와 같았다. 그와는 대조적으로 미·일 관계의 긴밀화를 추진하는 한편, 중국이나 한국과는 정상회담조차 할 수 없게 된 고이즈미 준이치로에게는 이 발상이 조금 부족했다고 할 수 있다. 이것을 수복하기 위해 아베 신조가 수상 취임 후 곧바로 중국, 한국을 방문했던 것은 흥미로운 사실이다.

그런데 요시다와 기시가 레일을 깐 냉전하의 아시아 외교노선은 1972년의 중·일 국교정상화까지 그 정도를 불문하고 답습된다. 중·일 관계가 타개된 데는 중·소 관계가 악화되고, 베트남전쟁으로 애를 먹은 미국이 중국과의 화해로 돌아선 것이 결정적 요인이었다. 냉전구조의 큰 변화였다. 그렇게 되자 요시다 이래 중국과의 관계에 강한 소망을 숨겨왔던 일본은 단번에 '중·일' 노선으로 내달리게 된다.

7. 대만파와 '이덕보원'(以德報怨)

일본이 입은 네 가지 은혜

보수 연합으로 탄생한 자민당(自民黨) 내에는 헌법문제를 비롯해 다양한 노선대립이 있었는데, 그 중에서도 점차 선명하고 심각하게 불거진 것이 중국을 둘러싼 대립이었다. 그것이 정점에 달한 것은 1972년 다나카 가쿠에이 정권이 단행한 중·일의 국교정상화 때였다.

중국이냐 대만이냐? 일본이 강화조약으로 독립을 이룬 후 미국의 압력으로 요시다 정권이 선택의 여지도 없이 대만을 파트너로 한 것은 앞서 서술하였다. 이처럼 일본과 중국대륙의 관계가 단절된 채로 한동안 지속되었지만 중국과 대만의 국제적 지위의 차이가 명백해짐에 따라 중·일의 국교정상화는 피할 수 없는 과제로 발전했다. 그것이 더 이상 물러설 수 없게 된 것은 사토 에이사쿠 정권 말기에 해당하는 1971년이다. 7월에 닉슨 미 대통령이 돌연 다음해 2월의 방중계획을 발표하여 세계를 놀라게 한 것이다. 일본에게는 아닌 밤중에 홍두깨 같은 "미·중 접근"이었다.

더욱이 10월에는 오랜 세월 동안 현안이었던 중국의 유엔가입이 정해져, 대만은 유엔에서 쫓겨나는 신세가 된다. 이때도 일본정부는 미국과 함께 대만을 옹호하였다. "중국 초청·대만 추방"을 요구하는 알바니아 안에 대하여 "중국의 가입은 인정하지만, 대단은 유엔에 의석을 갖고 안보이사회의 상임이사국 지위도 유지한다"는 "이중대표제"를 주장한 것이다. 그리고 중국의 가입, 대만 추방의 양 의제 모두

의결에는 "3분의 2"의 다수가 필요하다는 "중요사항 지정"의 공동 제안국이 되었지만 미국과 함께 패배하였다. 그때의 외상은 기시 노부스케의 파벌을 계승한 후쿠다 다케오였다. 야당은 유엔에서의 비참한 패배의 책임을 물어 외상 불신임안을 국회에 제안했다. 자민당 내부에서도 후지야마 아이이치로 등 친중파 12인이 중의원 본회의를 결석해 사실상 이 불신임안에 동조하는 이상사태로 번졌다. '반역'의 움직임이었다. 그런데도 자민당의 대다수는 대만 옹호 자세를 '당연' 혹은 '불가피'한 것으로 받아들였다.

하지만 중·일 국교정상화의 흐름은 멈출 수 없었다. 1972년 7월에 수상이 된 다나카 가쿠에이가 미국에 앞서 국교정상화를 결단하여 중·일 교섭은 단번에 마무리지어졌다. 이때 반대의 목소리를 높였던 것이 자민당의 친대만파였다. 중·일의 국교 그 자체를 반대하지는 않지만 그것과 교환조건으로 대만과의 관계를 단절하는 것은 절대 용납할 수 없다는 주장이었다. 중국, 대만 쌍방과 국교를 가지는 것은 중국이 "하나의 중국" 원칙을 양보하지 않는 이상 현실적으로 있을 수 없었지만 친대만파는 저항했다.

친대만파의 대표 격이었던 가야 오키노리〔賀屋興宣〕가 1972년 8월에 쓴 "대만 자르기의 폭거를 규탄한다"라는 문서가 있다. 중국의 승인은 국제법상 반드시 대만 축출을 의미하지 않는다고 한 법이론 외에도, 대만을 내쫓아서는 안 되는 이유 여섯 개를 열거했다.

① 오랜 세월의 친선관계가 있다.
② 함께 자유주의국으로서 제휴한 사실이 있다.
③ 공산주의 국가와의 관계를 정상화하고, 자유주의국가와의 관계를 비정상화하는 것은 부당하다.
④ 대만은 일본에 부당·불법한 일을 하고 있지 않은데, 일방적으로 단절하는 것은 무례한 일로 도의에 반한다.
⑤ 일본은 대만에 네 개의 큰 은혜를 입고 있다.

⑥ 이 큰 은혜를 배신하지 않으면 안 되는 긴급한 위험은 없다.

이 중에서, 특히 ⑤의 "네 개의 중대한 은혜"에 대해 장황하게 적고 있는데, 이 "네 개의 은혜"야말로 친대만파의 논리의 핵심이었다. 가야는 이렇게 쓰고 있다.

> 첫째, 종전 무렵 오랜 세월의 침략에 따른 대일 적대관념, 또 오랜 전쟁에 의한 중화민국 자체의 국내적 교통, 그 외 혼란에 의한 비상사태였음에도 불구하고, 당시 중국대륙에 있던 2백 수십만의 일본 군인과 일본인들이 전원 신속하게 귀환할 수 있었던 것은 상식으로는 도저히 생각할 수 없고, 거기에 무수한 참극이 발생해도 어쩔 수 없던 판에 장제스 총통의 유명한 "폭(暴)을 덕(德)으로 갚는다"는 말을 철저히 따라 주었고 대단한 고심, 노력으로 저중 일본인, 일본 군대를 신속하고 안전하게 일본에 송환해 주었다는 은혜가 있다.
>
> 둘째, 일본의 전후 정치적 안정을 위해서도, 영구국가체제로서도, 천황제는 극히 중대한 것인데, 이것이 유지된 것도 소련 등의 책동을 배제하고, 장제스 총통이 "일본 국민 스스로 결정해야 할 것이다"라고 주장하여 그것이 힘이 된 바 크다.
>
> 셋째, 장제스 총통이 전후 일본의 분할점령을 막아 준 것이다. 포츠담 선언을 수락한 일본으로서는, 연합국에 의해 일본이 분할점령당하는 일, 당시의 상식으로 소련은 홋카이도, 미국은 혼슈, 중국은 규슈를 분할 점령하게 되어도 불평할 수 없었다. 만약 이러한 일이 일어났다면, 일본인은 얼마나 괴로워했을 것이며 또한 지금 같은 일본의 부흥이 있을 수 있을까. 이것은 분할점령된 나라들의 실정을 봐도 명료하게 추측할 수 있다.
>
> 넷째, 배상문제, 이것에 대한 최대의 요구, 권리를 갖고 있는 것은 중국이다. 만약 그 권리가 주장되어 일본이 전후 곤란의 극에 달한 경제상태에서 방대한 배상까지 지불하게 되었다면 얼마나 곤란하였을까. 또 오늘날의 경제 부흥, 융성이 있을 수 있었을까. 하나하나 자세하게 이야기할 필요조차 없는 것이다(가야 오키노리, 《전전 · 전후 80년》, 경제왕래사, 1976년).

도조 내각의 대장상으로서 개전에 저항하지만 끝내 저지하지 못하고, 전후에는 A급 전범으로서 종신형을 선고받은 가야다. 석방 후에는 일본 유족회 회장도 맡고 있었다. 그 가야가 '첫 번째' 항에서 아무 거부감도 없이 일본의 '침략'을 전제로 하는 것은 흥미롭지만, 여기에서 그것은 접어두기로 하자. 이 네 항목은 모두 국민당 정부를 맡아 중국을 지배하던 당시의 장제스에 대한 은혜이다. 장제스는 그 후 중국 공산당과의 싸움에 져 대만으로 쫓겨났지만, 그러한 경위가 있는 만큼 친대만파에게는 "불우한 은인"을 배반하지 말자는 심정이 공통적으로 흐르고 있었다.

가야는 이 논문에서 "이 은혜에 대해서 일본은 아직도 정식으로 감사하고 있지 않다. … 보은하지 않으면 안 되는 것을 … 반대로 그러한 나라에 대해서 조리, 신의에 반하여 국교단절을 한다는 것은 정말로 최대의 부도덕"이라고 한탄했다.

'이덕보원' 명분 뒤에 깔린 '반공'

네 개의 은의(恩誼)에는 조금 해설이 필요하다.

우선 '첫째'의 "폭(暴)을 덕(德)으로 갚는다"라는 것은 앞에서 쓴 것처럼, 일본의 전면 항복을 받고 1945년 8월 15일 충칭〔重慶〕에서 라디오 연설로 중국 인민에게 호소한 것이다. "폭력을 폭력으로 대응하지 마라"고 설득했다. 유명한 '이덕보원'(以德報怨)의 사상이다. 이것에 근거해 2백만이 넘는 일본 군인, 군속, 일반인들이 강제노동 등의 보복을 당하는 일 없이, 일부의 전범을 제외하고 다음해 6월까지 무사히 귀국했다. 소련군이 일본의 병사를 시베리아에 연행·억류해 강제노동을 강요한 것과는 대조적이었다.

'둘째'의 "천황제의 옹호"는, 전시중인 1943년 11월로 거슬러 올라간다. 일본의 전후 처리에 관한 루즈벨트(미국 대통령), 처칠(영국 수상)과의 3거두 회담에 임한 장제스는 천황제에 대해 "일본 인민이 결정해야 할 문제"라면서, 사견으로 "일본에는 천황제가 필요하다고 생각한다"고 말하였다. 이것이 특히 일본 민족파의 마음을 흔들었다.

'셋째'의 "소련의 점령 저지"는 1945년 9월에 런던에서 열린 미국, 영국, 프랑스, 중국, 소련의 5개국 외상회의 때 일이었다. 소련의 몰로토프 외상이 돌연 일본에 대한 공동점령을 요구했다. 그것은 미국에 의한 일본의 단독 점령을 저지해 어떻게든 소련군을 보내고 싶다는 의도였지만, 이때 중화민국 외상 왕세걸이 미국의 번즈 국무장관과 상담한 후 강하게 반대해 몰로토프 제안을 보류했다. 그 후에도 소련의 요구는 강했지만 장제스는 1946년 1월 미국이 요청한 일본에의 주둔병 파견도 최종 순간에 거절하였다. "만약 중화민국이 파병하면 소련의 요구에 구실을 주고 말 것이다"라는 이유였다.

나는 이것을 흥미로운 사실이라고 생각한다. 중국이야말로 일본군에 의한 15년에 걸친 침략의 직접적 피해국이며, 일본 점령의 권리를 누구나가 부정할 수 없는 존재였을 것이다. 그리고 이것이 실현되면 일본인이 다소나마 "아시아에 졌다"라는 의식을 가지는 계기가 되었을지도 모른다. 그와 동시에 중화민국의 파병이 실현되면 확실히 소련도 양보하지 않았을 가능성이 높았을 것이다. 아슬아슬한 역사의 '가정'(假定)이다.

'넷째'의 "배상 포기"는 일본의 경제부흥에서 중요한 일이었다. 15년에 이르는 전쟁에 의해서 중국이 입은 손해는 막대하였다. 사상자는 천만 명을 넘었고 경제적 손실도 막대한 숫자를 기록하고 있었다. 샌프란시스코 강화조약에서는 일본에 대한 배상청구권이 규정되었지만, 중화민국은 중(대만)·일 평화조약에 기초하여 기본적으로 배상을 포기한 것이다.

장제스는 이에 대해 다음과 같이 술회했다.

"우리는 그때 이렇게 생각했다. 중화민국이 받은 손해는 실로 천문학적 숫자에 이르러, 육친을 잃은 사람들의 슬픔은 큰 돈을 가지고도 보상할 수 없을 정도로 크다. 그러나 여기서 고액의 배상을 내세우는 것은 전후 일본의 생명을 빼앗는 것과 같다. 적색 제국주의가 일본을 겨냥하는 지금, 고액의 배상 부담으로 일본을 약체화하는 조치는 피하지 않으면 안 된다. 아시아의 안정을 위해서는 일본이 강력한 반공국가로 있어주어야 한다."(《장제스 비록》).

"네 개의 은혜"는 단순한 은혜가 아니라 모두 다 '반공'에 결부되어 있었다. 제1장에서 서술한 것처럼 중국 정부도, 저우언라이가 일본에 대한 배상 포기를 주장하는 이유로서 장제스가 그렇게 한 것을 들고 있었다. 일본에 대한 관대한 조치를 서로 경쟁한 셈이다.

가야는 또 중·일 국교정상화를 서두를 필요가 없는 이유로서, ① 중·일 간의 전쟁상태는 쇼와 20년(1945년) 8월에 끝나버렸다, ② 일본이 싸운 상대인 중국은 당시 장제스의 중화민국 정권이며, 공산당 정권은 아니다. 중공 정권이 생긴 것은 쇼와 24년(1949년)이다, ③ "상호 불가침" 등 중국의 "평화 5원칙"은 한국전쟁에서 북한을 지원하기 위한 참전, 베트남전쟁에서의 월맹 지원, 일본의 혁명세력 원조 등으로 미루어 믿을 수 없다는 점 등을 들고 있었다. 이런 것들도 친대만파의 공통된 심정이었다.

친대만파 계보와 청람회

친대만파의 원조는 기시 노부스케였다. 기시는 1957년의 아시아 순방으로 대만을 방문해 장제스와 친교를 가졌다. 이때 기시는 장제스에 대해서 일본이 용공적 입장을 취하지 않을 것이며, 특히 중(대만)·일 양국은 특별한 관계에 있으므로 다른 동남아시아보다 긴밀하지 않으면 안 된다는 생각을 전했다. "중국대륙이 현재 공산주의의 지배를 받고 있어 중화민국으로서는 곤란한 상황에 있는 것을 동정하지 않을 수 없다. 그러나 이로써 어떤 의미로는 더욱더 양국의 제휴를 깊게 해야 할 의의가 생기고 있다"라고 말했다.

나아가 "중국인민의 자유회복"의 필요성을 호소하는 장제스에 대해서 기시는 "동감이다"라고 하고 다음과 같이 말했다.

> "일본인은 대체로 소련에 대해서는 적대심, 차가운 감정, 어느 경우에는 분함마저 가지고 있다. 이에 반해 중국에 대해서는 친애의 정을 안고 있다. 공산주의인지 여부와는 상관없다. 어떤 의미에서는 공산주의가 일본에 침투한다면 소련보다 중국으로부터의 침투가 더 무섭다고도 말할 수 있다. 따라서 그런 의미에서 본토 대륙을 회복한다면 나로서는 매우 좋은 길이다"(〈아사히신문〉, 1957년 6월 4일).

기시는 후년 《기시 노부스케의 회상》 중에서 이 회담을 되돌아보고 있다. 그에 따르면 기시가 "네 개의 은혜"에 대해 깊은 감사의 뜻을 전했는데, 장제스는 "'원한은 덕으로 갚아라'고 하는 생각은 실은 내가 젊어서 일본에 유학했을 당시에 무사도의 정신을 도야마 선생님, 이누카이 선생님이라는 분들로부터 실천적으로 철저히 배운 것이다. 그것은 동양사상의 기본임과 동시에 일본의 정신으로 매우 인상적이었다. 그러므로 나에게 감사하기보다 일본 자신이 가지고 있는 선조들의 정신에 감사하기를 바란다"라고 대답했다고 한다.

도야마 선생이란 현양사를 이끈 민족주의자인 도야마 미쓰루〔頭山滿〕이며, 이누카이 선생은 후에 수상이 되어, 5·15 사건으로 암살된 이누카이 쓰요시〔犬養毅〕다. 앞에서 서술한 것처럼 도야마 등은 쑨원 등 아시아의 망명자를 숨겨주거나 신해혁명을 지원하기 위해서 중국에 건너갔던 시기가 있다. 장제스의 말에는 "일본은 그 정신을 잊어버리고 아시아 침략의 길로 치달았다"라는 뜻도 숨어있었겠지만, 기시는 이 말을 순수하게 받아들여 '훌륭하다'라고 감탄했다. 국수주의의 영향을 받은 기시는 오히려 어깨가 으쓱했던 것은 아닐까.

대만을 포함한 첫 아시아 순방을 끝내고 방미한 기시는 중국의 위협을 끊임없이 호소했다. 예를 들면, 미 상원 인사에서 "국제 공산주의는 아시아인의 열렬한 민족주의를 이용하고 또 빈곤과 결핍을 극복하려고 하는 아시아인의 초조함에 호소함으로써 아시아를 석권하려고 기도하고 있다"라고 주장한 것이다(〈아사히신문〉, 1957년 6월 21일). 마찬가지로 '반공인'인 요시다 시게루가 반드시 중국의 공산주의를 큰 위협이라고는 보지 않고, 대만보다 중국과의 교제가 실리적이라고 마음속으로 계산하던 것과는 지극히 대조적이다.

《기시 노부스케의 회상》에 의하면 기시는 후에 장제스와 만났을 때 대만에서 본토인이 대만인에 대한 차별적 대우를 시정하도록 충고했던 적이 있었는데, 장제스는 "대만 사람은 여기에 거주한 지가 오래되어서 생활이 곤란하지 않지만 나를 따라 온 무리는 모든 것을 대륙에 두고 온 사람들이다. 나도 불평등하다는 것은 알고 있지만, 나 또한 오래 머무르지는 않을 것이다"라고 대답했다. 기시는 군사적으로 대륙을 항복시키는 것은 무리이기 때문에, 대만에 '왕도낙토'(王道樂土)를 건설하여 대륙에 자유주의의 우위를 보여주는 편이 낫다고 진언한 적도 있지만 "기시 씨의 지극히 온건한 의견을 참고는 하겠지만 역시 군사적으로 해결하는 것 외에는 달리 없다고 생각한다"고 대답했다고 한다.

그런데 다나카 가쿠에이가 중·일 국교를 결단할 당시 친대만파의 중심에는 가야 이외에도 시나 에쓰사부로, 후나다 나카, 나다오 히로키치〔灘尾弘吉〕 등의 원로들과 후지오 마사유키, 와타나베 미치오, 나카가와 이치로, 이시하라 신타로, 나카야마 마사키, 하마다 고이치 등 용감한 소장층이 있었다. 다나카 정권에서 자민당 내에는 "중·일 국교정상화 협의회"(회장 고사카 젠타로)가 생겼는데, 여기가 친중파와 친대만파의 격돌의 장이 된다. 특히 "대만과의 단교"를 주장한 외상 오히라 마사요시를 불러낸 1972년 8월 15일의 협의회에서는 가야, 와타나베, 나카가와, 후지오 등이 오히라를 격렬하게 돌아붙여 닦달했다. 대만과의 긴 특수한 관계를 강조한 것은 말할 필요도 없다. 와타나베, 나카가와, 이시하라 등의 젊은 그룹은 후에 청람회를 만들어 강경파를 결집하게 된다. 덧붙여 말하자면 아베 신조 정권에서 자민당 정조회장이 된 나카가와 쇼이치는 청람회의 중심 멤버였던 나카가와 이치로의 장남이다.

여기서 잊어서는 안 되는 것은 친대만파의 논리가 외무성 관료들의 본심과도 통했다는 점이다. 오랜 세월 미국과의 협조만을 존중했다고 해도 과언이 아닌 외무성은 미·중 정상회담의 실현 후에도 미국이 대만과의 관계 때문에 중국과 국교를 맺지 못하는 상황에서 일본이 돌출(국교정상화) 하는 것에 저항하는 분위기였다. "중국과의 전쟁 상태는 일본과 대만 간의 평화조약으로 종결했다"라는 오랜 세월의 입장이 무너지는 것은 곤란하다는 관료의 논리도 강했을 것이다. 중국과의 국교에 적극적이었던 것은 당시의 중국과장 하시모토 히로시(후에 주중대사) 정도였다. 그러한 외무성의 실정이 자민당의 친대만파를 뒤에서 부추기고 있었다.

대만과의 국교를 관철한 마지막 수상 사토 에이사쿠는 기시의 친아우이지만, 이케다 하야토와 함께 요시다 시게루에 의해 길러진 요시다 인맥의 사람이기도 했다. 그 때문일까, 중·일 관계개선이라는 숙제는 충분히 의식하고 있었을 것이다. 정권획득 전에는 거기에 의욕을 보인 시기가 있었다. 1964년, 일본을 방문한 중국 경제계의 거물 남한진(南漢辰)과 극비회담(사토파의 몇 안 되는 친중파인 구노 주지가 중개했었다) 한 일도 있어 그 연장선상에서 저우언라이와의 회담을 구상한 일조차 있었다(다가와 세이치, 《일·중 교류와 자민당 영수들》). 하지만 막상 정권을 잡자 한일조약 체결에 매달린 것과는 대조적으로 중·일 관계의 타개에는 좀처럼 움직이려 하지 않았다. 정권을 잡고 머지않아 미국의 베트남 폭격 개시로 베트남전쟁이 격화한 것에 더해서 중국이 문화대혁명의 혼란에 빠진 탓도 있어 사토는 '친대만', '반중국'의 색깔을 강하게 내비쳤다.

또 오키나와 반환에 정치생명을 건 사토는 그것을 실현하는 데도 미국의 의향을 헤아리는 것이 중요하다고 생각하고 있었을 것이다. 1969년 11월의 미・일 정상회담에서 "핵 없는 본토수준"의 1972년 오키나와 반환이 정해졌지만, 그 공동성명에는 "한국의 안전은 일본 자신의 안전에 긴요", "대만 지역에서의 평화와 안전 유지도 일본의 안전에 있어 극히 중요"라는 '한국・대만' 조항이 들어갔다. 중국을 자극한 것은 말할 필요도 없지만, 사토는 당분간 중공을 희생하고서라도 미・일 기축을 굳혀 오키나와 반환을 실현하고 싶었을 것이다.

관방장관 호리 시게루가 방중한 도쿄도지사 미노베 료키치에게 서한을 부탁하는 등 주변에서 중・일 국교 타개를 모색하는 움직임은 있었지만 '반중국'이라는 사토 정권의 기본적 성격은 끝까지 변함없었다. 요시다의 제자였던 사토이지만 장제스에게 은혜를 입은 데다가 친형 기시를 시작으로 이시이 미쓰지로나 가야, 후나타, 나다오 등의 친대만파에 기댄 정권이었던 것도 큰 족쇄가 되었을 것이다.

후쿠다 다케오의 중국 인연

그런데 사토로부터의 수상 양위를 기대하다가 다나카 가쿠에이에게 진 후쿠다 다케오는 기시파의 후계자이며 외상으로서 중국의 유엔 가입에 반대한 데서도 친대만파와 통하는 한 사람이었다. 1995년 7월 사망에 앞서 간행된 후쿠다의 자전 《회고 90년》에서는 "이 시기 일본의 대중국 외교가 항상 나중으로 미루어진 인상을 준 것은 당내의 논의가 결정되지 않았던 것과 대만 장제스 총통에의 배려 때문이었다"고 해 "총통이 인솔하는 대만이 국제사회에서 매우 괴로운 입장에 서 있을 때여서 은혜를 잊지 않고 대응하는 것은 당연하다고 나는 생각했다"라고 쓰고 있다.

전쟁 전부터 대장성 관료로서 엘리트 코스를 걸은 후쿠다는 기시만큼의 '대아시아주의'적 감각은 없었지만 기시를 닮은 중국에서의 '원체험'이 있었다. 육군성 담당 회계관을 7년이나 맡아 자주 만주 등을 시찰했을 뿐만 아니라, 중일전쟁이 본격화한 뒤에는 1941년부터 2년간 난징에 세워진 "친일 괴뢰정권"이라는 왕자오밍〔王兆銘〕 정권에서 재정고문을 했다. 대미 선전포고의 통지는 난징에서 들었다.

후쿠다는 왕자오밍으로부터 매우 신뢰받았지만 1943년 6월에 귀국한다. 그는 이 책에서 다음과 같이 쓰고 있다.

> "왕자오밍 주석은 나의 귀국을 진심으로 아쉬워했다. 고문단 중에서도 나를 가장 신뢰하였던 것 같고, 문제가 있으면 재정에 한정하지 않고 뭐든지 나에게 상담했다. 주석은 다른 사람에게 '후쿠다 고문은 중국옷이 잘 어울린다. 우리 중국인과 닮아 마음 편하게 이야기할 수 있다'고 농담하였다. … 드디어 귀국일이 다가오자 주석은 송별연회를 열어 '매화유소심'(梅花有素心, 매화에는 본래의 마음이 있고) 등의 시문을 써서 족자로 만들어 주고 전별금도 주었다."

원래 쑨원의 후대를 받고 신해혁명에 참가한 왕자오밍은 쑨원 사후에 장제스에 뒤이은 국민당의 실력자였지만 "항일 구국"의 장제스에 대해서 일본과의 "평화 구국"을 주창하고 대립하여 1940년 난징에 일본의 지지로 '국민정부'를 수립했었다. 거기서 재정고문을 한 후쿠다의 체험은 만주국에서 고관을 맡은 기시와도 통하는 것이 있다.

중국과의 국교정상화가 시대의 흐름이라고 느끼면서 후쿠다가 그것을 주저한 이유에 대해서 후쿠다는 대만 배려뿐만이 아니라 소련과의 균형문제도 있었다고 증언하고 있다. 중·소가 "근친 증오와 같이 험악한 적대관계"가 된 가운데 "이웃나라 일본으로서 두 개의 나라와 어떤 식으로 교제해 갈까. 중국과 사이좋게 되면 소련과의 사이가 나

빠진다. 거꾸로 되면 중국과의 관계가 험악하게 되지 않을 수 없다"고 느끼고 있었다(《회고 90년》)고 한다. 하지만 중·일 국교정상화 후에도 중·일 항공교섭에 격렬하게 반대한 청람회의 뒤에 후쿠다가 있었다는 것은 정계의 상식이다. 후쿠다파에 친대만파가 많은 데다가 이것을 다나카 정권의 흔들기에 사용했다고 말하고 있다.

하지만 후쿠다는 후에 정권을 잡고 나서 현안이었던 중·일 평화우호조약의 체결을 실현하게 되기 때문에 정치의 인연치고는 재미있다. 조약교섭으로 제일의 난관은 확실히 중·소의 조화였지만 친대만파의 저항도 고민거리였다. 이에 대해 후쿠다는 다음과 같이 회고했다.

> "이른바 신중파라는 사람들의 중심으로는 나다오 히로키치, 마치무라 긴고, 후지오 마사유키 씨 등 나와 친교가 깊은 사람들이 많았다. 오랫동안 정치생활로 고락을 함께 한 사람들이다. 최후는 나의 결단에 따라 줄 것이라고 믿었고 사실 그대로 되었지만 수습까지 이르기에는 다른 사람이 알지 못하는 고생도 있었다. 이 교섭은 내가 아니면 불가능한 것이라는 자부도 있었다."

닉슨 방중과 닮은 원리일 것이다. 이 점 '친중파'인 미키 다케오〔三木武夫〕가 중·일 조약체결에 당내 의견을 모으지 못했던 것과 대조적이었다.

민주화 이후 바뀌어간 대만 이미지

1972년의 중·일 국교정상화로 일본은 대만과 단교하게 되었다. 자민당 부총재 시나 에쓰사부로가 특사로 대만에 파견되고 단교를 전하는 역할을 하지만 오랜 세월의 친대만파로서는 정말 답답한 여행이었을 것이다.

국교정상화를 결정한 중·일 공동성명에서는 중국이 "대만이 중화인민공화국 영토의 불가분의 일부"라는 입장을 표명해, 일본은 이것을 "충분히 이해하고 존중한다"고 하였다. 이른바 "하나의 중국" 원칙의 존중이다. 1978년의 중·일 평화우호조약에서는 이 공동성명을 양국관계가 기초로 한다고 확인하고 있다.

일본정부는 대만을 '국가'라고 간주할 수 없게 되었다. 그것은 세계의 추세이기도 했지만 그런 대만이 일본 국민으로부터 큰 동정을 모을 수 없었던 것은, 장제스로부터 장징궈〔蔣經國〕로 인계된 국민당 정권이 대륙으로부터 쫓겨와 강권적 독재체제를 쌓아 올렸다는 어두운 이미지도 한 요인이 되었다.

하지만 그 대만이 변했다. 1988년에 장징궈가 사망하고 대만 출신으로 부총통이었던 리덩후이〔李登輝〕가 총통 자리를 이었다. 그는 일본 식민지시대에 교육받고 교토대학에서 배운 친일파다. 전후는 미국의 코넬대학에서 박사학위를 딴 국제파이기도 하다. 그 리덩후이가 1996년에 총통 직접선거에서 압승했다. 대만에서 처음으로 톱 리더를 국민이 선택했다. 대륙 중국에서는 있을 수 없는 직접민주주의의 실현으로 대만은 단번에 국제적 이미지를 바꾸었다. 일본에서도 리덩후이를 칭찬하는 공기가 퍼졌다.

그런데도 재임중의 방일은 바라볼 수조차 없었지만 2000년에 퇴임한 뒤 그 기회가 찾아온다. 2001년 4월 심장병 치료 때문에 일본정부에 신청한 비자가 난항 끝에 발급되었다. 그때 중국정부는 리덩후이를 계속해서 "대만 독립파의 상징적 인물"이라고 보고 경계하여 일본에 비자를 발급하지 말도록 강하게 요구했다. 외상이었던 고노 요헤이는 이것을 중시하고 난색을 나타냈지만, 기시파의 계보라 할 수상 모리 요시로가 오케이(OK) 사인을 낸다. 그리하여 치료에 전념하되 정치·언론 활동을 하지 않는다는 조건으로 리덩후이의 일본 방문이 실현되었다. 이것을 기회로 "일본 리덩후이 친우회"가 생기는 등 리덩후이와 일본의 관계는 돈독해졌다. 그 후도 자주 비자발급 시비가 정치 문제화되고 있다.

대만의 민주화에 한층 더 인상을 남긴 것은 천수이벤〔陳水扁〕의 등장이다. 리덩후이의 퇴임 후 2000년의 총통선거로 야당인 민진당에서 출마하여 당선되고, 전후 일관하던 국민당 정권으로부터의 정권교체를 실현했다. 선거전의 열기는 굉장했고, 공산당 일당지배의 중국과는 다른 점을 세계에 어필하게 되었다.

이러한 중에서 일본의 정계에서도 '대만파'가 세력을 만회한다. '이덕보원'의 의리를 존중하는 낡은 이미지로부터 탈각해 "민주주의 동료"라고 해서 설득하게 된다. 자민당뿐만이 아니라 야당인 민주당에 대만에 친근감을 가지는 의원이 증가한 것도 그러한 사정 때문이다.

8. 중국파와 '대륙 노스탤지어'

친중파의 공세 — 국교정상화로 가는 길

그런데 중・일 국교정상화의 방침을 단행한 다나카 가쿠에이 정권에서는 친대만파의 저항을 물리치기 위해 친중파도 열심히 움직였다. 이미 1970년 12월 정계에는 후지야마 아이이치로를 회장으로 해 초당파 "중・일 국교회복촉진 의원연맹"이 만들어졌다. 중・참 양원의 반수를 넘는 여・야당 의원이 참가하고 자민당으로부터도 백 명 가까운 의원이 가세한 큰 조직이다. 1971년 3월에는 나고야에서의 세계탁구선수권대회에 중국이 참가해 "탁구 외교"가 전개되었다. 거기에 닉슨의 방중(訪中) 발표가 나왔다. 의원연맹은 9월 후지야마를 단장으로 한 방중 대표단을 보내 국교정상화를 향한 정지작업을 하고 있었다.

하지만 일본정부가 중국의 유엔가입에 끝까지 반대의 입장을 취하다 패배한 것은 앞서 서술하였다. 거기서 야당은 외상 후쿠다 다케오에 대한 불신임안을 국회에 공동제안했지만, 그때 자민당 내부에서도 후지야마 등 12인이 중의원 본회의를 결석해 사실상 불신임안에 동조했다. 반역그룹은 후지야마 외에 우쓰노미야 도쿠마, 가와사키 히데지, 후루이 요시미, 구지라오카 효스케, 다가와 세이치, 고노 요헤이, 니시오카 다케오, 야마구치 도시오, 사카모토 미소지, 시오노야 가즈오, 스가나미 시게루 등이었다. 고노는 당시 재선인 소장층이며, 당의 "중・일 국교정상화 협의회"에서 "대만과의 단교 결단"을 요구하는 등 친대만파의 반대편에 서서 논리를 폈다.

고노의 아버지 이치로는 하토야마 이치로를 지지해 일·소 국교정상화를 추진한 자민당 실력자이며, 고노파를 인솔해 포스트 이케다 정권을 놓고 사토 에이사쿠와 싸웠다. 1963년 중·일 우호협회의 손평화(孫平化)와 왕효운(王曉雲)이 "중국 난화(蘭花) 애호자 대표단"으로 일본을 방문했을 때 각료로서 극비리에 회식했다. 이것을 중개한 다가와 세이치에 의하면 이치로가 "중국과의 복교는 이케다나 사토와 같은 관료 정치가로서는 무리입니다. 시기가 오면 반드시 제가 하겠습니다"라면서 자신을 보였다(《중·일 교류와 자민당 영수들》).

일·소에 이어 중·일도 자신이 해낸다는 야심이 있었을 것이다. 이 해 고노는 가나가와현 히라쓰카시에 신축한 지 얼마 안 되는 자택을 우익의 방화로 불타는 피해를 입었다. 고노는 공산주의에 약한 '용공'의 정치가라 해서 우익의 표적이 되었다. 만약 이케다의 뒤를 사토 에이사쿠가 아니고 고노가 이었더라면 중·일 관계는 달리 전개되었을 것이다. 고노는 정권을 잡지 못한 채 급서(急逝)하지만, 중·일 국교에 걸었던 젊은 요헤이에게는 아버지의 못 다한 꿈이 계승되고 있었다.

중·일 국교에 강하게 저항한 소장 강경파 그룹이 청람회(青嵐會)를 만든 것과 대조적으로, 고노 요헤이를 비롯해 다가와, 니시오카, 야마구치의 네 명은 후에 자민당을 탈당해 '신자유클럽'을 결성하게 된다. 1976년의 일이다. 보수 합동으로부터 21년 만에 처음으로 출현한 신당은, 다나카 가쿠에이 체포에 이르는 록히드 사건을 기화로 출발하였기 때문에, 종종 '반(反) 다나카' 분당운동이라고 해석되기 쉽지만 실은 그렇게 단순하지 않다. '중·일'을 지탱한 고노 등은 원래 외교노선적으로는 '친(親) 다나카'이며, 오히려 '반(反) 후쿠다'의 심정이 강했다. 1979년에 전개된 "40일 항쟁"에서는 같은 자민당의 전 수상 후쿠다 다케오와 수상 오히라 마사요시가 중의원 본회의에서 수상 자리를 두고 싸우는 비정상적 사태가 되었지만, 고노 등으로서는 오히라에게 표를 던졌다. 쟁점은 외교와는 관계가 없었지만 고노 등에게는 '중·일'의 공로자였던 오히라에의 친근감이 강했다.

이야기를 후쿠다 불신임안으로 되돌리면, 이에 동조한 12인의 반역그룹 가운데 우쓰노미야를 시작해 반수 이상을 미키파의 멤버가 차지하고 있어 재미있다. 후에 수상이 되는 미키 다케오도 중·일 국교에 적극적이었다. 중국이 중요한 인물이 방일(訪日) 할 때마다 다가와에게 중개를 요구한 미키 역시 고노 이치로와 같이 "관료는 중·일 국교를 할 수 없다"는 '당인파'(黨人派)의 자부가 있었다. 이케다, 사토로 계속된 관료출신 정권에 대한 대항심도 있었던 것임에 틀림없다.

그런데 "중·일 국교정상화"를 내걸어 포스트 사토의 자리를 획득했던 것이 당인파의 다나카 가쿠에이였다. 후쿠다 다케오, 미키 다케오, 오히라 마사요시가 뒤섞여 혼전이 된 1972년의 자민당 총재선거는 다나카와 후쿠다의 결선투표까지 이르렀지만 "중·일 국교회복"으로 다나카와 정책협정을 맺은 오히라와 미키가 다나카를 지지한 것이 결정적 요인이 되었다. 자민당은 그들의 이름을 취해 '삼각대복중'(三角大福中) 이라고 불리는 5대 파벌의 시대가 되지만, 입후보를 보류한 나카소네 야스히로도 다나카 지지로 돌아버렸다. "일·소 국교"를 내걸고 정권을 잡은 것은 하토야마 이치로였지만, 여기에서는 "중·일 국교"가 선명한 쟁점이 되어 정권교체가 이루어졌다.

친대만파에 대항해 친중파는 어떤 주장을 전개한 것일까. 우선은 친중파의 지주였던 마쓰무라 겐조의 직계 다가와 세이치의 등장을 청했다. 후에 고노 요헤이 등과 신자유클럽을 만들어 대표가 되지만, 원래는 〈아사히신문〉의 기자 출신. 하토야마 내각에서 마쓰무라가 문부대신이 되었을 때에 비서관이 된 것을 계기로 정계에 나섰다. 다나카 정권이 발족하기 직전인 1972년 6월 전년 여름에 타계한 마쓰무라를 기리는 《마쓰무라 겐조와 중국》을 출판했다. 그 권말에 수록된 "중·일 문제의 기본적 입장"이라는 제목의 글이, 중·일 국교의 논리를 알기 쉽게 전개하고 있다. 요지는 아래와 같다.

"중국과의 전쟁상태는 법적으로 종결되어 있지 않다. 일·대만 평화조약으로 종결했다는 주장이 있지만, 그것은 베이징정부가 생긴 2년 반 후에 대만에 망명한 장제스 정권과 맺은 것으로 중국과 체결한 것이 아니다. 샌프란시스코 강화조약 후, 일본은 미국의 압력으로 대만을 선택해 일·대만 평화조약을 맺었지만, 일본정부는 대만 정권이 중국 전체를 대표하는 정부라고 간주한 것은 아니고 조문(條文)도 한정적 내용으로 되어 있다. 장제스에게는 잃은 중국의 영토와 국민 처리에 대해 발언권은 없었다.

종전시의 '이덕보원'의 성명은 장제스 개인이 아니고 중국 인민을 대표한 것이었다. 일본군에 대한 관대한 태도는 중국의 도의를 나타낸 것으로, 확실히 장제스는 훌륭했지만 은혜는 장제스 개인이 아니고 중국 인민에 대해서 느껴야 한다. 중일전쟁의 상대는 장제스 정권이었다는 사람이 있지만 전시중 일본정부가 '장제스 정권을 상대하지 않고'라는 성명을 내, 괴뢰정부를 만든 것을 잊고 있는 것인가. 중국정부는 배상을 포기할 생각을 시사하고 있어 새로운 배상을 걱정할 일은 아니다."

다가와는 이 논문에서 친대만파에 대해 다음과 같이 심하게 비판하고 있다.

"중국을 감정적으로 싫어하고, 중국을 알려고 하지 않으며, 중국과의 국교회복에 반대하는 사람들이다. 이러한 사람들은 중국이 사회주의체제를 취하고 있다는 것만으로 중국을 기피해 중국과 교류하면 일본이 적화된다고 두려워하는 반공주의로 무장하고 있다. 또 이러한 입장의 사람들은 중국을 전쟁 전과 같은 척도와 감각으로 보고 있을 뿐만 아니라 중국을 포함한 아시아인에 대해서 어떤 종류의 우월의식을 갖고 있고, 반면 구미 제국에 대해서는 열등감을 품고 있는 사람들에게 많다."

마쓰무라 겐조의 '속죄' 의식

중국과의 국교가 열리지 않고 중・일 적대관계가 계속되는 가운데 자민당 안에도 친중파의 계보는 이어졌다. 먼저 소개한 이시바시 단잔을 별도로 치더라도 마쓰무라 겐조가 그 축이었다. 국교정상화까지 해낸 마쓰무라의 역할은 확실히 특기할 만하다.

마쓰무라는 전전부터 중국침략에 저항한 이시바시와 같은 "굳건한 신념"과 다르다. 1883년(메이지 16년) 도야마현에서 태어난 마쓰무라는 와세다대학을 나오고 〈호치신문〉(報知新聞) 기자, 도야마현 의원을 거쳐 1928년(쇼와 3년)에 민정당 국회의원이 되었다. 시대는 전쟁으로 치달아 마침내 정당이 해산되지만, 마쓰무라도 "국가존망의 위기"라고 느껴 익찬(翼贊) 체제에 참가하여 익찬정치회의 정조회장, 대일본정치회의 간사장 등을 역임했다. 정부의 요청을 받아 만주에서의 식량증산 지도를 담당한 적도 있다.

마쓰무라는 전후 이러한 전전의 행동을 후회해 "어쩔 수 없는 환경에 있었더라도 혼자라도 군부에 저항하고 소신을 관철할 수 없었던 것은 나의 생애에 오점을 남겼다"고 말하고 있다(《마쓰무라 겐조와 중국》). 그것이 중・일 우호에 목숨을 건 마쓰무라의 원점이 되었고 말하자면 전형적 '속죄파'였다. 이것은 이시바시에게는 없는 의식이다.

전후는 공직에서 추방되지만 복귀 후에 방류(傍流) 보수인 개진당(改進黨)의 간사장이 되어 미키 다케오 등과 정치활동을 함께 했다. 보수합동 후에는 둘이서 "미키・마쓰무라파"를 거느렸지만 마쓰무라는 지극히 청렴한 정치가로 알려져 기시 노부스케가 재선을 이룬 1959년의 총재선거에서는 '반(反) 기시'의 대표 기수로 승패를 도외시하고 출마하였다. 그 배경에는 기시와 정반대적인 중국관이 있었다.

중국과의 교제는 와세다대학 학생이었던 1904년(메이지 37년)의 중국여행으로 거슬러 올라간다. 청조 말기이며 서구열강에 침탈되어 중국이 혼란에 혼란을 거듭하던 무렵이다. 신문기자 시대에는 특파원으로서 만주를 방문해 장작림과도 회견했다. 1922년(다이쇼 11년)에 선배인 민정당 국회의원 나가이 류타로와 동행하여 방중하고, 1928년(쇼와 3년)에는 국회의원 당선 후 곧 제남사변의 현지조사단의 일원으로서 방중, 이때는 때마침 장작림 폭살사건의 현장에 있었다. 젊었을 때의 이러한 방중 체험은 친중노선에 이어졌음에 틀림없다. 이것도 이시바시에게는 없는 체험이다.

전후 1955년과 1957년에 연달아 일본을 방문한 곽말약(郭沫若), 요승지(廖承志)라는 두 명의 지일파(知日派)와 접했던 것이 신생 중국과의 새로운 만남이었다. 문인 정치가인 곽말약이 "신중국의 혁명은 메이지유신과 같은 것이다"라고 이야기하는 것을 듣고 마음이 동요되어서 계속되는 요승지와의 만남으로 급속히 친근감이 깊어졌다.

곽말약의 메이지 유신관은, 이 일본 방문시에 〈아사히신문〉의 다니자키 준이치로〔谷崎潤一郎〕 등과의 좌담회(1955년 12월 7일)에서 행한 다음의 발언에서도 엿볼 수 있다.

> "전부 변했다. 옛날 중국인은 모두 게으름뱅이였다. 그러나 지금은 그렇지 않다. 그것도 6년 동안 수많은 일을 했다. 왜 그렇게 되었는가? 나의 해석은 이러하다. 선례가 없는 것은 없다. 메이지유신, 더 옛날의 '다이카〔大化〕개신'(645년에 있었던 일본 정치사의 대개혁)도 하나의 예이다. … 즉, 서양의 역사가는 메이지유신을 '동양의 기적'이라고 말하고 있다. 그것과 동일한 의미로 새로운 중국의 변화는, 말하자면 '동양의 제 2의 기적'이라고 해도 좋을 것이다."

후루카와 만타로의 《중·일 전후 관계사》에 의하면 마쓰무라가 곽말약과 만난 것은 이 좌담의 전날이었다. 마쓰무라가 중국혁명에 의한 국가 통일과 인심 장악의 비결을 물었더니 "일본의 메이지유신이나 다이카 개신과 이번의 중국해방을 비교하면 반드시 유사한 것을 찾아낼 수 있겠지요"라는 대답이었다. 후루카와에 의하면 "마쓰무라는 이 곽말약과의 대화를 통하여 '사회주의 중국'보다 오히려 국가통일과 발전을 겨냥해 불타는 강렬한 '민족주의 중국'을 느끼고 거기에 깊게 감명한 것 같았다"고 쓰고 있다. 이 무렵 "중국이 아시아의 열렬한 민족주의를 이용하고 있다"고 보던 기시와는 대조적이다.

그것은 차치하고 메이지유신을 인용하고 중국혁명을 "동양의 제 2의 기적"이라고 한 곽말약의 말에는, 쑨원 이래의 "신흥 아시아의 연대" 사상이 흐르고 있다. 기시가 장제스로부터 "이덕보원의 정신은 도야마 미쓰루나 이누카이 쓰요시로부터 배웠다"라고 듣고 감격했다는 이야기가 여기서도 생각난다. 장제스의 형님에 해당되는 쑨원은 일본이 러일전쟁에서 이긴 것을 아시아의 입장에서 칭송한 것이지만, 후술하듯이 기시는 인도 방문 때 네루 수상으로부터 "러일전쟁의 공적"을 칭송받았다. 이케다 하야토는 미얀마에서 "메이지 유신을 모범으로 한 국가건설"의 의욕을 듣게 된다. 메이지 태생의 정치가들은 아시아의 지도자로부터 듣게 된 이러한 말에 모두 마음이 동요되었다.

마쓰무라가 전후 처음으로 방중(訪中)한 것은 기시 정권이 미·일 안보조약 개정을 1년 앞둔 1959년 가을이었다. 이시바시 단잔이 방중한 지 조금 뒤의 일이다. 나가사키에서 열린 "중국 우표전"에서 우익에 의해 중국 국기가 질질 끌려 내려진 사건이 있어, 이것을 계기로 중·일 무역이 중단되었다. 이것은 기시의 정치노선에 중국이 반발했기 때문이기도 하다. 친대만파 기시가 진행하는 미·일 안보조약 개정에 중국은 몹시 신경을 곤두세우고 있었다.

40일간 중국의 두메산골까지 느긋하게 돌아보고 온 마쓰무라는, 후에 요승지와 다카사키 다쓰노스케가 조인하는 'LT무역'과 기자 교환, 유골 수집의 실현 등의 길을 여는 성과를 올렸다. 그러나 가장 큰 수확은 저우언라이와의 4회에 걸친 회담을 비롯해 중국 요인과의 회담에서 기탄없는 의견을 서로 교환한 것이었다. 그해 봄 방중에서

"미국제국주의는 중·일 인민의 공동의 적"이라고 발언하고 물의를 빚은 사회당 서기장 아사누마 이네지로와 달리, 마쓰무라는 기시 정권의 정책에 대해서도 일본의 보수 정치가로서 옹호하는 자세를 보였다. 이 때문에 저우언라이 등과의 회담은 격렬한 대화가 되었지만 그것이 오히려 깊은 신뢰로 연결되었다고 전해진다. 마쓰무라는 아쉽게도 중·일 국교정상화를 못보고 타계했지만 마쓰무라가 해낸 역할은 매우 컸다.

마쓰무라에게도 우익의 협박이 끊이지 않았다. "중·일 교섭은 일본을 공산국가로 만들기 위한 것이다. 그런 짓을 하는 자는 국적(國賊)이다. 천벌을 받을 것이다"라며 권총을 가진 괴한이 자택에 들이닥친 적도 있다. 마쓰무라는 "우수한 일본인이 외국으로부터 사상공격을 받는다 해도 쉽게 세뇌될 리가 없다"고 해 일소에 붙였다(엔도 카즈코, 《마쓰무라 겐조》)고 하지만, 여기에도 메이지 시대 태생다운 민족의식이 엿보인다.

마쓰무라는 1962년에 두 번째 방중(訪中)을 했다. 그 다음 1963년 1월호 〈사상〉에 "나의 아시아관"을 싣고 있다. 전해 봄에 유럽을 방문해 정치통합으로 가는 EEC(유럽경제공동체, EU의 전신)에 자극받은 듯 "EEC의 정치통합이 완료된 후에 아시아의 문제를 생각하게 되면, 벌써 손을 쓸 수 없게 되어버리는 것은 아닐까"라고 썼다. 나아가 중국관(中國觀)을 전개하지만 거기에 흐르는 것은 역시 아시아 민족으로서의 친근감이다. 예를 들면, 중국에는 소련의 공산주의와는 다른 한민족의 전통이 있어, 그것은 '애국', '종교'의 잔존 혹은 인민대회당의 진시황제 시절을 연상케 하는 크고 호화로운 건축 등에 나타나고 있다고 한다.

농업 전문가 마쓰무라다운 기술도 있다.

> "중국 농업 중 논농사의 작법이 특히 나쁜 것은 잘 아는 것처럼 논농사 경험

> 이 없는 소련 기술자의 지도를 받았기 때문에 실패했다고 생각한다. 인적 자원, 비료, 농업도 일본 이외에서 구할 수 없다고 믿고 있다."

가지각색의 절충도 "절실히 역사적 관계 — 특히 문자도, 인종적 외모도 같은 나라끼리의 관계 — 라는 것이 교섭을 하기 쉽게 하고, 이야기를 서로 이해하기 쉽게 하고 있음을 통감했다"라는 것이다.

마쓰무라는 계속해 이렇게 썼다.

> "아시아와 함께라는 생각으로 중국에 손을 내밀어 서로 돕는 것이 필요하다. 미국이나 일부의 사람이 말하듯이 '잠시 동안 외면하면 식량부족으로 자연 붕괴하는 등 중국이 곤란하게 된다'는 생각이 일본에 있다. 그들은 일본이 한국·대만과 공동방위의 형태로, 미국만 배경으로 삼으면 된다는 생각을 가지고 있다. 그러한 생각은 극히 위험하다. 미국과 친선을 도모하는 것은 자유국가군의 하나로서 당연한 일이지만, 중국과의 교류를 외면하는 것은 200년 전 나폴레옹의 대륙봉쇄 발상과 같다."

마쓰무라는 한국전쟁에서 싸운 미·중 양국이 적개심을 품는 것을 걱정해서 미국과는 '자유국가군', 중국과는 '동문동종'(同文同種)인 일본의 역할에 기대를 나타냈다.

친중파 중국에 등돌리다

전후의 중·일 관계를 열어 간 선구자 중에 몇 명의 특이한 정치가도 있다. 1952년 6월에 비밀리에 방소(訪蘇)·방중(訪中)을 완수하고, 중·일 민간무역협정(제 1차)을 체결하는 성과를 올린 것은 호아시 게이〔帆足計〕 등이다. 그들은 보수 인맥은 아니었지만 1953년 9월에 방중해 제 2차 중·일 민간무역협정 체결에 앞장섰던 의원단 단장을 맡은 것은, 미키 부키치의 측근으로서 하토야마파의 '돌격대원'

역할을 하던 자유당 국회의원 이케다 마사노스케이다. '이케쇼'〔池正〕라는 애칭으로 불린 이케다는 제2차부터 제4차까지의 중·일 민간 무역협정의 교섭에 임했다. 전쟁 전 〈야마토신문〉의 특파원으로 방중한 적이 있는 이케다는 정계의 "중국 연구가"를 자임하고 있었다.

바로 그 이케다가 '전향'해버린다. 기시 내각 때 중·일 관계가 단절되자 '반(反)중국'으로 변해버렸다. 통상대표부 설치를 결정한 제4차 협정을 둘러싼 1957년 방중에서 만만치 않은 교섭에 그만 짜증이 났다. 이케다의 증언에 의하면 이 교섭에서는 "40여 일간 지루하게 호텔에 머물고 있었다. 연금상태와 동일했기 때문에 정신적·육체적 고통은 대단했다"('이케다 마사노스케' 간행위원회 편, 《반골의 정치가 이케다 마사노스케》, 1995년) 고 한다.

나아가 중국의 국기(國旗)를 내걸 권리 등 준정부기관 취급을 인정한 "통상대표부 설치 각서"에 기시 내각이 난색을 보여 협정은 장애에 부딪히게 된다. 이케다는 미키 부키치의 사망 후, 친대만파가 많은 기시파 소속이었기 때문에 파벌적 한계도 있었을 것이다. 이케다는 그 후에도 중국의 위험성을 지적하는 저서를 연달아 간행해, 국교정상화에 '시기상조'라고 반대하는 등 중국과는 거리를 계속 두었다. 마쓰무라 등의 친중파도 중·일 양 정부의 진퇴양난의 괴로운 입장이었기에 이케다의 변절은 보수 내부의 미묘한 중국관을 상징하는 것이다.

그 이케다가 친중파의 최선봉이라고도 할 수 있는 우쓰노미야 도쿠마와 중·일 국교 찬반으로 갈려 〈아사히신문〉에서 대담했던 적이 있다(1968년 5월). 이케다는 거기서 공산주의 이데올로기와는 다른 차원의 중국 경계론을 다음과 같이 전개했다.

> "중국은 진시황제 이래 외국을 공격하지 않았던 것은 수, 당(수, 당의 고구려 침략을 몰랐던 듯 — 역자 주), 송대뿐이다. 이런 나라는 유례가 없다. 역사적으로 보면 결코 평화민족이라고 할 수 없다. 중국의 외국인에 대한 감각은

> '동이, 서융, 남만, 북적'으로, 이것이 중화사상이라는 것이다. 이런 민족이 세계 어디에 있을까?"

그후 고이즈미 준이치로 수상의 야스쿠니 참배에 반대하는 중국에 대해서 '중화사상'이나 '패권주의'라는 지적도 있었지만, 이러한 경계심은 근년에 시작된 것만은 아닌 것이다.

기시가 당시의 중・일 무역이나 친중파 의원을 불쾌하게 여긴 것은 두말할 필요도 없다 . "대체로 중공(中共)과의 무역관계를 증진한다는 생각을 가진 자민당의 대부분은 이른바 친중공파이다. 중공이 말하는 것을 처음부터 열까지 고개를 숙여 삼켜버리는 무리가 많았다" 고 격한 논평을 하면서, "하지만 이케다(마사노스케) 군은 그렇지 않다"(《기시 노부스케의 회상》) 고 이케다를 치켜세우고 있다.

제 1장에서 접한 것처럼 기시의 손자 아베 신조는 수상이 되기 전에는 중・일 국교정상화 이래의 "중・일 우호"에 대해 "'중국의 기분을 해쳐선 안 된다. 사이좋게 지내지 않으면 안 된다'는 우호 제일주의가 일본 정부나 정치가, 관료들에게 강박관념이 되어버린 것은 아닌가"(《이 나라를 지킬 결의》) 라고 비판을 퍼붓고 있었다. 조부의 '친중파' 비판과 발상이 통하지 않는가?

전쟁 전 경제인의 관점 — 후지야마 아이이치로

그러나 이케다의 선회 후에도 중・일 관계는 진전되었다. '정경분리' 방침 아래 1962년에 중국과의 'LT무역'이 실현되었다. 일본 수출품의 일부에 연체지불을 적용한 것 외에도, 플랜트 수출에도 길이 열리는 등의 진전을 보였다. 요승지(L)와 함께 이 조약의 당사자가 된 다카사키 다쓰노스케(T)는 일찍이 만주중공업 총재를 지낸 실업인 정치가이다. 기시 정권에서 중・일 무역 타개에 노력했지만 실패하고, 이케다 정권 아래서 마쓰무라의 방중으로 꿈을 이뤘다. 마쓰무라 등과는 약간 다른 경제합리주의자였지만 "만주중공업 총재"라는 전력이 중국에 대한 의욕을 증폭시킨 것일 것이다. 이것도 노스탤지어(향수)이다. LT무역에는 정치적 의미도 지극히 컸다.

경제인이며, 역시 전쟁 전의 중국체험을 원점으로 하는 거물 정치가에 후지야마 아이이치로〔藤山愛一郎〕가 있었다. 게이오대학 학생 시절인 1917년(다이쇼 6년), 아버지의 권유로 혼자서 나가사키에서 배편으로 중국에 건너간 후지야마는 상하이를 거점으로 2개월간 각지를 돌았다. "어쨌든 광대한 나라다", "아울러 많은 사람이 생존을 위해서 일한다. 그 궁핍함도 강하게 인상에 남았다"(후지야마 아이이치로, 《정치, 나의 길》). 이때 빗속에 등산한 것으로 인해 늑막염을 앓고 7년간 투병생활을 하기도 하였다.

대일본제당을 경영하는 아버지 덕분에 중국과의 인연은 깊었는데, 중일전쟁 발발 직전인 1937년 3월에는 재계 경제사절단의 일원으로 다시 방중했다. 이때 장제스와도 만났다. 장제스는 "여러분의 선배인 시부사와 에이이치〔澁澤榮一〕 자작은 《논어》(論語)에 심취했는데, 《논어》에는 '자신이 좋아하지 않는 것을 남에게도 시키지 말라'라고 쓰여 있다. 중·일 관계도 이 금언을 기초로 해야 한다"고 하였다. 근대 일본 자본주의의 아버지라고도 할 시부사와 에이이치는 "논어와 수판(數板)"이라는 말로 유명한 데서도 알 수 있듯이 장사에도 도덕성이 있음을 강조하였다. 그것을 끄집어내어 일본에 일침을 가한 것이다.

후지야마는 상하이에서 대학총장이나 젊은 실업가, 국민당의 소장 정치가 등과도 만날 기회가 있었는데, "중국이 대단한 기세로 바뀌고 있는 것을 통감하였다. 외국의 간섭, 압박을 벗어나 새로운 중국으로 변하자고 하는 넘치는 열의를 보고, 나는 중·일 양국이 상호 이해가 깊어지지 않으면 안 된다라고 생각했다"고 술회하고 있다(《정치, 나의 길》).

그러나 시대는 중일전쟁으로 치닫는다. 후지야마는 익찬정치회의 상임총무에도 이름이 오르는 등 전시체제의 일원이 되었지만, 중국의 신문·잡지 등을 모으고 또한 항저우〔杭州〕에 합작 제분회사를, 홍콩에 조선(造船) 회사를 만드는 등 전시에도 자주 중국을 방문했다.

전후의 중·일 국교에 건 후지야마의 열의에는 이러한 배경이 있었다. 대만에서도 제당사업을 벌여 장제스와 아는 사이였던 후지야마이지만 외국유학의 경험도 있고 "머리도 좋은" 지도자들을 가진 국민당이 공산당에 패배한 원인에 대해 다음과 같이 쓰고 있다.

> "국민당이 인민으로부터 사랑받지 못하였기 때문이라고 생각하게 되었다. 공산당은 전쟁 뒤 징발한 식량을 인민에게 되돌려 준다든가, 전화(戰火)의 뒤처리를 하고 나서 진군하는 등 민중의 입장에 서서 행동했다. 하지만 국민당은 최신의 무기를 갖고도 그러한 배려가 빠져 있었다. '인민으로부터 인심을 얻지 못한 국민당은 질 만한 이유가 있었다'라는 것을 통감하지 않을 수 없었다"(《정치, 나의 길》).

정치가에게 한정된 얘기가 아니지만, 중·일의 문화적 가까움이 한없는 친근감을 낳는 것도 사실이다. 예를 들면, 고사카 젠타로는 국교정상화에 즈음해 자민당에 생긴 "중·일 국교정상화 협의회"의 회장으로서 당내 조율에 헌신한 정치가이지만 1992년 9월 국교 20주년을 기념해 중국을 방문했던 적이 있다. 그때 고사카가 방문지 무한에서 '황학루'에 오르자 휘호를 요구받았다. 거기서 썼던 것이 고사카가 좋아하는 최호(崔顥)의 시다.

> 황학일거불부반(黃鶴一去不復返)
> 백운천재공유유(白雲千載空悠悠).

중국의 옛날이야기에 근거하는 시였다.

서구 합리주의자로 보여지는 미야자와 기이치 등도 어렸을 적부터 한문서적을 즐겨 그 박식함은 정치기자를 울릴 정도이다. 1993년 8월에 수상을 사임했을 때도 심경을 묻자 다음과 같이 대답했다.

낙양친우여상문(洛陽親友如相問)
일편빙심재옥호(一片氷心在玉壺)

낙양의 친구가 나의 소식을 물으면 옥항아리에 든 한 조각의 얼음과 같이 맑게 갠 마음으로 살고 있다고 전하면 좋겠다는 의미로 당대의 시인 왕창령(王昌齡)의 작품이다. 이 칠언 절구를 듣고 곧바로 이해한 기자가 몇 사람이나 있었을 것인가.

미야자와가 사임에 이르렀을 때 이 시를 입에 올린 것을 신문을 읽고 기억하는 사람이 있었다. 한국의 전 국회의장인 김재순(金在淳)이다. 김재순은 1994년에 일본을 방문하여 미야자와와 마주쳤을 때, 이 시를 화제삼으며 '과연'이라고 미야자와를 칭찬하였다. 나는 이것을 지켜보며 이 주고받음에 감탄할 뿐이었지만, 이러한 문화의 공유성은 아시아 그것도 한자권에서만 가능한 것이다. 구미는 구미끼리 비슷한 관계일 것이다. 이런 회화를 할 수 있는 정치가가 앞으로도 일본이나 한국에서 나올까 하는 의문이지만 문화의 공유가 단순한 친근감뿐만이 아니라 중국에 대한 외경(畏敬)에 통하는 것도 틀림없다.

먼저 소개한 다가와 세이치의 논문과 같이 친중파에게는 물론 국제정치상의 논리가 있었다. 하지만 친대만파가 전성기였던 시대에 선구적 역할을 해낸 친중파의 면면에는 논리를 뛰어넘은 열정도 있던 것으로 생각된다. 전전의 체험에 가세해 대륙의 방대함, 인간의 크기, 역사나 문화의 깊이에 대한 동경, 그리고 메이지유신과 겹치는 공감 등이 서로 섞인 일종의 연애와도 가까운 감정이었던 것은 아닐까.

9. 보수 본류의 중국관

소련과 중국의 차이

이시바시 단잔에게는 우쓰노미야 도쿠마, 마쓰무라 겐조에게는 후루이 요시미, 다가와 세이치라는 친중파의 후계자가 있었다. 모두 자민당에서는 주류파라고 보기 어렵지만 재미있는 것은 고노 이치로, 미키 다케오 등 이른바 보수 방류(傍流)의 실력자뿐만이 아니라 이케다 하야토를 비롯한 보수 주류의 계통이 친중파를 뒷받침해 온 사실이다.

오히려 마사요시-미야자와 기이치로 계승된 굉지회가 그것이다. 미야자와 후에는 분열에 빠져 이 파벌의 존재는 미미하지만, 고이즈미 정권시대에 중국관계를 존중해 야스쿠니 참배에 계속 반대의견을 내세운 가토 고이치도, 포스트 고이즈미 총재선거에서 아시아 중시를 선명히 한 다니카키 사다카즈도 이 계보의 정치가다. 신자유클럽을 해산하고 자민당으로 돌아온 고노 요헤이가 미야자와 기이치의 후원을 얻어 미야자와파에 속했던 것도 이러한 친근감과 무관한 것은 아니었을 것이다.

전후의 중·일 관계가 미국의 강한 압력에 의해서 단절되었던 것은 앞서 서술하였다. 한국전쟁으로 미국과 격렬하게 싸운 중국은 미국의 눈에 위협으로 비쳤다. 쿠바 위기를 기화로 미·소 대화환경은 생기지만, 중국은 "소련 수정주의"를 비판하며 엄격한 노선을 취하게 된다. 그 당시 미국 지도자는 "수정주의화한 소련보다 맑스주의의 원칙론을 내세워 한국전쟁에 참전한 중국 공산당이 위험하고 이해할 수 없는 상대다"라는 견해를 굳혔다. "서로 알 수 없는 상대"에 대한 공포였다.

그러나 일본에서의 감각은 조금 달랐다. 전전부터 중국 멸시 감각을 갖고 있던 요시다 시게루도 돌연 선전포고하여 만주, 북방영토 점거에 이른 소련에 대한 불신감이 훨씬 강하고, 일본의 침략에 굴하지 않았던 중국에 대해서는 오히려 밑바닥에 친근감이나 재평가하는 감각을 갖고 있었다. 소련과는 다른 중국인에게의 친근감은 전술한 마쓰무라 겐조의 문장에도 나타나고 있다.

그것은 이른바 친중파에 한한 것은 아니었다. 앞에서 쓴 것과 같이 친대만파인 기시 노부스케조차 장제스에 대해서 "군사적으로 대륙을 항복시키는 것은 무리"라고 발상전환을 말했던 적이 있고, 그 후계자 후쿠다 다케오에 이르러 "중국과 일본은 소련에 비하면 지리적으로 가까운 관계이고, 중일전쟁을 통해서 일본인은 중국에 상당히 관심을 가졌으므로 중국인에게 어떤 애착을 가지는 경향이 있었다"(《회고 90년》)고 지적하고 있다.

사회당뿐만이 아니라 보수 정치가들이 중·일 관계의 개선을 숙제로 삼아 온 배경에는, 좋아하기 어려운 소련과의 국교정상화가 선행해버렸으니 뒤진 중국과의 관계를 어떻게든 만회해야 한다는 감정도 있던 것임에 틀림없다. 특히 일·소 공동선언에 강하게 반대한 요시다 시게루나 이케다 하야토의 계보는 그랬을 것이다.

중국에 대한 일본인의 생각이 미국의 그것과 다른 것은, 역시 역사의 밀도와 지리적 인접성일 것이다. 중국과는 긴 교류나 문화이입의 역사가 있고 일본인에게는 만주국 건국이나 중일전쟁으로 막대한 피해를 주었다는 사실이 무겁게 짓누르고 있었다. 게다가 장래 중국이 대국이 되는 것은 명약관화해서 중·일 우호관계가 아시아 평화의 열쇠였다. 일본이 아시아에서 새로운 지도적 입장을 구축하기 위해서도 중국과의 교제는 불가결하다는 판단도 있었다. 근대의 모멸적 감정이나 공산 중국에 대한 위협감과는 정반대로 중국에의 '외경'은 잠재하고 있었다고 보아야 할 것이다.

요시다 시게루의 측근으로서 점령기의 교섭에 큰 역할을 해낸 시라스 지로도 중·일 관계를 가로막는 미국에 비판적이었다. 일·소 국교정상화 무렵 〈문예춘추〉에 다음과 같이 쓰고 있다.

> "미국인은 예(例)의 단순함으로 중공을 인정하려고 하지 않는다. 미국이 인정하지 않아도 중공이라는 나라는 건재하다. 언제까지나 맹목적으로 미국을 추종하는 것은 그만두고 이 문제에 솔선해 미국에 중공의 존재라는 사실을 잘 납득시키는 게 어떤가. 동양의 문제는 중공을 제외하고 생각할 수 없다"(1956년 12월호).

《시라스 지로 — 점령을 짊어진 남자》(고단샤, 2005년)에서 이 문장을 소개한 기타 야스토시는 "이것이 중·일 국교회복보다 16년 전 글인 것에 놀랐다. 그는 외교관은 아니었지만 독특한 외교감각을 갖고 있었다. 그 점을 요시다도 높이 사고 있었다"라고 적고 있다.

요시다의 정통적 후계자인 이케다 하야토는 경제를 주축으로 삼는 중·일 관계의 타개를 생각했다. 이케다의 비서관을 지낸 이토 마사야〔伊藤昌哉〕의 《이케다 하야토와 그 시대》에 의하면, 수상 시절에 대만 요인의 방문을 받은 이케다는 "중국 본토는 국민정부시대에 경제상태가 너무 비참했습니다만 중공이 들어서고 나서는 많이 좋아지고 있습니다. 정권이 안정되어 있습니다. 중공보다 대만이 좋아지도록 하는 것이 최대의 반공정책입니다"라고 하였다.

또 유럽 방문중 각지에서 중·일 문제를 질문받을 때마다 "일본과 중국대륙과는 역사적·전통적으로 특수한 관계다", "일본이 중국에 친근감을 갖는 것이 적지 않고, 자민당 내에서조차 중·일 국교를 회복하라고 말하는 자가 있다"며 대만이나 동남아시아와의 관계 때문에

서둘러 국교회복은 할 수 없지만 정경분리로 무역은 계속해야 한다는 생각으로 바뀌어 있다고 대답했다. 1964년에 프랑스 요인이 일본을 방문했을 때는 "머지않아 일·영·프랑스가 논의해서 미국을 설득해야 할 시기가 올 것이다"라고까지 이야기하고 있다. 1961년 6월의 방미 때는 케네디에게 중국과 일본의 역사적 관계를 설명하고는 일본이 유럽 같은 수준의 무역을 하는 것은 당연하다고 설득했다.

다가와 세이치에 의하면, 이케다는 수상 시절 "나는 정치적 입장에서, 미국 중시의 외교를 하지 않을 수 없지만 앞으로의 일본에 중국은 중요한 나라다. 대(對)중국 복교는 꼭 자네들 젊은 정치가의 손으로 해야 해!"라고 기회 있을 때마다 격려했다고 한다. "그런 말씀을 하면 요시다 시게루 씨에게 야단맞지 않습니까"라고 물으면 "요시다 씨는 제대로 다 알고 있다"라고 태연하게 대답했다고 한다(《중·일 교류와 자민당 영수들》).

이케다는 1962년 11월에 대만·미국의 불만을 뿌리치고 마쓰무라 겐조의 방중과 'LT무역' 개시를 양해했다. 도미노모리 에이지〔富森叡兒〕는 《전후 보수당사》에서 "자민당 내에서도 친중국 그룹이 확실한 시민권을 획득하게 된 것은 이케다 정권 때였다"고 쓰고 있다. 이케다는 요시다의 제자임과 동시에 이시바시 단잔과 인연이 깊은 사이였다. 이시바시가 대장상(재경부장관) 때에 대장성 차관이 된 이케다는 요시다의 측근으로서 때에 따라 정적(政敵)으로 돌면서도, 개인적으로는 이시바시를 경모해 케인즈식 경제정책에 대해서는 가장 충실히 계승한 정치가였다. 이시바시 내각의 탄생에도 협력하고 대장상에 발탁된 일도 있다.

다나카 정권에서 외상을 맡아 다나카와의 이인삼각으로 중·일 국교에 힘쓴 오히라 마사요시는 대장상 이케다의 비서관을 지낸 요시다의 손자뻘 되는 제자다. 이케다의 중국관이 마사요시의 뇌리에 깊게 새겨졌을 것이다. 오히라 스스로 전전의 중국체험도 있었다. 1939년

대장성으로부터 점령행정에 해당하는 흥아원(興亞院)에 파견되어 1년 남짓을 내몽골의 장가구(張家口)에서 보냈다. 흥아원에는 농림성으로부터 파견나온 이토 마사요시〔伊東正義〕(후의 외상으로, 중·일 우호 의원연맹 회장도 맡았다)와 알게 되는 등 생애의 친구를 얻기도 했다. 거기에는 노스탤지어에 영향을 받은 친중파로 통하는 것이 있었다. 오히라도 이케다 정권의 외상 시절 방미(訪美) 때마다 중·일 무역 재개의 필요성을 역설했다.

사토 정권 말기인 1971년 3월 나고야에서 열린 세계탁구선수권대회에 중국이 대표단을 파견했을 때, 왕효운이 부단장으로서 재계인물 등과 접촉해 이른바 "탁구 외교"를 전개했다. 이때 오히라는 후루이 요시미의 알선으로 왕효운과 극비리에 회식을 했다. 중국에서는 문화대혁명이 종식되고 일본에서는 사토 퇴진이 예상되던 타이밍이다.

오히라는 이케다가 만든 굉지회를 마에오 시게사부로〔前尾繁三郎〕로부터 계승했던 바로 직후지만 중국문제의 기본은 대만과의 관계를 어떻게 할 것인가라는 인식을 갖고, 대만과 얽힌 것이 전혀 없는 자신이 해결해야 한다는 의욕을 갖고 있었다. 후루이는 포스트 사토가 다나카 가쿠에이의 정권이 되는 것을 간파해 오히라에게 외상이 되면 뒷받침하도록 미리 손을 써서 부탁해 두었다. 오히라는 왕에 대해서 "중국을 유일한 정통 정부로 인정해 향후 대만문제를 처리하고 국교회복에 전력을 다할 것이다"라고 말했다(《중·일 교류와 자민당 영수들》).

미야자와 기이치의 예언

이케다의 또 다른 제자로서 오히라처럼 후에 수상이 되는 미야자와 기이치의 중국관은 이케다 이상으로 명쾌했다. 사토 시대인 1965년 《사회당과의 대화》(고단샤)에는 의미심장한 이야기가 나온다. 미국 국무장관 러스크가 미야자와를 향해, 소련에 비해 "중공은 한국전쟁

이래 극히 호전적이며 난폭한 아이니까, 이것은 응징하지 않으면 안 된다"라고 말했다. 이것에 대해서 "아무래도 그 방법에는 덜레스 이래의 미국민에 대한 교육에 다분히 감정적 요소가 있어, 우리 일본인의 전통적인 중국대륙에 대한 감각과 맞지 않는 점이 있다. 또 만일 미국이 말하는 대로 중공이 '호전적'이라고 해도 중공을 영원히 '소외'시키는 것이 과연 현명한 것인가"라고 말하였다. 요시다의 측근이었던 시라스 지로와 같은 인식이다.

중·소 밀월이 길게 지속되지 않을 것을 예언한 것은 요시다였지만, 미야자와는 같은 견해를 계승한 뒤 "애당초 맑시즘과 같은 시시한 생각을, 영리한 중국 인민이 정말로 신봉하는지 어떤지 나는 의문이다. 나의 생각이 맞을지 지금부터 30년이나 50년 지나면 분명히 역사가 증명해 준다"고까지 쓰고 있다.

이 책 출판으로부터 30년 이상 경과한 1997년, 헌법제정 50년을 기념해 〈아사히신문〉이 미야자와와 나카소네 야스히로의 대담을 기획했다. 사회를 맡은 나는 이야기가 중국에 이르렀을 때 "중국인이 언제까지나 맑시즘을 믿을 리가 없다"라는 미야자와 씨의 예언을 들어 재차 그 후의 중국에 관해 물어보았다. 다음은 그때의 미야자와의 대답이다(《헌법대논쟁 개헌 대 호헌》, 아사히 문고, 2000년).

> "생활수준이 높아지면 민주주의가 될 것이라고 클린턴(당시의 미 대통령) 등이 나에게 말합니다만, 나는 별로 신빙성이 없다고 생각합니다. … 결국 중국인 누구나가 경제적 번영에는 관심을 가질 것이지만, 대의정체(代議政體)를 고친다는 것은 중국의 역사에 없습니다. 헌법에는 분명하게 공산국가로 갈 것이며, 맑시즘이 뿌리이며 마오쩌둥주의가 줄기라고 쓰여 있기 때문에 아무리 경제가 발전해도, 이른바 서양류의 민주주의가 될지는 알 수 없습니다. 권위정체(權威政體)로 계속될 가능성이 크겠지요. 그에 대해 국민은, 정부는 방해하지 않으면 좋고 자신의 비즈니스가 잘 되면 그만이다고 할 것입니다. 그런 것이 계속되지 않을까요?"

경제적으로는 보기 좋게 예언은 맞았지만 정치적으로는 맑시즘을 버리지 않을 것이라는 진단이다. 군(軍)도 정치에 참가하기 때문에 중국의 정치는 아무래도 투명성이 부족하다. 그러한 나라가 수십억의 인구를 가지고 일본의 근처에 존재한다는 것이 불안 아니냐고 지적하자, 미야자와는 "그렇기에 일본과 미국과 중국의 대화가 항상 소중한 일이라고 나는 생각한다"라는 것이었다.

미국의 중국관과 달리 중국혁명을 공산주의보다 오히려 '민족주의'에 맞추어 본 것은 일본의 보수 정치가에게 거의 일치한 관점이다. 하지만 마쓰무라가 그것을 메이지 유신과의 대비로 감상적으로 파악하고 기시가 "민족주의를 이용해 아시아를 석권하려고 한다"고 경계했는데, 요시다의 계보는 대체로 "민족주의는 일시적 형태에 지나지 않는다"라고 냉정하게 보고 있었다는 것이다.

'아시아촌(村)'의 사상 — 다나카 가쿠에이

요시다 직계와는 다르지만 중·일 국교정상화의 주역이 된 다나카 가쿠에이의 중국관도 기본적으로 요시다 계보에 속하고 있었다. 아니 현실 정치가의 극한이라고도 해야 할 다나카에게는 보다 '몰(沒)이데올로기'적 관찰이 두드러진다.

다나카의 수상 비서관을 한 고(故) 하야사카에게 물어보았던 적이 있다. 하야사카는 다나카가 자민당 총재가 된 직후 "드디어 물이 가득 찼다. 나는 단번에 중·일 국교로 간다"고 의욕 넘치게 다음과 같이 덧붙이는 것을 잊지 않는다고 했다.

> "마오쩌둥과 저우언라이는 빨갱이〔赤〕이다. 그러나 그들은 창업자이다. 사선을 몇십 회 넘고 아수라장을 몇백 번 빠져나와 살아난 무리다. 그 큰 나라를 통솔해 하나로 통일한 실적은 이만저만한 게 아니다. 저 나라를 꾸려나가기

> 위해서 일본으로부터 무엇을 해야 할까 계산할 수 있을 것이다. 미・일 안보는 그대로 좋고, 대만과는 끊기만 하면 배상은 필요 없다고 한다. 그 두 명을 신용하고 단번에 국교한다."

다나카는 "배상 포기를 밝힌 중국에 막대한 무상원조를 아낌없이 쏟아 넣어야 한다"고도 말했다. 하야사카에게는 "텔레비전을 천만 대 보내 주어 베이징의 온 마을에 안테나를 세운다. 거기에 강력한 전파를 일본에서 보내, 고속도로나 도요타 공장, 거기에 미니스커트 아가씨도 비추면 된다. 그렇게 하면 공산주의는 무너지고 말거야"라고 농반진반으로 이야기했다. 다나카는 후에 금권주의로 실각하지만 이것은 그야말로 다나카다운 말이 아닌가.

후에 후쿠다 정권에서 중・일 평화우호조약이 맺어지고 덩샤오핑이 일본을 방문, 록히드 사건의 피고인이 되어버린 다나카 자택을 방문한 적이 있었다. 하야사카에 의하면 이때 다나카는 덩샤오핑에 대해서 "미안하지만 중국은 공산주의라 하지만 나는 편의적 공산주의라고 생각한다. 큰 나라를 다스리기 위해서는 공산주의라는 큰 글자를 둘러쓰고 있는 것이겠지만 꽤 힘들겠지요"라고 했다. 그 말에 덩샤오핑은 손뼉을 치고 기뻐하더라고 한다.

다나카는 이때 다음과 같이 충고했다. 중국이 선전〔深圳〕에 경제특구를 마련하기 8개월 전의 일이었다.

> "돈이 필요하고 힘들겠지만, 일본이나 외국 돈은 금리가 비싸기 때문에 빌리지 않는 것이 좋다. 화교는 세계각국에 있는데, 연어가 다시 강으로 되돌아가듯이 누구든지 고향에 금의환향하고 싶은 귀소본능이 있다. 중국에도 홍콩과 같은 자유항을 만들면 좋다. 화교가 돈을 가지고 돌아오기 쉽게 하면 된다."

그러고 보면 이시바시 단잔의 제자뻘인 이시다 히로히데〔石田博

英]는 국교회복 전 자주 "중·일이 국교를 회복했을 때 곤란한 쪽은 중국이다"라고 하였다. "왜냐하면 일본인이 중국을 부럽다고 생각하는 이상으로, 중국인은 일본의 자유라든지 풍족한 생활에 끌리기 때문이다. 공산주의를 필요 이상으로 무서워하는 것은 완전히 난센스다. 차라리 중국인을 버스로 일본에서 단체관광시키면 된다"라고 한다. 이시다의 비서를 하던 다나카 슈세이(후의 신당사키가케 국회의원)가 이시다의 수상록 해설에서 그렇게 쓰고 있다.

다나카 가쿠에이의 중국관의 또 한 가지 특색은 '아시아촌'이라고 말할 수 있는 공동체 의식이다. 에치고〔越後, 지금의 니가타현〕의 눈 많은 시골에서 상경한 다나카가 일관해서 "겉 일본"(태평양연안지역)에 대한 "속 일본"(니가타현 등 개발에 소외된 동해연안지역)의 개발에 노력한 것은 유명하지만, 다나카의 아시아관에는 어딘가 이것을 닮은 데가 있다. 하야사카에 의하면 다나카는 아시아를 '마을'(村社會)에 비유하는 일이 있었다. "자신(일본)만이 부자가 되어 성과 같은 큰 집에 살며 사치해도, 주위 마을사람들은 매일 끼니에 어려움을 느끼는 가난한 생활이라면 마을의 평안은 없다"는 것이다.

"미·일 기축(基軸)"이라는 요시다 시게루 이래의 기본노선은 조금도 의심하지 않는 다나카였지만, 구미라는 '겉'(表)에 대한 '속'(裏)의 아시아에 '에치고'를 겹쳐 맞추었다고 해도 이상하지는 않다. 국교정상화 전 다나카는 자그마한 중·일 무역을 하던 인물에게 "중국을 상대로 탐욕스러운 일을 하지 마라. 중국은 가난하다. 오늘 밤 밥 한끼 먹는 데도 필사적이다. 부자한테 돈을 벌어라"고 충고했다고 한다. 여기에도 '속'의 친근감을 읽어낼 수 있다. 오늘날 아베 신조가 다나카 이래 "중·일 우호"의 자세에 비판을 던지지만, 거기에는 일본을 위협할 정도의 중국경제의 급진전이 배경에 있다. 다나카가 볼 수 없었던 시대의 도래이다.

실리를 제일로 하는 다나카의 머릿속에는 중국에서 개발되던 유전

(油田)에 대한 기대도 있었다. 미국 메이저에만 의지하지 않는 석유 자원 확보가 그것이다. 다나카는 1973년의 오일 쇼크를 기회로 미국의 어깨 너머로 자원외교를 아랍중심으로 전개하지만, 이러한 자원외교의 일단이 이미 중·일 국교에 나타나고 있었다.

거기에는 미·중 접근과 중·소 이반(離反)으로 아시아의 냉전구조가 크게 바뀌고 있다는 인식이 자리잡고 있었다. 하야사카는《정치가 다나카 가쿠에이》에 다음과 같이 쓰고 있다.

> "일본이 상대적 독자성을 회복해 평화롭게 살기 위한 전략을 발동할 수 있는 조건이 형성되었다. 평화적 질서의 확립, 지역간의 경제협력, 대화에 의한 분쟁의 해결이 새로운 아시아의 조류가 되었다. 이러한 시대의 변화를 다나카는 날카롭고 정확하게 파악하여 중·일 국교정상화를 실현해, 자원 내셔널리즘에 대한 자주·자원 외교를 적극적으로 펼쳐 간다. 다나카 외교는 이러한 시대적 배경에서 가능했다."

다나카는 이러한 독자적 자원외교를 펼쳐 미국이라는 "호랑이 꼬리"를 밟아버렸기 때문에, 그 보복으로 미국으로부터 록히드 사건이 표면화되었다는 설이 있다. 〈중앙공론〉 1976년 7월호에 "미국이라는 호랑이 꼬리를 밟은 다나카 가쿠에이", 8월호에 "베이징의 화려한 무대에서 다나카 가쿠에이는 무엇을 보았는가"를 쓴 것은 다하라 소이치로이다. 그 글에서는 다나카가 중·일 국교정상화 몇년 전에 "센카쿠 열도의 대륙붕 유전을 중국과 함께 개발하자"라고 하였다는 모로즈미 요시히코(전 통산사무차관)의 증언이 인용되고 있다. 놀란 모로즈미가 "국교회복도 없는데 너무 무리다"라고 대답하자, 다나카는 "베이징과 사이좋은 프랑스가 뒷공작을 하도록 하면 좋겠다. 그러기 위해서는 프랑스에 은혜를 베풀 필요가 있다"라며 즉시 프랑스와의 구체적 사업계획을 검토하도록 했다는 것이다.

중·일 국교정상화를 앞두고 재계의 '중국열'이 높아지던 것은 사실이다. "재계는 제품의 수출시장으로서 광대한 중국시장의 존재를 무시할 수 없게 되었다. 더하여 중국에서 대량으로 생산되는 석유, 제강용 원탄 등은 자원소국인 일본에게 큰 매력이다. 동남아시아와의 경제교류 확대에는 천6백만 명에 이르는 화교의 경제력도 무시할 수 없다. 이러한 문제를 해결해 일본경제를 본격적으로 국제화하기 위해서는, 중·일 간의 정치적 환경을 조정하는 것이 필요하다. 자본의 논리, 경제의 논리에 따라서 일본의 경제계는 정치의 활약을 강력히 요구하게 되었다. … 상인이나 은행가의 웃는 얼굴, 주판(계산용)만으로는 정치의 벽을 넘을 수 없었다"(《정치가 다나카 가쿠에이》). 요시다 이래의 과제가 이리하여 겨우 때를 맞은 것이었다.

1972년 9월, 격렬한 막바지 교섭이 끝나고 중·일 국교정상화를 이룬 다나카 가쿠에이 수상(오른쪽)과 저우언라이 수상(왼쪽). 마오쩌둥 주석은 "이제, 싸움은 끝났습니까"라고 말을 건넸다(사진 : 신화통신 넷 재팬).

10. 나카소네 야스히로의 복잡한 흉중

내셔널리스트답게 참배 나서다

그날은 숨막힐 듯이 무더운 여름이었다. 1985년 8월 12일 일본항공의 점보 제트기가 소식이 두절되고 이윽고 비행기가 군마현의 오스타카산에 추락했다는 사실이 알려졌다. 여름휴가가 한창인 때에 전대미문의 대규모 사고였으므로 신문사는 사회부를 중심으로 발칵 뒤집혔다. 나는 당시 내각담당의 일선 기자였는데, 수상관저에도 심상치 않은 긴장이 감돌고 있었던 것을 생생히 기억하고 있다.

하지만 수상관저를 담당하는 정치부 기자에게 이 여름의 "숨막힐 듯한 답답함"은 다른 데 있었다. 3일 후인 8월 15일 수상 나카소네가 각료들을 거느리고 단행한 야스쿠니 신사 공식참배이다. 제 1장의 "'이듬 해의 법칙' 뒤의 보이지 않는 손"에서 자세하게 서술한 것처럼, 전쟁 전의 야스쿠니 신사는 국가 신도(神道)의 상징적 존재이며 일본의 군국주의를 지탱해 온 종교시설이기도 했다. 전후에는 민간의 신사로서 남겨졌지만, 전통회귀를 요구하는 측은 야스쿠니 신사의 복권을 큰 목표로 삼아왔다.

8월 15일에 수상이 야스쿠니 신사에 참배한 것은 전후 30년에 해당하는 1975년, 미키 다케오가 최초였다. 정치기자가 되어 얼마 되지 않았던 나는 이른바 "총리 담당"으로서 수상의 동정을 살피는 날들이었지만, 10년 후의 나카소네와는 달리 미키가 이 문제에 관해서는 우울한 얼굴로 입이 무거웠던 것을 기억한다. 자민당을 지지하는 일본유족회 등 우파의 강력한 요망으로 마지못해 참배했기 때문일 것이다. 미키는 헌법상의 '정교분리'를 지키기 위해 '개인' 참배라고 강조했다. 하지만 다음 수상부터는 공용차를 이용하거나 공무원의 호위가 붙기도 하고 기록장에는 '내각총리대신'의 직함을 써 공사의 구별은 애매해진다. 그런데도 부조금은 공금으로 내지 않는 등 참배가 공적 행사가 되지 않도록 일정한 배려를 했다.

그런데 전후 40년을 기해 '공식참배'를 생각했던 것이 나카소네이다. '전후 정치의 총결산', '신(新)국가주의'를 슬로건으로 하던 나카소네의 대담한 결단이었다. 같은 시기, 방위비를 GNP의 1퍼센트 미만으로 한다는 미키 내각 이래의 제한을 없애려는 움직임도 겹쳐져 그 여름 관저는 유난히도 더웠다.

나카소네는 자서전《천지유정》(天地有情, 문예춘추, 1996년)에서 공식참배 이유에 대해 이렇게 말하고 있다.

> "야스쿠니 신사는 전쟁 전에는 국가기관으로, 신주(神主)는 대령급이었습니다. 그래서 전사하면 영령은 일단 야스쿠니 신사에 모두 모셔지고, 그런 뒤에 각자의 무덤에 돌아갑니다. 국가적으로 제도화되어 있었던 겁니다. 그러니까 전사했을 경우 그곳밖에 갈 곳이 없었던 겁니다. … 그런데 전쟁에 지고 맥아더가 와서 신도가 추방되고, 공식참배를 못하게 되었습니다. 이것은 국가가 영령에 대하여 계약을 위반하는 것입니다. 의무를 다하지 못하고 있는 것입니다. 맥아더의 점령중에야 어쩔 수 없었지만, 점령은 끝났으니까 총리대신은 어떤 이유를 붙여서라도 공식참배를 해야 합니다. … 나는 전쟁으로 부하와 남동생도 잃은 사람이기 때문에 이것은 하지 않으면 안 된다고 생각했습니다."

그러나 참배 전 나카소네에게서는 보다 강렬한 결의를 엿볼 수 있었다. 그는 참배 2주일여 전인 7월 27일 자민당 가루이자와 세미나에서 대연설을 토했다.

> "전전에는 황국사관(皇國史觀)이 있었다. 전쟁에 지면서 태평양전쟁 사관, 즉 도쿄재판 전쟁사관이 나왔다. 연합국의 법률로 일본을 피고로 삼고 문명·평화·인도의 이름으로 단죄했다. 이에 대해서는 역사가 궁극적으로 판정할 것이다. 그러나 전후에 일본은 뭐든지 나빴다는 자학적 사상이 있었다. 지금도 남아 있다. 일본의 잘못된 점을, 전전의 잘못된 점을 이야기하면 그것으로 충분하다고 생각하는 풍조가 있다. 나는 반대다. 이겨도 져도 국가이다. 영광과 오욕을 함께 받는 것이 국민이다. 오욕을 버리고 영광을 추구하며 나아가는 것이 국가이며 국민의 모습이다. 그러한 입장에서 일본의 과거 업적을 비판하고 일본의 아이덴티티를 확립할 필요가 있다"(《아사히 연감》, 1986년판).

지금 다시 읽어도 아베 신조를 압도하는 연설이다. 젊은 시절부터 자주헌법의 제정을 비원으로 삼아온 내셔널리스트의 본령 발휘에 다름 아니었다.

8월 15일 나카소네를 필두로 한 각료들의 야스쿠니 공식참배는 이상하게 고양된 분위기 속에서 이루어졌다. 다만 헌법과의 관계를 정리하기 위해 관방장관 주최의 유식자(有識者, 고사전례에 밝은 사람) 간담회를 마련하여 보고하도록 하는 방법을 사용했다. 종교색채를 엷게 하기 위해 "2례 2박수 1례"의 신도적 참배방식은 취하지 않고, 1례하는 것에 그친 것은 그 때문이다. '부조' 대신 '꽃값'을 공비로 지출한 것이 '공식참배'의 증거였다.

각료들도 각각 혼란스런 모습을 보였다. 포스트 나카소네를 노리던 대장상 다케시타 노보루〔竹下登〕는 사전 기자회견에서 "진심어린 참배를 하면 된다"라고 말해 공식참배에 구애받지 않는 자세를 보였다. 15일 오전 자민당의 "함께 야스쿠니 신사에 참배하는 모임"의 전직 회장으로서 멤버들과 참배를 마쳤다. 그런데 오후에 각료들이 집단 참배하기로 되어 있었던 사실을 나중에 알고 "나 혼자만 가지 않는 것도 이상하다"며 공식참배에 얼굴을 내밀었다. 하루에 두 번이나 한 참배에 다케시타는 스스로 "만화처럼 되어버렸군"이라며 쓴웃음을 지었다.

방위청 장관으로 첫 입각을 하였던 가토 고이치에게는 전후파의 온건 국회의원답게 저항감이 있었다. 고민한 끝에 방위청 장관의 입장 때문에 나카소네에 보조를 맞추었지만 그 길로 치도리가부치〔千鳥ヶ淵〕의 전몰자 묘지에도 참배해 야스쿠니 색채를 희석시키는 수를 부렸다. 나는 그러한 사이드 스토리를 모아 다음날 조간에 낸 것을 선명히 기억하고 있다.

이렇게 단행된 나카소네의 공식참배였지만 이것이 아시아 제국, 특히 중국의 예상 이상의 반발을 불러일으켰다. 중국 공산당 중앙기관지 〈인민일보〉는 참배 전 야스쿠니 신사에 대해 "메이지유신 이래 여러 전쟁으로 사망한 군인을 제사지내는 장소"이며, 1978년에 도조 히데키 등 A급 전범 처형자가 "순교자로서 제사지내졌다"고 지적했다. 그리고 실제로 공식참배가 행해지자 "아시아의 상처를 건드린다"며 격렬한 비판이 중국 각지에서 일어났다. 헌법과의 상충문제를 교묘한 트릭으로 피해가려고 한 나카소네였지만 중국의 반발은 예상을 넘는 것이어서 이듬해부터는 중지하지 않을 수 없게 되었다.

머쓱해진 참배 중지의 진상

나카소네 야스히로의 아시아 외교는 불가사의한 면이 있다. 원래 "반공 내셔널리스트"적 정서를 강하게 갖고, 야스쿠니 신사의 공식참배를 단행한 민족주의적 행동을 취하면서도 방향전환은 빨랐다.

그런 나카소네를 인터뷰하고, 특히 중국관을 자세하게 끄집어 낸 것이 요코야마 히로아키〔横山宏章〕의 《중·일의 장벽》(사이멀출판회, 1994년) 이다. 인터뷰는 1991년 11월에 이루어졌지만 흥미로운 내용이므로 그것을 통해 나카소네의 아시아관을 살펴보고자 한다.

나카소네는 샌프란시스코 강화조약에 의한 독립으로부터 얼마 되지 않은 1953년에 사회당의 마쓰마에 시게요시, 노농당의 구로다 히사오 등과 소련, 중국을 순방했다. 중국혁명 후 호아시 게이 등에 의한 일본인 최초의 중국 방문이 1952년의 일이었던 점을 생각하면, 이것은 매우 빠른 시기의 방중이며 중국에 대한 관심의 깊이를 엿보게 한다. 나카소네는 그후 '반소'의 언동을 계속 취하지만 "중국과 일본은 우호해야 한다"라는 결론에 이르렀다.

> "이웃나라이자 유라시아 대륙의 가장 큰 나라인 중국과 비정상적 관계로 지내면 안 된다. 대만의 장제스 총통 문제도 있지만 그것은 중국 내정문제이며, 두 개의 중국은 취하지 않는다는 것을 분명히 의식하고 그러한 선에서 해왔다. 중국은 그러한 우리의 행동을 알고 있으리라고 생각한다. 특히 나는 마쓰무라, 다카사키와는 깊게 사귀고 있었으니까."

다카사키 다쓰노스케나 마쓰무라 겐조의 총애를 받아 정치적으로 가까운 입장이어서 그 영향을 받고 있었던 것은 분명하다. 나카소네는 다나카 정권이 생길 때 "중·일 국교회복은 해야 마땅한 것이라는 조건을 붙이고 다나카를 응원했다"고 한다. 그러나 이것은 조금 겉치레로 실제로는 다나카로부터 거액의 자금이 돌았기 때문이 아닐까라는 의혹이 있었다. 나카소네는 록히드 사건을 둘러싸고 국회 증인석에 불려 나갔을 때, 의혹을 부정한 뒤 다나카 지지이유에 대해서는 "마쓰무라 선생님에 대한 보은의 하나로서 중·일 국교회복을 하려는 일념에 불탔다"는 취지를 진술했다.

무엇보다 마쓰무라의 직계로 일찍이 나카소네파에 속했던 다가와 세이치에 의하면 진실은 약간 달라 보인다. 나카소네가 수상이 된 직후, 신자유클럽 대표였던 다가와가 중의원 본회의에서의 질문에서 "마쓰무라의 보은"이라는 나카소네의 발언을 비난의 표적으로 삼아 연단에서 나카소네를 비판했던 적이 있었다.

"(나카소네파 중에서) 다나카 지지의 이유가 중 · 일 복교이기 때문이라든지, 마쓰무라 선생님의 은의에 보답하기 위해라든지, 그런 이야기는 한번도 없었다."

"오히려 당시의 나카소네파는 대만을 옹호하는 사람들이 적지 않고, 나카소네파 중에서 중국문제를 논의하려고 하면 파벌이 공중분해될 수도 있는 염려도 있었기 때문에 이 문제는 논의하는 것이 터부시됐던 게 아닌가?"

이에 대해서는 나카소네도 놀랐다. 자신은 마쓰무라와 친했고, 마쓰무라가 노구를 이끌고 중 · 일 국교의 타개에 생애를 바치는 모습을 보고 정말로 존경하고 있었다고 하면서 반론했다.

여하튼 나카소네는 다나카 정권 때 통산상(通産相, 통산성 대신)이 되고 방중(訪中) 도중에는 저우언라이와 차분히 논의를 주고받는 등 중국과의 교분을 깊게 해갔다. 나카소네는 이때 저우언라이가 "이 사람은 반드시 총리가 될 사람이다"라고 부인에게 흘렸다는 이야기를 나중에 들었다면서, "중국에서는 비교적 나카소네라는 사람은 중국에게는 좋은 자다, 적이 아니다라는 평가였던 것 같다"고 자평하였다.

그 후에도 방중하여 덩샤오핑으로부터 "다음 시대는 이들이 담당할 것이다"라는 말과 함께 후야오방〔胡耀邦〕과 자오쯔양〔趙紫陽〕을 소개받았다. 그들은 후의 총서기와 수상이다. 나카소네 정권 시대에 파트너가 된 것은 총서기로서 절정기를 맞이한 후야오방이었다. 정상끼리의 우정을 중시하는 나카소네는 "우선 한국과 냉각된 관계를 바로잡고, 미국과 확실히 손을 잡으며, 중국과 우호친선 선린관계를 확립하는 순서로 해야 한다"며 한국의 전두환, 미국의 레이건, 그리고 후야오방과 잇달아 "개인적 친밀감"을 만들어 갔다.

그토록 야단법석으로 공식참배를 단행했던 나카소네가 국내 우파의 강한 반발을 뒤전으로, 왜 그렇게 쉽게 "중국의 압력"에 무릎을 꿇었던 것일까. 그것이 요코야마 인터뷰의 핵심이었다. 이것은 후에 책 《천지유정》 등에서 스스로 말하는 것이지만, 나카소네는 중국에서의 나카소네 비판이 실은 후야오방 축출 움직임으로 이어지고 있다고 보았다는 것이다. 나카소네의 파트너로서 대담한 '자유화'나 '친일'이 두드러진 후야오방에 대해 중국 내 보수파로부터 지나치다는 비판이 일어나고 있었다.

어떻게든 참배를 계속할 수 없을까 하고 다음해 여름에 방중한 게이단렌〔經團連〕 회장 이나야마 요시히로에게 은밀히 타진해 보았더니, 귀국하는 날 아침 후야오방의 측근이 호텔에 와서 "참배는 매우 좋지 않은 결과를 부르기 때문에 말려달라"라고 심각한 얼굴로 말했다고 한다. 나카소네는 "보수파와의 관계 때문에 야스쿠니 신사 참배를 강행하면 후야오방과 자신들이 위험해진다고 생각해서 찾아온 것이다. 그러한 상황 속에서는 그만두는 편이 좋다고 생각해 다음해 야스쿠니 신사 참배는 그만두었다"고 이야기하고 있다.

"전후 40년"에 고양되어 국내의 "유족과 영령"을 의식한 나머지 우려되었던 중국 등 아시아의 반응을 오판한 실수를 반성하기는커녕 중국의 권력투쟁에 덮어씌우고 있는 느낌을 지울 수 없다.

국제주의와 애국주의

나카소네는 다음 해 야스쿠니 참배를 미련 없이 접었다. 자민당 우파의 반발은 강했지만, 요코야마 인터뷰에서 "이제 중국관계가 악화되는 것만은 막아야 한다. 나는 자민당의 뜻을 받들어 참배했지만 국가의 이익까지 해친다면 영령들이 기뻐하지 않을 것이다"라고 당당하게 말했다. 사실 나카소네는 다음 1986년 9월에 중의원 본회의에서 사회당 위원장이었던 도이 다카코의 질문에 대해서 다음과 같이 답했다.

> "국제관계에서는 일본만의 생각이 통용된다고 생각하면 잘못된 것이며 일방통행이라는 것은 위험하다. 특히 아시아 국가들의 국민감정도 생각해서 국

제적으로 통용되는 상식 혹은 통념에 의해서 정책이라는 것을 실시하는 것이 맞다. 그것이 종국적으로는 국익을 지키는 길과도 통할 것이라고 생각한다. 아시아로부터 일본이 고립되었을 경우 과연 아시아를 위해서 제일선에서 전사하였던 그 장병들이, 영령들이 기뻐할 것인가. 영령들도 이해해 주지 않을까 생각한다. 일본이 아시아로부터 고립되면 기뻐하는 나라는 어떤 나라인지, 그러한 점도 외교전략으로 또 생각할 필요가 있어, 이른바 국드 전반을 생각해 또 일본의 국제적 명예를 확보한다는 면에서도 일본은 민주주의에 따른 올바른 반성력도 있다는 것을 국제적으로 나타낼 필요도 있다고 생각한다(박수).

역시 민주주의의 가장 큰 장점은 반성할 줄 아는 힘이며 억제력이라고 나는 생각한다. 그러한 생각에서 야스쿠니 신사 문제를 처리한 것이다. 앞으로도 이와 같이 국제관계를 양호하게 유지하는 것으로써 책임을 다하고자 한다."

과연 이것이 1년 전에 가루이자와 세미나에서 연설했던 인물과 같은 인물인가 라고 눈을 씻고 살펴볼 정도다. 내셔널리스트 나카소네도 일본이 국제국가로서 살아가기 위해 중국과의 관계가 소중하다는 것을 잘 알고 있었다. "우익은 모두 야유하거나 편지를 보내오거나 항의하러 오기도 했다"면서, 특히 순수 우익으로서 영향력이 있는 다이토주쿠〔大東塾〕를 달래기 위해 온갖 방법을 다 썼던 일들을 술회하고 있다.

그러고 보면 나카소네의 복잡한 심중은 다음 에피소드에도 나타나고 있다. 1956년 하토야마 이치로의 퇴진 후 자민당 총재선거에서 나카소네는 자신이 속한 고노 이치로파가 미는 기시 노부스케에 투표하지 않고 이시바시 단잔에 한 표를 넣었다. 기시를 순조롭게 수상으로 밀어올려 전쟁 책임을 면책케 하는 것에 망설여졌다고 하니 단순한 우파와는 차이가 난다.

야스쿠니 신사의 A급 전범에 대해서는 분사(分祀)를 주장하는 나카소네지만, 자신의 공식참배 전후에 '분사'를 야스쿠니 신사나 전범의 유족들에게 제의한 것에 대해서는 침묵을 지킨다. 앞서 언급한 미야자와와의 대담에서는 저자의 질문에 대해서 "A급 전범이 거기에 모셔지고 있는 것을 나는 몰랐다. (중국이) 그런 말을 하는 것을 듣고 합사 사실을 알았다"고 대답했지만 진실이 아닐 것이다. 나카소네의 측근이었던 노다 다케시가 이 문제로 사전에 방중하고 이해를 요구했지만 잘되지 않았다고 분명히 말하고 있다. 제1장 "내셔널리즘의 복권"에서 소개한 대로다.

헌법개정 등을 목표로 한 단체 "일본을 지키는 국민회의"(대표 마유즈미 도시로)가 편찬한 일본사 교과서 《신편 일본사》 문제가 발생한 것은 공식참배를 보류한 1986년이었다. 과거의 전쟁에 대해 일본의 가해책임이 가능한 한 겉으로 드러나지 않도록 고려한 이 교과서는 예를 들면, 전쟁 전의 '교육칙어'에 대해 "일본 고래의 국가관과 인륜도덕을 융합한 국민도덕의 가르침"으로 "여러 나라에도 널리 소개되어 높은 평가를 받았다"고 기술하는 등 다른 역사교과서와는 현저하게 다른 톤으로 나갔다. 2001년에 채택된 "새 역사교과서를 만드는 모임"의 교과서와 같은 뿌리이다.

이것이 보도되면서 한국과 중국을 비롯해 동남아시아 국가들로부터 "침략전쟁을 미화하고 있다"는 비판이 일었다. 중국에서의 '난징대학살'을 '난징사건'이라고만 기술한 점, 한국에서는 일본이 강권적으로 한국의 외교권을 빼앗은 한일보호조약에 대해 "(외교권을) 접수해 보호국화했다"고 기술한 점 등이 간과할 수 없는 것이었다. 그래서 나카소네가 직접 나서서 "충분히 배려할 것"을 문부성에 지시했다. 중국이나 한국으로부터의 '수정 기술' 요구를 수용한 것이다.

그 일에 대해 요코야마 인터뷰에서 나카소네는 "나는 침략전쟁이라는 생각을 갖고 있었기 때문에 교과서에 대해서도 올바른 것은, 사실은 사실대로 쓰지 않으면 안 된다고 생각하여 오히려 문부성을 눌렀다", "나는 비교적 내셔널리스트로 인식되지만 그러나 중·일 관계라는 면을 보면 일본인에게 빚이 많다. 기본적으로 침략전쟁이라고 나는 규정하고 있을 정도이니까"라고 대답했다. 나카소네는 확실히 국회에서 중국과의 전쟁을 "침략적 사실이 있었다"고 발언한 최초의 수상이었다.

그런데 전에도 쓴 것처럼 나카소네가 문부상 후지오 마사유키의 한국 자극 발언으로 새파래진 것은 《신편 일본사》의 개서를 명한 뒤의 일이었다. 나카소네는 "그(후지오)는 그러한 기질을 갖고 있다. 그 증거가 나왔으니 확신범이다. 확신범에게는 사표를 받는 수밖에는 없다"고 하여 경질했지만, 이때도 나카소네는 "내면의 민족주의"를 죽이고 "한일 우호"를 선택한 것이다.

나카소네는 "전후 40년"이나 쇼와천황의 "재위 60년"에 고양되면서도, 한편으로 주요국 정상회의에서 탁월한 국제국가 일본의 대(大)수상이 되고자 하는 의욕도 강했다. 이 모순이 더러 표면화되지만 결론적으로 나카소네는 '국제화'의 길을 선택한 셈이 된다. 그것은 민족주의자 나카소네의 아이러니였다.

미야자와와의 대담 "헌법 대논쟁"에서, 저자는 나카소네의 중국관을 들을 기회가 있었는데, 그는 "중국의 앞날에 대해 그다지 불안하다든가 위험시하고 있지 않다"고 단언했다.

역사를 보면 '중화사상'에 따라 주변국에 조공을 시키지만, 유럽식의 군사적 패권주의, 팽창주의는 취하지 않고 자연스럽게 주위를 따르게 하는 방식이었다는 것이다. 장래의 변화에 대해서는 공산당 지배가 언제까지 계속될지 알 수 없다면서, 머지않아 중국도 G9이 되어 책임도 따를지 모른다고 기대를 보이고 있다. 대만만 독립하려는 움직임을 보이지 않으면 공존이 계속된다고 보고, 일본도 대만과 현상유지를 계속해 나가면 "미 · 중 · 일 관계는 다소의 굴곡은 있을지 몰라도 비교적 평화롭게 나아가고, 발전 협력의 방향으로 갈 것이다"라고 낙관적이었다.

제 1장에서 쓴 것처럼 고이즈미 준이치로는 야스쿠니 참배를 계속 함으로써 나카소네를 넘어서려고 했는지 모른다. 2005년 말 나는 나카소네를 만났을 때 고이즈미의 참배에 대해 물었다. "고이즈미 군에게는 외교전략이 없는 것 같다. 아시아와의 관계를 굳건히 하지 않으면 진짜 외교는 되지 않는다"고 비판했다.

나카소네는 야스쿠니 참배 단념이라는 과거의 상처에 소금을 끼얹는 쓰라린 느낌을 받은 것은 아닐까.

1986년 9월, 전두환 대통령(오른쪽)을 방문해 "후지오 발언"을 사과한 나카소네 수상. 야스쿠니 신사 공식참배를 한 다음 해의 사건이었다(사진 : 아사히신문사).

11. 한일조약에의 험난한 길

이승만의 반일(反日) 깃발

전후 50년 국회 결의를 둘러싸고 옥신각신하던 1995년 6월은 한일기본조약도 체결 30주년이라는 의미가 깊었다. 그래서 오랜만에 한국을 방문했을 때 서울에서 나를 맞이한 것은 일본문화원 화염병 투척 소식이었다. 전 외상 와타나베 미치오〔渡邊美智雄〕가 "한일합방은 원만하게 이루어졌다"고 말하고, 국회 결의에 '침략'이나 "식민지 지배"의 내용을 포함시키는 데 반대했다. 이 뉴스가 한국의 '반일'(反日)에 불을 붙여 학생들의 과격한 행동으로 이어진 것이다. 기나긴 한·일 관계로부터 치면 놀라운 일도 아니지만, 한일조약 30년이나 되어 또 이런 발언인가… 하고 개탄하지 않을 수 없었다.

10여 년 전에 서울에 유학하던 때 교과서 검정 사건을 둘러싸고 격렬한 '반일'을 체험한 적이 있는 저자이지만 와타나베 발언에 수십 년 세월이 멎어 있는 듯한 느낌이 들었다. 1950년대의 한일교섭의 파란이 생각났다.

일본의 식민지 지배를 청산하고 한·일의 새로운 국고를 열자고 했던 이 교섭은 샌프란시스코 강화조약 뒤 곧바로 시작되었다. 그러나 일본은 수상 요시다 시게루를 선두로 식민지 지배를 합리화하고 싶은 생각이 강했던 데 반해 식민지로부터의 독립을 이룬 한국은 국가건설에 대한 고양감과 반일감정이 넘치고 있었다. 이렇게 하여 양국의 국교정상화 교섭은 1951년의 예비회담 개시부터 타결까지 실로 15년 가까운 세월을 필요로 하게 되었다.

한국의 민족 혁명가이며 조선왕조와 일본 헌병에 의해 투옥돼 고문을 견뎌 낸 이승만은 1910년에 한일합방이 되자 하와이에 망명했고 후에 상하이에 만들어진 "대한민국 임시정부"의 대통령이 되었다. 1945년의 제2차 세계대전 종전 및 식민지 해방과 함께 35년 만에 서울로 돌아와 미국의 지지를 얻어 한국의 초대 대통령으로 취임했다.

이승만의 반일(反日)의식은 대통령이 되어서도 철저하였다. 한국전쟁이 한창인 때도 "일본군이 응원하러 오면 남북이 함께 쫓아낸다"고 말했다는 일화가 있다. 실화인지 아닌지는 불분명하지만 1952년 12월 3일의 〈아사히신문〉에 실린 서울발 AP통신에 의하면 미국의 NBC 방송 기자와의 회견에서 "만약 일본군이 한국에 오면 한국인과의 사이에 중대한 충돌이 일어나는 것은 불가피하다. 그렇게 되면 동아시아 정세에 험악한 영향을 미칠 것이므로 그것은 피하지 않으면 안 된다"고 말했다. 헌법으로 비무장화된 일본이 한국전쟁을 기화로 미국의 요청에 따라 경찰예비대를 만든 지 얼마 되지 않은 무렵의 일이었다.

이승만의 반일정책은 "어업자원의 보존"을 이유로 한 전관어로수역, 이른바 "이승만 라인(李라인)"의 선포에도 나타났다. 동해에서 이 라인 안에 들어온 일본 어선이 잇달아 나포되자 그것이 한국에 대한 일본의 반감을 증폭시키는 악순환이 계속되었다.

1953년 1월 이승만이 UN군 사령관 클라크의 초대로 도쿄를 방문했다. 역사적 일본 방문이었다. 비공식이지만 요시다 시게루와 첫 한일 정상회담도 했다. 이때 두 사람의 싸늘한 만남은 당시의 한·일 관계를 여실히 말해 준다. 이승만은 하네다 공항에 외상인 오카자키 가쓰오가 마중나와 있는 것을 보고 몹시 자존심이 상했다. "나는 일본의 초대를 받은 것이 아니기 때문에 차라리 마중 나오지 않는 것은 이해가 된다. 그러나 일국의 원수를 맞이한다면 요시다가 나오는 것이 당연하다"면서 그날 밤 요시다의 초대연을 거절해버렸다.

응대하는 요시다는 식민지 지배에 대한 속죄의식이 애시당초 희박한 데다 이승만의 '반일'을 전혀 이해할 수 없었다. 그리고 이승만이나 요시다도 자존심 세기로 둘째가라면 서러울 정도였다. 두 사람은 클라크의 관저에서 만나 "한일 국교정상화에 나설 용의 있다"라는 공동성명을 냈지만 회담은 어색한 분위기로 시종했다.

두 사람의 대화에는 유명한 에피소드가 있다. 요시다가 "지금도 조선에 호랑이가 있습니까?"라고 물었는데, 이승만은 "아니오, (도요토미 히데요시의 조선침략 때) 당신 나라의 가토 기요마사가 모두 잡아가 버려서 지금은 없습니다"라고 대답했다. 약간 창작된 이야기처럼 들리지만 실화라고 하니 두 사람의 썰렁한 표정이 눈에 잡힐 듯 다가온

1953년 1월, 이승만 대통령(오른쪽에서 세 번째)이 클라크 UN군 사령관 초대로 방일했다. 클라크 대장 관저에서 요시다 시게루 수상(오른쪽에서 네 번째)과 한 시간에 걸쳐 회담했다(사진 : 미군).

다. 요시다는 후에 “가장 싫은 정치가”로 자주 고노 이치로와 이승만의 이름을 들었다. 고노는 정적 하토야마 이치로의 측근으로 “요시다 타도”에 집념을 태운 정치가인데, 이승만도 고노와 같이 요시다의 자존심을 어지간히 건드렸음에 틀림없다.

구보타 망언으로 교섭 끊기다

요시다가 이승만을 싫어한 데는 식민지 지배에 대한 역사적 정당화 의식이 뿌리에 있었다. 그것은 후의 후지오 마사유키나 와타나베 미치오, 에토 다카미 등의 문제발언과도 통하는 것이지만 이 시기 일본인에게는 대체로 공통된 의식이 아니었을까. 그것이 한일교섭의 장에서 그대로 나타난 것이 “구보타 발언”이었다. 1953년 10월 제3차 한일교섭에서 일본 수석대표를 맡은 외교관 구보타 간이치로의 발언이다.

이 점에 대해서는 제3장의 “망언과 사죄의 정치사”에서 상술하겠지만, 한마디로 구보타는 “일본도 조선의 철도나 항구를 만들거나 농지를 조성하기도 했고, 대장성은 당시 많은 해에는 2천만 엔이나 조선에 내놓았다”고 말하고, 한국이 ‘배상’을 요구한다면 그것과 상쇄해야 한다고 반론했다. 나중에 불거진 “일본은 좋은 일도 했다”론의 원형이다. 나아가 구보타는 사견으로 일본이 병합하지 않았으면 “중국이나 러시아가 먹었을지도 모른다”고 했다. 이것도 나중에 말하는 정당화의 논리이다.

성난 한국 대표단은 일본의 조선통치가 없었으면 철도도 학교도 더 빨리 되어 있었을 것이라며 강하게 항의하고 자리에서 일어났다. 한국 매스컴도 크게 보도하고 국민적 규탄이 일어났지만, 일본에서는 외상 오카자키 가쓰오가 오히려 “당연한 일을 당연하게 말했을 뿐”이라고 변호했고, 국회에서도 “우리가 전혀 틀린 말을 한 것은 아니기 때문에 철회할 이유는 하나도 없다"고 보고했다. 이 시대 일본의 정치가가 이러한 의식이었기에 국내에서도 그것으로 통했다. 이리하여 교섭은 좌초되고 이후 4년 반의 긴 세월 동안 중단되었다.

구보타가 말하는 것처럼 조선의 근대화에 식민지시대가 해낸 역할은 결코 적지 않을 것이다. 또 한일합방에 이르는 과정에는 러시아와의 경쟁에 더해 한국에도 내분이 있어 일본이 거기에 비집고 들어간 사정도 있었다. 일본이 진출하지 않았다면 러시아나 중국이 대신해 진출했을 가능성도 또 부정할 수는 없을 것이다.

그러나 한일합방이 무력을 배경으로 한 협박에 의해서 강요된 것이며, 한국이 스스로 바란 것이 아니었던 것도 분명하다. 또 산업육성 등으로 근대화가 진행된 것은 확실하다 해도 자본재를 수탈해 조선의 자력에 의한 근대 자본주의의 육성을 막았다는 측면도 부인할 수 없다. "황민화(皇民化) 정책"에 의해서 일본의 문화, 언어, 이름, 종교까지 강요한 것, 또 강제성을 수반한 징용이나 종군위안부의 연행 등 이루 말할 수 없는 굴욕을 준 사실은 지울 수 없다. 지배를 받았던 한국에서는 그러한 굴욕감이 '반일'로 나타나 있었던 만큼 구보타 발언을 냉정하게 받아들일 수가 없었다. 구보타는 속으로 어떻게든 한국의 대일 청구권을 깎으려는 계산이었겠으나 그 발언은 한국민의 감정을 자극하는 '망언'(妄言)이라고 받아들여져도 어쩔 도리가 없었다.

같은 '망언'이 42년 후에 와타나베 미치오에 의해서 터뜨려진 가운데, 서울에 있던 나는 〈동아일보〉 사장 권오기(후의 부총리 겸 통일부 장관)를 방문했다. 일찍이 도쿄와 워싱턴 특파원을 경험했고, 한·일 관계의 기복도 잘 아는 한국의 대표적 지일파다. 일본의 정치나 한·일 관계에 대해서 자주 나에게 깊은 시사를 주는 저널리스트의 대선배이지만, 이때도 간결하고 귀중한 지적을 해주었다.

"한국의 '근대화'가 일본의 손으로 진행된 것은 사실이다. 그러나 그것은 한국인이 바라지 않는 강권적인 일본의 '제국주의'에 의해서 이루어졌다. 거기에 지금에 이르는 양 국민의 의식의 엇갈림이 있는 것은 아닌가" 하는 것이다. 근대화의 실적을 강조하고 싶어하는 일본과 제국주의 지배의 원한을 잊을 수 없는 한국의 불행한 엇갈림이다. 확실히 그것이 일본에서 "좋은 일도 했다"는 발언의 이면에 있는 갭이며, 예전부터 한일교섭의 장애물이기도 했다.

한일교섭은 중단된 채로 세월이 흘렀다. 이승만 라인에 의한 어선 나포도 계속되었다. 이대로는 안 된다며 일본에서도 구보타 발언을 수정하고 사죄하는 등 태도변화가 나타났다. 그리고 꼬일대로 꼬인 교섭을 재개시킨 것이 기시 노부스케였다. 제3장의 "추적 : 파묻혀버린 사죄 — 이토 히로부미의 과오"에서 자세하게 언급하지만, 이례적으로 특사도 보냈는데 이 작전은 성공하지 못했다. 이 시기에 구체화한 북한에의 재일 조선인 북송문제 등이 어두운 그림자를 드리웠던 것이다.

1958년 6월 제네바에서의 북·일 적십자 교섭이 타결되고, 이 문제에 열심이었던 외상 후지야마 아이이치로의 지시에 따라 북송(北送)이 이루어지게 되었다. 이승만은 이에 격노해 한일 무역을 중단시키는 등 다시 험악한 관계로 되돌아 가버린다. 식민지 지배의 역사를 짊어진다는 의미에서는 일본정부로서도 북한의 존재나 재일 조선인의 실정을 경시할 수 없었지만, 그것은 한일 양국의 갈등(뒤틀림)을 확대한 요인이 되었다.

박정희의 합리주의와 미국의 종용

기시는 1960년 6월 격렬한 안보소동 뒤에 퇴진해 과제는 이케다 하야토 정권에 넘겨졌다. 그리고 1961년 한일을 둘러싼 상황에 극적인 변화가 왔다. 한국의 학생혁명(1960)으로 이승만 정권이 무너지고, 이어진 군사혁명으로 박정희가 국가재건최고회의 의장으로 등장한 것이다. 후에 대통령이 되는 박정희는 중요 과제로서 갠 먼저 "한일 국교정상화"를 내걸어 일본에 적극적으로 접근하기 시작했다.

전 국회의원 후지타 요시로의 《기록 시나 에쓰사부로》(記錄 椎名悅三郞, 椎名悅三郞 추도록 간행회, 1982년)에 의하면, 박정희의 처남인 육인수는 박정희의 이 같은 판단에 대해 이렇게 증언하고 있다.

> "〔혁명의〕 목표는 북의 위협에 대한 군사적 측면과 한국의 경제부흥, 빈곤타개에 있었습니다. … 한국은 두 개의 적을 갖고 있습니다. 하나는 북한 공산주의, 또 하나는 국민의 반일감정이라는 대일 적대의식입니다. '양쪽에 적을 가지고 어디에 한국이 설 자리가 있을까'라는 생각이었습니다. 무엇보다도 자금이 필요한데 미국이 도와준다고 하더라도 증액해 주는 것은 아닙니다. 그런데 일본에는 교섭으로 당당히 받을 돈이 있지 아니한가, 그것을 반일감정이라든지 국욕(國辱)이라고 하여 한일교섭을 깨뜨리는 것은 엄청난 국가적 손실이라는 것을, 그(박정희)는 항상 생각했습니다. … 그 때문에 제 2의 '이완용'(한일합방에 응한 한국의 수상)이라며 대단히 심한 공격을 받았습니다."

한편 이케다 하야토의 수석 비서관이었던 이토 마사야의 《이케다 하야토와 그 시대》에 의하면, 이케다가 한일문제에 진지하게 임하려고 결심한 것은 1961년 6월의 방미(訪美)가 계기였다고 한다. 케네디 대통령으로부터 시사를 받았던 것이다. 이토는 그 내용에 대해 "한국의 경제가 일본의 협력에 의해서 부흥한다면, 지금까지의 불안정한 정황도 안정되지 않겠는가. 미국은 아무리 돈을 투자해도, 그것이 부패의 촉진제가 되어버리는 것에 속을 태우고 있어 이케다에게 협력을 요청한 것일 것이다"라고 추측하고 있다. 베트남전쟁의 수렁에 빠져가던 미국이 '한·미·일'의 연대 강화를 바라던 것도 사실이다. 베트남에 참전하고 있는 한국과 후방기지의 일본이 계속해서 화해하지 않고 싸우는 것에 대해 미국은 초조해지고 있었다.

같은 해 11월 박정희가 케네디의 초청으로 방미하게 되고, 이에 앞서 일본 방문이 결정되었다. 한・미・일의 움직임이 갑자기 빨라지게 되었다. 대통령에 앞서 측근인 김종필이 일본을 방문해 이케다 등과 정력적으로 회담했다. 11월 1일에는 미국으로부터 국무장관 러스크가 미・일 경제합동위원회의 출석을 위해서 일본을 방문하고, 이케다와의 회담에서 한국에 대해서도 의견을 교환했다. 《기록 시나 에쓰사부로》에 의하면, 러스크는 "베트남은 위험한 상태에 있어 한국에서 문제가 발생하면 미국의 위신과 관계된다"고 하면서 악화되는 한국경제의 재건을 위해서도 이케다에게 한일교섭 타결을 강하게 촉구했다.

러스크는 그 길로 서울을 방문해 한국 수뇌들과 회담했다. 이러한 사전정지작업을 거쳐 11월 11일에 일본을 방문한 박정희는, 이케다와의 회담에서 교섭의 조기타결을 확인하고 14일에 워싱턴에 들어갔다. 케네디 정권은 박정희를 강력하게 뒷받침해, 한・미 정상의 공동성명에는 "미국은 한일교섭이 원활히 진전되어 한・일 우호관계가 수립되는 것을 희망한다"는 문구가 들어갔다(《기록 시나 에쓰사부로》).

박정희는 원래 일본 육군사관학교를 나온 군인이며 이승만의 '반일'과는 다른 감각을 갖고 있었다. 과잉 이데올로기보다 군인적 합리주의로부터 "일본의 효용"을 생각한 면도 있다. 박정희의 등장을 일본의 정치가가 환영한 것은 당연하지만, 흥미로운 것은 이것에 대응하도록 이케다가 기시와는 달리 철저히 경제주의에 입각해 한・일 협력의 의의를 파악했다는 사실이다.

《이케다 하야토와 그 시대》에 의하면, 이케다는 한・일이 군사문제가 되는 것을 극력 피하려 했지만, 그것은 단지 국내의 정쟁(政爭) 도구가 되는 것을 피할 뿐만 아니라 한국의 정국안정도 경제안정을 통해서만 도모될 수 있다고 생각했기 때문이었다.

사와다 가쓰미의 《'탈일'(脫日) 하는 한국》(유비키타스튜디오, 2006년)에 의하면 당시 기시 노부스케는 〈중앙공론〉(1962년 1월호)에서 다음과 같이 말하고 있다. 한일조약에 대한 당시 일본의 생각이 노골적으로 나타나 있으므로 인용하고자 한다.

> "혁명을 일으킨 박정희, 그리고 그의 무리가 하는 것은 어느 의미에서는 '자유 한국'을 지키는 '마지막 비장의 카드'다. … 그러한 상황에서 본다면 일본과 한국의 국교가 정상화되고 상당한 경제원조를 일본과 미국이 함께 해주어서 한국의 경제기반을 만들어 주지 않으면 안 된다. … 박 정권이 실패하면 큰일이다. 지금은 그렇게 도와주어야 할 시기이다. 다행히 군사정권이라서 박정희 등 소수의 지도자의 뜻대로 된다. 일본이 돈을 많이 준다한들 한국이 청구권 문제로 만족할 리는 없다. 따라서 어느 정도의 액수로 박정희를 납득시키면 저쪽은 국회도 없지만 만일 신문이 반대한다 해도 박정희는 그것을 막을 수 있기 때문에 가능한 것이다."

한국서도 일본서도 "한일조약 반대"

한일교섭의 쟁점이었던 대일청구권 문제는 경제협력의 형태로 처리(한국은 재산청구권에 의한 것이라고 해석)하는 것으로 되어 이케다의 측근이었던 대장상 오히라 마사요시가 박정희의 측근이었던 김종필(중앙정보부장)과 금액의 기본선을 정했다. 이른바 "김·오히라 메모"로 약속된 "무상 3억 달러, 유상 2억 달러, 플러스 알파(민간차관) 1억 달러"라는 틀이 그것이다. 이렇게 하여 국교정상화로 크게 나아가기 시작했지만, 한일 양국에서는 야당과 학생이 합세해 격렬한 반대운동을 펼쳤다.

양국에서의 반대논리는 완전히 다른 것이었다. 한국에서는 학생과 야당이 "한·일 관계의 정상화는 식민지시대 청산을 위한 사죄와 배상이 전제"라고 하면서 한국정부의 "굴욕 외교"를 그만두라며 격렬한 반대운동을 전개했다. 야당은 고액의 대일 청구권(예를 들면, 재산청구 15억 달러, 정신피해 배상 12억 달러)과 이승만 라인의 고수 등을 내걸었다. 한국의 대규모 학생데모는 1964년 3월 24일에 시작해 비상계엄령이 내릴 때까지 70일간 서울을 중심으로 단속적으로 거세게 일어났다. 여담이지만 2006년까지 서울시장을 지내고 2007년 야당의 대통령 후보가 된 이명박처럼 한일조약 반대투쟁으로 투옥된 경험의 소유자들이 세월이 흐르면서 각계에서 활약하게 된다. 일본의 안보세대와 같다.

한편 일본에서의 한일조약 반대운동은 사회당이나 일본노동조합총평의회, 학생들이 중심이 되었지만, 이유는 한국과 완전히 달랐다. ① 북한을 무시한 한국(사회당 등은 '남조선', '괴뢰정부'라고 불렀다)과의 국교수립은 한반도의 남북 분단을 고착시키는 것이다, ② 박정희 정권과의 교섭타결은 군사독재 지원이 된다, ③ 한·미·일 삼국의 군사동맹화를 지향한 조약은 극동의 평화에 대한 도전이다 등을 내걸었다. 한국에서의 반대론과는 대조적으로 과거의 식민지 지배에 명확한 선을 그어야 한다는 논의는 당시 전혀 없었다 해도 좋을 정도였다.

무엇보다 사회당의 반대도 겉과 속이 달랐던 것 같다. 당시 〈동아일보〉의 도쿄 특파원이었던 권오기는 《한국과 일본국》(아사히신문사, 2004년)에서 저자와 대담을 통해 외상이었던 오히라 마사요시로부터 당시 오프 더 레코드로 들었던 이야기를 소개하였다. 오히라는 "지금 거리에서 일본 사회당의 무리가 띠를 두르고 '한일회담 분쇄'라고 외치고 있습니다만, 권 선생은 저것이 진심이라고 생각합니까"라고 물었다고 한다. 권오기가 "어째서 그것을 거짓이라고 말할 수 있습니까"라고 되묻자 오히라는 이렇게 이야기했다는 것이다.

> "실은 나에게 '빨리 한일교섭을 타결해 주시오'라고 말하는 사회당 사람들이 많기 때문입니다. 한·일이 먼저 국교수립을 하지 않으면 북·일 국교도 할 수 없다는 것을 사회당의 모두는 잘 알고 있습니다. 사회당은 스스로 북·일 정상화를 하고 싶기 때문에 나에게 한·일 관계를 빨리 정리해 달라고 자주 말합니다."

그런데 오히라가 말한 것과 같은 사정이 있어서인지 수상 이케다는 야당이 내세우던 "분단 고정화론"에 대응하지 않았다. 이토 마사야에 의하면 이케다는 다음과 같이 생각했다고 한다. 이케다의 전망은 금방 들어맞지는 않았지만 요즈음의 정세를 볼 때 이것은 앞을 내다본 발상이었다고 할 만하다.

> "우선 한국경제를 부흥시키면 북쪽은 거기에 대응하여 따라올 것이다. 지금의 한국은 정확히 패전 후의 일본과 같이 황폐하다. 그러나 거기에는 근면하고 교육수준이 높은 뛰어난 노동력이 있다. 이것이 자본과 결부되면 반드시 번영할 것임에 틀림없다. 그리고 일본처럼 경제성장정책이 실현되면 동독으로부터 서독에 흘러드는 사람들이 많은 것처럼 북쪽에서 남쪽으로 이동이 일어날 것이다. 설사 그것이 생기지 않는다고 해도 북한은 그 강경한 전체주의 정책을 약화하지 않으면 안 되게 될 것이다"(《이케다 하야토와 그 시대》).

이케다는 얼마 후 병으로 퇴진해 한일교섭 마무리는 1964년 11월에 수상에 오른 사토 에이사쿠가 맡았다. 외상으로는 사토의 친형인 기시 노부스케의 오른팔이라 할 시나 에쓰사부로가 기용되었다. 시나는 1965년 2월 17일 서울을 방문해 김포공항에서 유명한 시나 성명서를 읽어 내린다. 양국간에 "불행한 시기"가 있었던 것은 "진심으로 유감"이며 "깊이 반성한다"라는 것이었다. 일본정부 요인의 입에서 나온 최초의 '사죄'(謝罪)였다. 이것이 한국에서 평가를 받아 단번에 교섭은 타결로 내닫게 되었다.

그 경위는 다음에 자세하게 말하기로 하고, 실제의 조약교섭에서는 식민지 지배의 부당성과 그 보상이라는 관점이 양국 정부의 입장 차이 때문에 지극히 애매하게 처리되었다. 1910년의 한일합방조약에 대해서, 한국은 "협박에 의한 조약이니까 당초부터 무효라고 해석해야 한다"는 입장이고, 일본은 "당시 국제법적으로 유효했다"면서 물러서지 않아 결국 "이미 무효로 인정한다"는 애매모호한 조문으로 타협됐다.

게다가 조약 조인에 임한 사토 에이사쿠의 담화는 "오래 전부터 상호관계의 역사를 갖고 있는 일의대수(一衣帶水)의 한일 양국이 각각의 입장을 존중하면서 선린우호의 길을 걷는 것은 지극히 당연한 일이며 …"라는 정도였다. 시나의 발언에서 볼 수 있었던 "불행한 과거"에 대한 '유감'도, '반성'도 모두 사라지고 없었다. 사죄는 시나 발언으로 끝났다는 생각이었을 것이다.

이와 같이 쌍방의 차이나 격렬한 반대데모에도 불구하고 양 정부가 서로 손을 잡은 것은 전적으로 "공산 위협"에 대한 전선정비를 위한 것이었으며 "일본의 지원에 의한 한국의 경제발전"의 필요성 때문이었다. 그리고 배후에 미국의 강한 종용이 있었던 것이 결정적 요인이었다.

시나의 사죄가 전략적이었던 것처럼 당시 대부분의 일본 정치가도 속으로는 식민지 지배를 정당화하고 싶은 생각에 변함이 없었을 것이다. 예를 들면, 7년 후에 수상이 된 다나카 가쿠에이도 1974년 1월 중의원 본회의의 답변에서 다음과 같이 대답했다.

> "일찍이 일본과 한반도의 합방시대가 길게 있었습니다만 그후 한국과 그 밖의 사람들에게 의견을 물어보면 긴 합방 역사 속에서 지금도 한국인의 마음 속에 자리잡고 있는 것은 일본은 김 재배양식을 가져와 가르쳤고, 일본의 교육제도 특히 의무교육제도는 지금도 적용해 나갈 수 있는 훌륭한 것이다(라고 말하는) 등 역시 경제적인 것보다 정신적인 것, 진짜 생활 속에 뿌리를 내린 것이 매우 중요하다는 것으로 …."

요즘이라면 도저히 묵과하지 못할 발언이지만 당시는 매스컴도 크게 다루지 않았고 한국의 눈에도 띄지 못해 그냥 지나갔다.

12. 군사정권하의 한·일 우호

'반공' 제휴로 묻어버린 '김대중 납치' 진상

한국의 군사독재 정권은 일본의 민주주의와 서로 양립되지는 않는다. 한편 식민지 지배를 정당화하는 일본의 역사인식은 한국에서는 허용될 수 없는 것이다.

앞에서 본 것처럼 그런 모순을 가지면서도 한일 양국은 '반공'(反共)과 경제적 이해로 손을 잡았다. 그런 만큼 때로는 그 모순이 분출되어 버린다. 김대중 납치사건은 그 같은 모순의 대표적 사례일 것이다.

충격적인 사건은 다나카 정권이 들어선 지 1년 후인 1973년 8월 8일에 일어났다. 1971년의 한국 대통령 선거에서 박정희를 근소한 표차로 궁지에 몰았던 "반체제 정치가" 김대중이 일본을 방문중 도쿄의 호텔에서 누군가에게 납치되었다. 한국 정보기관에 의한 '납치'였다. 김대중은 고베에서 배에 실려 출항해 부산에 상륙하였고, 도중에 바다로 내던져질 수도 있는 위험까지도 노출되었지만 사건을 눈치 챈 미국의 통보를 받은 자위대가 배를 추적해 조명탄을 투하하는 등 위협했기 때문에 범인들은 살해를 단념했다고 한다. 그리고 사건발생 5일 후 김대중은 서울의 자택 근처에 내던져져 자유의 몸이 되었다. 스파이 영화를 압도하는 극적인 전개였다.

경시청은 현장에서 한국대사관의 중앙정보부(KCIA) 요원인 김동운 일등 서기관의 지문을 검출하고 출두를 요구했지만 김동운은 외교특권을 내걸어 귀국해버렸다. 일본 내에서는 "공권력에 의한 주권침해가 분명하다"면서 한국정부를 비난하는 여론이 높아졌다. 군사독재 정권이기에 가능한 폭거(暴擧)라고 받아들인 것은 당연했다.

일본정부가 한국정부에 수사의 협력과 진상규명을 요구하자 한국정부는 저항하면서도 김동운을 면직시키는 등으로 결말을 내고자 했다. 그리고 사건 3개월 후인 11월 2일 김종필 총리가 일본을 방문해 수상관저에서 다나카 가쿠에이를 만난다. 김종필은 "커다란 폐를 끼쳐 유감스럽게 생각한다"고 사죄, 다나카가 이것을 받아들여 일단 정치결착이 이루어졌다. 한·일 양 정부에 의한 "흐지부지한 결탁"이었지만, 그 회담내용을 기록한 외교문서가 2006년 2월 한국정부에 의해서 밝혀졌다.

이에 따르면 회담 벽두에 다나카가 "수사의 진전상황을 알고 싶다", "공권력의 개입이 판명되면 재차 문제를 제기하지 않을 수 없다"고 추궁하자, 김종필이 "그것은 반드시 일본이 그렇게 한다는 것인가, 아니면 표면적으로 일단 이야기를 해 둔다는 것인가"라고 진의를 탐색한다. 그러자 다나카는 '표면적으로서'라고 응했다. 더욱이 다나카는 "김대중 씨가 다시 일본에 오는 것 같은 정치적 센스가 없는 사람이라면 장래성도 없다. 오지 않았으면 한다"고 하여 원상회복을 요구하는 일본 수사당국과는 다른 본심을 전한다. 일본의 수사 속행에 대해서도 "표면적으로는 그렇지만 실제로는 일본의 수사는 종결한다", "이것으로 끝맺자"라고 하였다.

놀라운 거래다. 이 문제를 오래 끌게 되면 한국 독재정권의 문제성이 한층 더 부각된다고 보고 한·일의 구조적 모순에 뚜껑을 덮으려고 했을 것이다. 당시 납치에 이른 김대중의 일본 방문 자체가 일본의 민주세력이나 우쓰노미야 도쿠마 등 자민당 좌파그룹의 환영을 받았던 것과는 정반대로, 정부나 자민당 전반에서는 귀찮은 "초대받지 않은 손님"이었다. 다나카의 입장에서 보면 두 번 다시 겪고 싶지 않은 귀찮은 일이었을 것이다. 이 외교문서의 공개는 "과거 청산"에 힘을 쏟은 노무현 정권이기 때문에 가능하였다.

하지만 사건은 꼬리를 잇는다. KCIA의 부장이었던 이후락이 책임을 추궁당해 해임되고 일본 내에서는 박정희 정권에 대한 비판이 높아진다. 그런데 1974년 8월 15일 이번에는 서울의 '광복절' 식전에서 터무니없는 사건이 터졌다. 회장에 비집고 들어간 재일 한국인 문세광이 박정희를 살해하려고 쏜 총탄에 대통령 부인 육영수가 맞아 사망한 것이다. 범행에 사용된 피스톨은 오사카의 파출소에서 훔친 것으로 밝혀졌고, 문세광과 조총련의 관계도 지적된다. 이번에는 일본정부가 궁지에 처해 김대중 사건의 처리와 거래하는 형태로 이윽고 제 2차 정치결착이 꾀해졌다.

여담이지만 다나카의 비서였던 하야사카 시게루에게 들은 이야기다. 다나카가 자민당 간사장이 되었을 때 하야사카는 다나카로부터 이런 주의를 받았다고 한다.

> "지금부터 CIA나 KGB 등 모든 공안 관계자가 정보를 얻으려고 너에게 몰려올 것이다. 만나주어도 좋다. 말해서 좋을 일과 나쁠 일은 너도 잘 알 것이다. 그러나 한국이나 북한 관계자는 특별히 주의해서 맞이하라. 모두 너보다 머리가 좋다. 한반도 민족은 중국으로부터도 일본으로부터도 계속 시달리고 당했다. 그 경험은 보통이 아닐 것이다."

그 다나카도 KCIA 때문에 이런 식으로 골치를 썩이게 되리라고는 상상도 하지 못했을 것이다.

김대중과 친교가 있던 우쓰노미야 도쿠마는 뒤에서 설명하겠지만 북한 김일성과도 친교가 있었다. 그렇기 때문에 우쓰노미야의 김대중 지원이 한국정부의 김대중 사찰을 부추기는 악순환도 빚었다. 김대중이 납치된 도쿄 체재도 우쓰노미야 등과의 접촉이 목적이었다. 우쓰노미야는 당시 "김대중의 원상회복"을 목적으로 방한을 시도했지만 한국이 거부해 실현되지 않았다.

박정희는 1979년에 측근의 손에 사살되었다. 이로 인해 일단 분위기가 살아난 민주화 무드는 "서울의 봄"이라고 불렸지만 기대는 다시 무참하게도 차단된다. 1980년 5월 김대중 등이 체포되고 여기에 항의하는 광주시민들을 군대가 탄압하여 수백 명의 사망자가 나오는 사태가 일어났다. '광주사건'이다. 이리하여 전두환 정권이 탄생했지만 일본정부는 좌시할 수밖에 없었다.

보수 원류와 한국의 악연

한일교섭을 타결시킨 것은 사토 내각이지만 거기에 이르기까지 이케다 정권의 역할이 컸던 것은 벌써 언급한 대로다. 이케다 하야토와 박정희 회담을 비롯하여 경제협력을 둘러싼 오히라 마사요시와 김종필 합의 등이다. 그러나 실제로 한일조약이 완성되자 한국과의 밀접한 관계를 유지한 것은 '한일협력위원회'를 만들어 교섭을 측면 지원한 기시 노부스케와 연결되는 계통이었지 이케다를 이은 굉지회 계통이 아니었다. 오히려 굉지회는 한국 정권과 소원한 관계가 되어갔다.

거기에는 몇 가지의 사정이 있었다. 우선 굉지회의 원류인 요시다 시게루가 "이승만이 싫다"라고 생각한 감정도 있었고, 원래 한국과 기질이 맞지 않았기 때문인지도 모른다. 반공의식이 강한 우파는 한국의 '군사독재' 정권과의 제휴 강화를 망설이지 않았지만, 굉지회는 군사독재에 대한 저항감이나 남·북한에의 균형감각이 비교적 강했다. 게다가 기시 노부스케 계보의 '친한파'에게는 한일경제협력에 관련되는 이권 스캔들도 항상 따라다녀서 파벌적 대항심 때문에도 굉지회의 반감은 더해갔다. 한·일 양국 국회에서 추궁받은 서울 지하철 건설에의 엔(円)차관 의혹은 그 대표적 예였다.

굉지회가 전통적으로 중국을 중시해 중·일 국교를 지향한 것도 한국과의 관계를 소원케 한 한 요인이었을 것이다. 한국전쟁에 원군을 보낸 중국은 북한의 아군이었다. '한 · 중' 교류 등은 아직 꿈같은 이야기에 지나지 않았던 무렵이었다.

게다가 한국과의 '사고처리'는 이상하게 늘 굉지회 계보의 몫이었다. 다나카 정권의 외상으로서 중 · 일 국교정상화를 완수한 오히라 마사요시는 김대중 사건의 사후처리에 진땀을 흘렸고, 다나카 · 김종필 회담에도 동석했다. 문세광에 의한 저격사건 때도 오히라가 외상이었다. 김대중 사건은 미키 내각하에 최종적 정치결착이 이루어졌지만, 이때의 외상은 미야자와 기이치이다. 일본인 저널리스트들이 한국 반체제 운동가를 지원했다고 해서 "내란의 방조 · 선동" 용의로 체포된 일본 민주청년학련사건도 이 당시 해결되었다. 모두 박정희 시대의 일이다.

박정희가 측근에게 사살되고 광주사건을 거쳐 전두환 정권이 들어서면서 한국은 한층 더 "무서운 나라"의 이미지로 바뀌었다. 후에 사면되기는 하지만 김대중은 체포되어 사형판결을 받았다. 전두환의 등장에 이어 일본에서는 수상 오히라가 급사하였고, 그 뒤를 굉지회의 스즈키 젠코가 이었다. 내가 1981년에 서울로 유학을 떠날 때 스즈키에게 인사하러 갔는데, 걱정스러운 얼굴로 "한국은 위험하기 때문에 (자칫) 체포당하거나 하지 않게 조심하시오"라고 충고해 주었던 기억이 있다. 굉지회다운 '송별인사'에 조금 착잡한 기분이었다.

후술하는 "역사교과서 사건"도 "안보경제협력 문제"도 스즈키 내각 시대의 일이다. 관방장관 미야자와 기이치나 문부상 오가와 헤이지(역시 굉지회이고 미야자와의 친척이기도 했다)가 뒤치다꺼리에 매달려야 했다. 후에 수상이 된 미야자와는 첫 외유지로 먼저 한국을 택했지만, 타이밍 나쁘게 종군위안부 문제가 불거져서 항의 데모 군중의 마중을 받았다. 아무리 생각해 보아도 이 계보는 한국과 궁합이 맞지 않았다.

반대로 한국과 가장 친밀한 관계를 유지한 일본의 '친한파'는 '친대만파'와 겹치는 자민당의 우파였다. 기시 노부스케 등의 전통을 이어받은 '반공' 계보이다. 그것은 한·일 관계에 잠복하는 또 하나의 모순을 나타내고 있었다. 원래 친한파에게는 과거 일본의 역사 정당화로 연결되는 민족의식이 강한 사람들이 많고, 그들이 대부분 '반공'으로 결합되어 있었다고는 해도 애당초 한국의 반일감정과 서로 용납할 수 없는 요소가 강했다.

이 모순이 드러나게 된 것이 1982년의 스즈키 내각에서 표면화한 역사교과서 사건이다. 문부성에 의한 고교용 역사교과서의 검정에서 일본의 대외침략이 '진출'로, 조선에서의 3·1운동이 '폭동'으로 수정된 사실이 매스컴에 일제히 보도되어 중국이나 한국에서 격렬한 비판을 받았다. 후에 이 보도의 사실관계에는 큰 잘못도 있었던 것이 드러났지만 검정에 의한 책의 수정이 한·중 양국을 자극한 것만은 틀림없다. 한국에서는 특히 영광스런 '3·1 독립운동' 저항을 '폭동'이라고 한 것이 비판의 표적이 되었다.

나는 이때 서울 유학중이어서 어지러운 대일(對日)여론의 소용돌이 안에 갇혀 있었다. '역사왜곡'이 유행어와 같이 되어 텔레비전 뉴스는 물론 오락프로그램에서조차 연일 '왜곡'이 재료가 되었다. "일본인 거절"을 써 붙인 식당이나 택시도 등장했다. 지나치게 감정적 반응이기는 했지만 그 저류에 있는 '반일' 에너지의 크기를 피부로 실감했다. 독립기념관이 생겨 식민지시대 일본의 만행을 리얼하게 재현·전시하게 된 것은 이 사건을 계기로 이루어진 모금운동의 결과이다.

사건은 결국 관방장관인 미야자와 기이치가 "일본의 행위가 한국·중국을 포함한 아시아의 여러 나라에게 숱한 고통과 손해를 준 것을 깊이 자각한다"고 정부견해를 발표해 수습되었다. 문부상인 오가와

헤이지가 중의원 문교위원회에서 중일전쟁을 "침략이었다고 생각합니다"라고 대답했던 것도 이 소동 와중의 일이었다. 국회에서 '침략'을 명언한 각료는 오가와가 처음이었다.

이때 자민당 우파의 상당수는 중국이나 한국의 비판을 '내정간섭'이라고 하여 강하게 반발했는데, 그 중에는 한일의원연맹에 소속된 친한파도 많아 두 입장 사이에서 딜레마에 처한 의원도 많았다. 일본의 과거를 날카롭게 문제시하는 점에서 한국과 중국은 지금도 통일전선을 취하는 경향이 있지만, 만약 이때 교과서 문제에 대한 비난이 중국에서만 있었다면 자민당 우파는 더 격렬하게 저항하였을 것임에 틀림없다.

친한파의 모순구도는 전후 50년 국회 결의를 둘러싸고서도 볼 수 있었다. 결의의 반대파 의원에 한일의원연맹의 멤버가 많았던 것이다. 이 때문에 한국은 곤혹해 하고, 한국 국회의원으로부터는 '한일의원연맹'의 폐지론도 나왔을 정도이다.

교과서 사건이 일단락된 뒤, 나는 "과거의 반성이 부족한 일본 민족파가 한국과 친하다"라는 얄궂은 현실을 어떻게 보는지 당시 〈동아일보〉의 논설주간이었던 권오기에게 질문한 적이 있다. 그러자 그는 이렇게 대답했다.

> "일본의 친한파는 우파라고 해도 순수한 민족파가 아니고 친미 우파이기 때문입니다. 기시씨를 보면 알지요. 한·일은 미국을 매개로 반공으로 손을 잡았기 때문에 …. 한국도 상대의 본질을 보려고 하지 않고 이용하려고만 하였습니다."

확실히 예리한 판단이었다. 지금은 이러한 견해가 드물지 않지만 당시 이러한 해설을 들었던 적은 없었다.

한국 대통령은 전두환이었다. '군사독재' 정권이 일본의 '역사인식'

을 묻는 구도이다. 강경한 '반일' 자세는 쿠데타로 정권을 빼앗은 전두환이 국내 여론의 지지를 얻기 위한 도구가 되었다. 그러나 이때 전두환은 일본에 또 하나의 난제를 던졌다. 새로운 '안보경제협력'으로서 60억 달러의 경제협력금을 지불하라는 것이다. 한국이 38도선에서 북한과 대치하는 것으로 일본 방위를 대신해 주고 있으니 이에 상응하는 협력을 하는 것이 당연하다는 이유에서였다. 한일조약의 경제협력은 원래 너무 쌌다는 것이다.

한·일을 묶은 공통분모인 '반공'을 정면으로 내건 작전이었던 것이지만, 너무 거액인 데다 전두환 정권과의 노골적인 '방위협력'이라고 받아들여질 수도 있는 일본으로서는 간단히 수용할 수가 없었다. 이때 마침 교과서 사건이 겹쳐 스즈키 젠코 정권은 이중으로 괴로운 입장에 빠진 것이다.

이것을 "40억 달러"로 깎아 해결한 것이 다음 수상이 된 나카소네 야스히로였다. 나카소네는 수상으로 취임해 첫 외유처로 한국을 선택해 1983년 1월에 방문한다. 전두환과의 '노래자랑'에서 한국어 노래도 부르는 등 친교가 깊어져 새로운 한·일 관계로 발을 내디뎠다. 당시 미국 대통령이 된 레이건과 함께 "레이건·나카소네·전두환"이라는 조어(造語)가 일본에서는 유행하였다. 강경파 연합이라는 것인데, 한국의 프라이드를 추켜세우는 형태로 친밀한 관계를 만드려고 한 나카소네에게서 "아시아 속의 일본"의 기반을 굳히려는 발상이 엿보였다.

나카소네는 이어 전두환을 국빈으로 일본에 방문하도록 했다. 쇼와천황이 '유감'이라는 말을 사용하고, 처음으로 식민지 지배를 사죄한 것은 이때다.

그런 나카소네가 애를 먹었던 것은 1986년 9월에 일어난 후지오 마사유키 문부상 기고(寄稿) 사건이었다. 전년 야스쿠니 신사 공식참배를 강행한 나카소네는 중국의 격렬한 항의 때문에 방침을 전환할 수밖에 없게 되었지만, 이것에 강하게 반발했던 것이 후지오 등의 우파세력이다. 앞에서 서술한 것처럼 1986년 우파 언론에 의한 "일본을 지키는 국민회의"의 교과서가 "제 2차 교과서 사건"으로서 문제화되었는데, 나카소네의 판단으로 채택이 보류되었기 때문에 우파가 강하게 반발하고 있었다. 후지오 마사유키는 그러한 가운데 〈문예춘추〉 1986년 10월호에 문제의 원고를 게재했다. 한일합방은 형식적으로도, 사실적으로도 합의 후에 성립되어 한국에도 어느 정드 책임이 있고, 한일합방이 없었다면 청나라나 러시아가 한반도를 삼키지 않았으리라는 보증이 어디 있나 … 등이었다.

당황한 것은 나카소네였다. 고노 이치로 파벌에 속했던 후지오는 원래 나카소네와 같은 뿌리지만, 고노의 사후 기시파를 이은 후쿠다 다케오 파벌에 속하고 있어 자민당 강경파의 대표적 존재가 되어 있었다. 나카소네는 거듭 후지오에게 철회를 요구했지만 '확신범'인 만큼 응하지 않았고, 결국 경질되는 길을 선택했다. 그 발언은 한국의 반발을 내다보면서 행해진 의식적 도발이었다.

후지오가 경질된 날 나는 이 문제의 배경에 대해 해설기사를 썼다. 그때 큰 힌트가 되었던 것이 머릿속에서 떠나지 않고 있던 "친한파는 친미 우파다"라는 권오기의 말이다. 그러고 보면 같은 민족파라도 기시나 나카소네가 '친미'로 변하고 있던 것에 비해, 후지오는 반미를 관철하는 "순정 민족파"에 속했다. 그래서 후지오는 '친미'를 매개로서 성립된 한·일 관계에 인연이 적었던 것이 아닐까. 게다가 친대만파 후지오는 '이덕보원'으로 일본을 받아들인 장제스에게 은의를 느끼고 있었다. 그만큼 이승만을 비롯해 반일감정이 강한 한국에 대해서는 기본적으로 공감이 부족했던 것이 아닌지. 그러니까 그와 같은 발언을 할 수 있던 것일 것이다. 나는 그렇게 해설을 썼다.

《'NO'라고 말할 수 있는 일본》 등의 반미적 언동으로 여러 가지 화제를 만들어 온 이시하라 신타로도 이 범주에 속하는 것이리라. 호소카와는 1993년 8월 수상 취임 후의 기자회견에서 전쟁에 대해 “침략 전쟁이었다”라고 말했지만, 이시하라는 10월 중의원 예산위원회에서 호소카와에게 논전을 도발하고, 전쟁에 대해 일본이 사죄할 필요가 없다는 논지를 펼쳤다. 이시하라는 한일합방에 대해 “그 시대 조선의 혼란으로 보면 근처의 청나라나 러시아에 병합되었을 것이 틀림없었다”라고 말해 후지오와 같은 견해를 나타냈다. 자민당의 대표적 우파로 여겨진 이시하라가 한·일 관계에는 눈을 뜨지 않았던 것도 후지오와 같은 구도 아닌가.

전두환의 뒤를 이어 동료 군인 노태우가 민주화 선언을 한 뒤 선거에 의해서 대통령으로 뽑혔다. 이리하여 서울올림픽은 노태우 집권기인 1988년에 열리고, 이윽고 김영삼의 등장으로 본격적인 문민정권이 실현된다. 이러한 한국의 민주화는 한·일 관계의 비약적 진전으로 이어지지만 귀찮은 문제도 발생한다.

김영삼 정권 아래 노태우와 전두환이 1995년에 연달아 체포되었다. 노태우는 뇌물수수 등이지만 일본 정계에 있어 보다 큰 쇼크는 전두환이 ‘반란’죄로 체포된 일이었다. 정권획득에 이르는 쿠데타의 정통성이 없었다고 단죄된 것이다. 특히 전두환과 친교를 트고 천황과의 역사적 회견까지 만든 나카소네에게 이것은 통탄스런 일이었다. 앞의 정권을 부정하기 일쑤인 한국 정치는 한일 외교관계에서 더러 불안정한 요인도 되고 있다.

13. 머나먼 북·일 관계

일본의 한반도 남북분단 책임론

일본이 지금도 식민지 과거를 청산하지 못하고 국교를 열지 못하는 상대가 북한이다. 한국과는 대조적으로 오랜 기간 정부간 교섭도 일절 없었지만, 그럼에도 불구하고 예로부터 북·일을 잇는 보수 정치가가 있었다. 그 고전적 정치가가 우쓰노미야 도쿠마이다.

이시바시 단잔의 제자를 자임하는 우쓰노미야는 육군대장으로서 "조선 군사령관"을 맡은 우쓰노미야 타로의 장남이며, 전쟁 전에는 치안유지법 위반으로 투옥된 경험도 있는 맑스주의자였다. 전후에는 주식으로 자산을 쌓아 올리고, 미노파겐 제약회사를 경영하는 한편 정계에 입문하여 보수의 좌파로서 이색적 언동으로 일관했다. 1964년에는 가야 오키노리, 나다오 히로키치 등의 우파 아시아문제연구회(A硏)에 대항하여, 마쓰무라 겐조, 후지야마 아이이치로를 고문으로 한 아시아·아프리카 문제연구회(AA硏)를 자민당 내에 만드는 등 '중·일'이나 '북·일' 우호촉진을 목표로 화려하게 활약했다. 한일조약의 체결을 정면으로 반대했던 얼마 안 되는 자민당 국회의원 중의 한 사람이기도 하다.

우쓰노미야는 한일조약 체결 2년이 지난 1967년 도쿄대학의 축제인 오월제에 초대되어 "조선과 일본"이라는 제목으로 강연했다. 거기서 호소한 한반도 관심을 요약하면, ① 조선은 일본이 가장 근접한 민족이다, ② 38도선의 긴장이 폭발하면 일본에 대단한 재난이 미친다, ③ 한반도의 분단은 일본에게 책임이 있다라는 세 가지였다. 그러므로 분단된 한쪽과만 친교해선 안 되고, 조선민족 전체와 평화로운 관계를 가져야 한다. 북한문제라 하면 곧바로 스파이라고 모략하는 것은 치안관료적 발상이며 매우 걱정스럽다. 외교와 정치는 더 역할을 해내지 않으면 안 된다는 주장이었다(우쓰노미야 도쿠마, 《아시아에 서다》).

우쓰노미야가 말하는 "남북 분단의 책임"이란 무엇인가. 일본이 조선을 합방해 군사거점으로 삼았기 때문에, 1945년 대일 참전을 선언한 소련이 "일본군의 무장해제"의 명목으로 조선에 진주해, 그것이 남북 분단의 오늘에 결부되었다는 의미이다. 훨씬 후의 일이지만, 1995년 1월 사회당의 수상이었던 무라야마 도미이치가 국회 답변에서 같은 책임론을 발언한 적이 있었다. "남북으로 분할되고, 지금과 같이 불행한 상태에 있다는 것에 대하여 일본국민으로서 역사적 책임이 어느 정도 있다고 생각한다"고 이야기했다. 무라야마는 1994년 7월 취임 직후 미·일 정상회담에서 북한의 핵문제가 화제가 된 때에도, 일본과 한반도의 역사적인 깊은 관련을 설명하며 이 책임론을 이야기했다.

그런데 무라야마는 다음날 이 답변을 수정했다.

> "어제의 답변에서 말씀드리고자 한 것은 과거의 식민지 지배가 역사적으로 가져온 경위에 대한 책임이다. 분할되었다는 것은 일본정부가 분할한 것이 아니고 전승국과의 사이에서 빚어진 일이다. … 남북이 분할된 점에 대한 책임은 일본에 없다는 점을 명확하게 해두고 싶다."

이 수정은 외무성의 뜻을 받아들인 것이었다. 일본 정부는 지금까지 "한반도 분단은 미국과 공산주의 세력의 역학관계로부터 생긴 것으로, 관여하지 않은 일본에는 책임이 없다"라는 견해를 취해왔기 때문이다.

정부가 '없다'라는 책임은 직접적 책임, 혹은 법률적 책임을 가리키는 것일 것이다. 조선의 분단은 미·소의 분할점령으로 시작하여, 그 후 한국전쟁을 거치고 지금의 휴전선이 정해졌다. 분단은 일본과는 무관계한 군사역학에 의한 것이었다. 그런 의미에서는 확실히 일본 책임은 없다. 그러나 앞서 서술하였던 것처럼 한반도가 일본의 식민지였던 사정이 미·소의 분할점령으로 연결된 것도 틀림없는 사실이다. 그리고 만약 일본의 무조건 항복이 좀더 빨랐더라면 소련의 소리없이 밀고 들어오는 듯한 대일(對日) 참전은 피할 수 있었기 때문에, 따라서 소련군의 남하는 없었다는 논의도 성립된다.

어쨌든 지배자였던 일본은 패전국이 되었음에도 불구하고 분할점령을 면한 뒤, 한국전쟁에 말려 들어가기는커녕 이 전쟁의 특수(特需) 경기로 경제부흥의 계기를 잡는 등 냉전체제의 혜택을 입었다. 이와 대조적으로 피지배자였던 한반도는 식민지로부터 해방된 기쁨도 잠시, 남북 분단의 비극을 맛본 뒤 같은 민족끼리 격렬하게 피를 흘리고 싸우게 되었다. 그 낙차를 생각하며 일본인이 도의적 책임을 느끼는 것은 당연한 일일 것이다.

그러나 외무성의 입장은 수상이 "일본의 책임"을 명언한다면, 향후의 북·일 교섭 혹은 남북통일 때의 비용부담 등으로 불리하게 될 수도 있다고 걱정했을 것이다. 외무성에서는 그런 이유에서 수정을 종용하지 않을 수 없었을 터이다.

우쓰노미야 도쿠마의 아시아관

우쓰노미야의 조선관이나 아시아관에는 아버지의 영향이 컸다. 우쓰노미야 타로는 조선 사령관으로서 식민지를 지배한 군인이지만, 육군 제일의 개명파이고 조선의 민중에게는 깊은 애정을 갖고 있었다고 한다. 임기중인 1919년 독립운동이 공공연하게 벌어져 유명한 '3·1운동'이 일어났다. 군의 진압으로 많은 인명이 손상되었기 때문에 우쓰노미야 타로는 탄압자로 평가받지만, 아들 도쿠마가 〈아사히 저널〉에 실은 "우쓰노미야 타로" 편에 의하면 "군대의 출동을 명했지만 실탄 사용은 절대로 허락하지 않았다"고 한다. 당시의 육군성은 아버지의 유연한 노선이 조선 민중을 부추기고 있다고 하여 강경탄압을 요구했지만, 아버지는 이것을 비상식적이라고 응하지 않았다.

그후 이 사건이 국제연맹에서 문제가 되었을 때 "군사령관의 불(不)발포명령"이 엄연히 있었기 때문에 일본의 입장은 유리하게 되었다는 것이다.

우쓰노미야는 이 기고에서 다음과 같이 쓰고 있다.

> "아버지의 조선 애정은 중국 등 아시아 전체에 이르는 범위이지만, 그것은 메이지 일본인의 사상이었다고도 말할 수 있다. 존왕양이(尊王攘夷)가 막부를 쓰러뜨리고 개국하였을 때, 일본인이 쇄국을 그만두고 근대와 세계에 눈을 떴을 때, 세계는 구미 지배하에 있었고 아시아·아프리카는 거의 식민지화되어 중국이나 조선도 분할 직전에 있었다. 그러나 당시의 중국과 조선의 구시대적이며 부패한 정부, 비능률적 정치로 독립유지는 곤란하였다. 그리하여 일본의 분별 있는 사람이 일본의 존립을 위해서라도, 양국의 혁명세력에게 지원을 보내 완전하게 근대화되고 독립된 중국 및 조선 정부의 출현을 진심으로 바란 것은 당연했다. 쑨원, 황싱〔黃興〕, 김옥균 등이 오고 도쿄는 동아시아의 근대화 혁명의 중심지 같은 모습을 띠었다.
>
> 나의 아버지는 이러한 사람들과 밀접한 연락을 취하고 있었다. 중국과 조선 독립에 가장 노골적인 압박을 가하고 있던 것은 제정 러시아였다. … 일본인은 조선인과 결혼하라는 것이 아버지의 지론으로, 어느 날 어린 나를 정좌시키고 책을 낭독하라 하여 소리 드높게 읽은 적이 있었다. 자신이 쓴 일본인은 조선인과 결혼하라는 글이었다. 어머니가 옆에서 그런 것을 읽게 하는 것은 아직 너무 어리다고 하여 웃었지만, 아버지는 아주 진지하게 장래의 나의 아내로 조선 며느리를 맞이하고 싶어했던 것 같다."

도쿠마가 간토〔關東〕대지진(大地震)에서 조선인 학살을 눈앞에서 본 것은 타로가 죽은 다음 해였다. 16세였던 우쓰노미야는 사람들이 자경단(自警団)을 만들어 조선인들을 쫓아다닌 광경을 그 후로도 잊을 수 없었다고 술회하고 있다. 아버지는 유언을 남겼는데 "아시아인, 유색인종, 비(非)그리스도교도는 단결하여 서구 열강의 침략에 저항하지 않으면 안 된다. 동지여! 바라건대 내 뜻을 이어라"는 것이었다. 우쓰노미야는 기고를 이렇게 맺고 있었다.

"지금 생각하면 대동아공영권의 사상 같기도 하고 A·A 연대회의의 정신 같기도 하지만, 그것보다 더 넓고 깊은, 본인에게는 지극히 절실한 감정이라고도 할 수 있는 것은 아닐까. 그것은 메이지유신의 창을 통하여 처음으로 당시의 세계를 본 일본인, 아시아인의 감정이다. 일본의 융성을 배경으로 하여 그것은 아시아에 퍼지고, 아프리카에까지 확산되었다. 대동아전쟁을 이 정신의 확대되는 하나의 단계로서 긍정하려고 하는 이 소론(所論)은 그 한계를 모르는 것은 아니나, 그렇다면 무엇보다도 중국, 북한, 구프랑스령(베트남), 인도와의 관계를 개선해 아시아에 대한 미국의 참견을 배저하는 노력을 하지 않는다면 무의미하지 않은가."

김옥균 등과 연락을 취했다는 우쓰노미야의 아버지에게서 후쿠자와 유키치의 초기 사상으로 통하는 아시아 근대화의 염원이 보인다. 동시에 쑨원에 영향을 받은 아시아주의의 요소도 보인다. 우쓰노미야의 '부친상'(父親像)은 지나치게 미화된 경향도 있지만, 미국의 품을 떠나 '반공'에 집착하지 않는 아시아의 연대를 실현하는 것이야말로 아버지의 유지를 잇는 것임에 틀림없다고 느꼈을 법하다.

우쓰노미야는 〈주간 아사히〉 1966년 5월 27일호에서 다케우치 요시미와의 대담을 통해 중·일 국교회복을 요구하는 입장에 서서 "일본이나 미국도 중국에 눈을 뜨라"고 주장했다. 여기서 우쓰노미야는 "대동아전쟁이라는 것은 전체주의자가 일으켰다"면서 "대동아전쟁 뒤

처리"를 위해서라도 중·일 정상화를 서둘러야 한다고 주장했다. 그러나 서구 제국주의에 대한 저항으로부터 대동아전쟁의 긍정적인 면을 버리지 못한 우쓰노미야의 '아시아주의'는 대담상대인 다케우치와 서로 죽이 맞는 것이었다. 다케우치는 확실히, 아시아에 대한 (일본의) 제국주의적 침략전쟁의 측면과 구미 제국주의에 대한 저항전쟁의 측면이 있다는 대동아전쟁의 '이중성'을 주창해왔기 때문이다.

우쓰노미야가 한일조약에 반대한 것은 주로 남·북한의 균형론으로부터이고, 북한과의 우호에 힘썼던 것도 그 때문이었다. 구노 주지와 나란히 북한에 우호적이었던 우쓰노미야는 실제로 북한을 몇 차례나 방문하여 주석 김일성과도 친교가 깊었다. 우쓰노미야의 눈에 김일성은 공산주의자라기보다 '제 3세계'를 대표하는 아시아 지도자로 비쳐졌을 것이다.

우쓰노미야는 1975년 7월 미키 다케오 수상의 특사로서 극비리에 북한을 방문해 김일성과 회담했다. 김일성은 이 자리에서 "남침의 의도는 없다"고 강조하고, "미·일이 대립하는 두 개의 조선을 만들려고 하면 긴장이 계속되어 전쟁가능성은 언제까지나 존재한다"며 미·일의 수뇌에게 정책전환을 요구하는 취지의 전언을 우쓰노미야에게 부탁했다. 미키는 '노력'하기로 약속하고 직후의 방미에서 포드 대통령과 회담했을 때 이것을 전했다. 남·북한의 관계가 여러모로 긴장된 분위기였던 무렵이어서, 이것은 우쓰노미야만이 가능한 행동이었다.

이 회담을 재빨리 특종으로 낸 〈요미우리 신문〉은 우쓰노미야의 회담사실을 공표한 뒤 두 사람의 회담기록 전문을 7회에 걸쳐서 연재했다. 여기에서는 김일성이 민족적 자부심이나 식량증산 방책 등을 자찬하고 우쓰노미야도 이것을 끊임없이 칭찬하고 있다. 우쓰노미야는 한국의 김대중과도 친교가 있었는데, 〈요미우리 신문〉의 보도에 의하면 이 회담에서는 이런 대화가 오고갔다.

> 우쓰노미야: 김대중 씨는 북쪽에는 자유가 없지만 생활보장이 있다, 남쪽에는 자유도 없으면서 생활보장도 없다고 말했다.
> 김일성: 절반은 올바른 의견이다. 그는 아직 북쪽을 본 적이 없기 때문에 그렇게 말한다. 한번 보는 것이 좋겠다.

이 회담은 김대중이 납치된 2년 후이다. 김일성은 "북한에는 자유도 생활보장도 있다"고 말하고 싶었지만 물론 사실과는 동떨어진 얘기였다.

그래도 '물밑' 의원외교는 지속

북·일 관계라고 하면 빼놓을 수 없는 사람이 구노 주지였다. 우쓰노미야 등과 비교해 사상적 배경을 가지지 않고 오로지 휴머니즘으로 다가간 '의협심'의 소유자이다. 본국과 자유왕래를 인정받을 수 없었던 재일 조선인의 상황을 동정했던 것을 계기로, 초당파인 북·일 우호촉진의원연맹을 만들어 1972년 1월에 정부와 자민당의 반대를 무릅쓰고 처음으로 북한을 방문했다. 사토 내각 무렵이다. 사토파에 속한 구노는 사토로부터 직접 "국익이 되지 않는다", "당신 얼굴은 보고 싶지도 않다"는 등의 말을 들었지만 초지를 관철했다고 한다. 협박전화도 계속 오는 가운데 비장한 각오로 간 북한 방문이었다. 그러나 점차 그 활동을 이해받아 북·일 의련은 그 후로도 어선의 안전조업이나 무역, 북·일 간의 사고처리 등 정부교섭이 없는 가운데 귀중한 역할을 해냈다.

1975년 7월에 자민당 북한 방문단을 조직한 것은 다무라 하지메였다. 후에 중의원 의장이 되는 다무라는 AA연의 유력 멤버였다. 실은 이 북한 방문단 직전, 앞에서 서술한 바와 같이 우쓰노미야가 극비로 북한을 방문했었지만 다무라 북한 방문단은 자민당 대표단으로 조직된 데 의미가 있었다. 미키 정권이기에 가능한 결정이었는지도 모르다. 시오타니 가즈오, 이시이 하지메 등이 동행했지만, 당시의 보도에 의하면 그들은 한결같이 북한의 정연하게 발전된 모습에 놀랐다. 북한경제가 침체하기 전인 만큼 여유가 있었을지도 모르지만 표면을 본 것만으로는 실태를 짐작할 수 없었다고 말할 수 있다.

실은 저자도 AA연의 북한 방문단에 동행해서 북한에 간 적이 있다. 이보다 5년 후인 1980년 9월의 일이다. 이때 벌써 우쓰노미야는 일선에서 물러나 AA연의 회장은 사토 내각에서 관방장관, 다나카 내각에서 외상 등을 역임한 온건파의 중진 기무라 도시오였다. 무엇보다 신중한 기무라는 대표단에 참가하지 않았고, 단장을 맡은 것은 미키파의 후지이 가쓰시였다. 김일성과 대표단 회담에는 모두(冒頭)의 취재가 허용되었으므로 나도 최초의 잡담을 동석 취재할 수 있었는데, 김일성에게는 일종의 위압감이 있어서 후지이 등은 맞상대할 수 없었던 것 아닐까. 김일성은 끊임없이 남진(南進)의 의도가 없다는 등 '평화'지향을 PR하고 후지이는 거기에 감격할 뿐이었다.

후지이는 저자와의 인터뷰에서 "백문이불여일견(百聞而不如一見)이다. 남진의 위협이라는 둥, 북한이 한국에 쳐들어갈 준비를 하는 듯이 말하지만, 현지에서 보건데 이것은 의도적인 허구다. 위대한 지도자의 영도 아래에서 경제건설, 국가개조에 전력을 기울이고 있다"고 말했다. 이때 벌써 실은 "일본인 납치"에 손을 대고 있었음을 알리가 없었다. 북한의 위험성이 선명히 드러나는 것은 그후 북한 공작원의 소행으로 보이는 미얀마 랑군 폭파사건(1983년)이나, 대한항공(KAL) 858기 폭파사건(1987년)이라는 대대적인 테러를 저지르고 나서이다.

우쓰노미야를 포함하여 자민당에서 북한 접촉을 계속한 의원의 상당수는 중・일 우호파와 서로 겹치고 있었지만, 중・일에 비하면 크게 확대되지 못한 것은 사실이다. 북한이 중국만큼 아시아에서의 영향력도 없었고 점차 국제적 고립이 깊어졌기 때문이다. 당초는 북한에 가까웠던 공명당이 1980년대 초, 한국과의 관계로 중심을 옮긴 것을 시작해 사회당조차 이시바시 마사시〔石橋政嗣〕 위원장 시대부터 한국과의 관계 타개를 모색하기 시작했다.

랑군 폭파사건이나 대한항공(KAL) 858기 폭파사건 등이 결정적 요인이었다고 할 수 있다. 독자노선의 일본 공산당도 이러한 일을 계기로 북한과는 격렬한 대립관계에 들어갔다. 자민당에서는 우쓰노미야나 구노 주지의 은퇴 후 북·일 관계는 거의 중단되어 북·일 의련도 휴면상태에 들어갔다.

그후 자민당 다케시타파의 회장으로 "정계의 돈"(*Dɔn*, 보스·수령·지도자라는 스페인어)으로 여겨진 가네마루 신(친대만파이며 유력한 친한파 의원이기도 했다)이나, 나카소네파를 계승해 와타나베파를 거느린 와타나베 미치오 등 종래의 친북한파와 무관한 실력자가 북한을 방문하고 현상타개를 모색했던 시기가 있다. 가네마루는 북한에 스파이 용의로 체포된 어선 "제 18 후지산마루"의 두 명의 승무원 석방을 요구하며 다나베 마코토 등 사회당 의원들과 함께 1990년 9월 북한을 방문했다. 수상 가이후 도시키로부터 친서를 받아서 간 북한 방문으로 그때 북·일 국교정상화 교섭의 개시에 합의했다. 공식회담 뒤 가네마루는 김일성의 권유로 둘이서 밤새워 술을 마시고 의기투합했다고도 전해진다.

이 북한 방문단에서는 일본의 '사죄'가 논의되어 자민, 사회, 조선노동당의 3당 공동성명에 사죄가 명기되었다. "3당은 과거에 일본이 36년간 조선 인민에게 준 불행과 재난, 전후 45년간 조선인민이 받은 손실에 관하여 조선민주주의인민공화국에 대하여 충분히 공식적으로 사죄하고 배상해야 한다고 인정한다"는 표현이다. 식민지시대의 "불행과 재난"에 대해서 장래의 "공식적 사죄"를 약속했다. 이것도 김일성과 가네마루의 긴밀함을 나타내고 있었지만, 이 사죄는 두 가지 문제점을 포함하고 있었다.

하나는, 한국과의 관계에서는 한일조약에도 불구하고 공식적 '사죄'가 이루어진 적이 없었다. 한국과는 1998년에 김대중이 일본을 방문하였을 때 수상 오부치 게이조가 정식 사죄를 공동선언에 포함시키게 되지만 그것은 8년이나 후의 일이다.

두 번째는, 사죄의 대상으로 "전후 45년간의 손실"까지 포함한 것이다. 한일조약은 북한을 따돌리고 체결된 조약이지만 "전후 손실"까지도 포함되는 것으로 받아들여져 일본에서는 특히 후자가 '지나치다'는 비판에 처했다. 스파이 혐의로 잡혔던 두 명의 석방이라는 인도적 문제가 얽혀 있었다고는 해도 사죄를 너무 값싸게 남발한 것이 아닌가 하는 비판을 받게 되었다.

무라야마 정권 시대인 1995년 3월에는 와타나베 미치오를 단장으로 하는 연립여당 3당(자민, 사회, 신당사키가케)의 대표단이 북한을 방문해 북·일 교섭을 재개하였다. 그 후의 대북 쌀 지원의 물꼬를 트는 역할을 해내지만, 동시에 1990년 9월 공동선언의 '보류'도 꾀해졌다. 북한은 태도를 애매하게 하고 끝맺었다.

와타나베가 "한일합방은 원만"이라는 문제발언으로 물의를 빚은 것은 북한 방문 뒤이지만, 이 발언에서도 볼 수 있듯이 와타나베는 원래 민족주의 성향이 강한 우파 정치가이며 강한 '반공'과 더불어 북한에는 지극히 냉랭한 태도를 유지했다. 북한 방문은 사전교섭을 한 자민당의 가토 고이치 등의 권유를 받은 일이었지만, 그것을 받아들인 동기는 가네마루 같은 북한에 대한 친근감이 아니고 오히려 역사에 이름을 남기고 싶다는 '국사'(國士) 의식이 강했기 때문은 아니었을까.

일본의 국교가 없는 나라는 북한뿐이어서 북방영토 반환이 얽힌 일·소 평화조약과 함께 국교수립을 시야에 넣은 북·일 관계 타개는 관료에게 큰 정치적 업적일 것이다. 가토 고이치나 노나카 히로무 등 자민당의 간사장을 지낸 실력자도 인도적 쌀 지원 등을 통해서 관계 개선에 나섰지만, 그때마다 한국이나 일본 내부로부터의 비판·방해에 부닥치고 북한에도 휘둘려 서로 만족하는 결과는 나오지 않았다. 대담한 타개를 꾀한 것은 고이즈미 정권이 되고 나서다.

'납치'와 핵, 미사일의 폭발력

랑군 폭파테러, 대한항공(KAL) 858기 폭파테러 등 1980년대에 계속된 무시무시한 사건에 의해서 북한은 급격하게 "무서운 나라"의 이미지를 굳혔다. 그러나 일본에서 '위협'이라고 비쳐지게 된 것은, 기실 1993년 5월에 탄도 미사일 '노동'이 동해에 발사되고 나서였다. '노동'은 일본열도가 거의 사정권에 들어가는 미사일로 이 실험의 성공은 일본인을 놀라게 하기에 충분하였다. 핵개발의 움직임도 눈에 띄게 진행되어 1994년에는 긴박감의 도를 더하였다. 미국의 카터 전 대통령이 북한을 방문해 김일성과 회담을 해서 위기를 벗어나 북・미 합의에 이르지만, 북한은 기분 나쁜 존재가 되었다.

그해 김일성이 사망하고 김정일이 뒤를 이으면서, 베일에 싸인 지도자상과 함께 이 나라에 대한 불길하고 기분 나쁜 이미지는 더욱더 깊어진다. 게다가 1998년에는 알래스카까지도 닿을 수 있는 탄도 미사일인 '대포동'이 실험 발사되어 이번에는 태평양에 떨어졌다. 일본의 머리 위를 날아갔기 때문에 심리적 위협은 점차 심각한 것이 되었다.

그러한 가운데 2000년 6월에 한국의 김대중 대통령이 평양을 방문한 남북 정상회담은 일본에도 큰 희망을 주었다. 릿쿄대학 이종원 교수는 다음과 같이 논평하였다.

> "북한은 분명하게 두 국가 체제의 평화공존을 모색하는 방향으로 나아가기 시작했다. … 그러한 정책전환은 북한의 현 체제유지에 대한 자신과 기대가 있어야만 가능한 것일 것이다. … 북한과의 신뢰구축을 진행시킨 김대중 정부의 포용정책이 크게 공헌한 것은 말할 필요도 없다"(〈아사히신문〉, 2000년 6월 16일).

이 논평처럼 이 획기적인 회담이 한반도의 안정, 나아가서는 일본의 안전에도 크게 기여한다고 생각되었던 것이다. 여·야를 불문하고 일본 정치가가 환영한 것은 당연했다.

이를 계기로 북·일 관계도 단번에 움직여야 한다는 발상이 나왔던 것도 자연스러운 일이었다. 그러나 그러기 위해서 의혹이 확산되던 일본인 납치문제를 타개해야 했다. 일본이 이 문제를 (물밑에서) 꺼낼 때마다 북한이 맹렬하게 반발해 교섭이 중단되어 진전이 없었다.

그런 벽을 깨려고 했던 것이 고이즈미 준이치로였다. 2002년 9월 17일 평양을 방문해 정상회담으로 이 문제를 해결하고 국교정상화의 포석까지 마련하고자 했다. 정상회담이라는 것은 외교교섭의 준비가 갖추어진 위에 행해지는 것이 보통이지만, 고이즈미의 경우는 상식을 깬 수법이었다.

고이즈미는 북한 방문에 대해 "북·일 간의 정상적이지 못한 관계를 정상화하고 적대관계를 우호관계로, 대립관계를 협력관계로 바꾸는 것이 양국의 국익에 맞는다"고 말했지만 그러한 결의가 수상 입에서 나온 것은 물론 처음이었다.

결과는 충격적인 것이었다. 김정일이 북한 국가기관에 의한 "일본인 납치" 사실을 인정했다. "특수기관의 맹동주의, 영웅주의" 때문이었다고 하고 "책임 있는 사람들은 처벌되었다. 앞으로는 이런 일이 절대 없을 것이다. 이 자리에서 유감스러웠던 일을 솔직하게 사과하고 싶다"고 사죄했다. 최고 지도자가 세계 앞에서 이렇게 사죄한 것은 북한의 상식으로 있을 수 없는 일이었으므로, 대일관계를 타개하려는 강한 의욕은 엿볼 수 있었다. 하지만 그 한편 납치 일본인 중 생존자가 다섯 명인데 비해 "사망자는 여덟 명"이라는 보고는 너무나 비정한 것이었다.

양국 수뇌는 '평양선언'에 서명하고 고이즈미는 식민지 지배로 준 고통과 손해를 사죄했다. 핵문제의 국제합의 존중과 미사일 발사의 동결도 포함하여 북·일 국교정상화를 위한 교섭재개에 합의했다.

이것은 일본에 있어 드문 독자(獨自) 외교였다. 미국에는 직전에 알렸지만 사전상담 없이 진행한 것이다. 북한과의 비정상적이며 긴장으로 가득 찬 분위기에 종지부를 찍고 아시아 외교를 새롭게 열려는 발상으로, 외무성 아시아 대양주 국장이었던 다나카 히토시가 적극적으로 추진했다. 고이즈미는 그것을 정치가로서 실행에 옮긴 것으로, 국제사회 특히 중국이나 한국을 포함한 아시아로부터 큰 평가를 얻었다.

2002년 9월, 북·일 정상회담을 끝내고 악수하는 김정일 국방위원장(왼쪽)과 고이즈미 수상. '평양선언'에는 핵 문제의 국제합의 존중, 미사일 발사의 동결도 포함되어 있었지만, 곧 북·일 관계는 납치문제 등에 가로막혀 오늘에 이르고 있다(대표촬영).

2005년 가을에 외무성을 퇴직한 다나카 히토시는 다하라 소이치로와의 대담《국가와 외교》에서, 평양선언에 이르는 경위와 판단을 자세하게 설명하고 "일본이 한반도를 식민지 지배했다는 역사적 사실은 지울 수 없는 사실이다. 게다가 한국과의 국교정상화는 달성하였는데 북한과의 정상화는 진행되지 않은 현실이 있다", "한반도에 평화를 구축한다는 작업은 일본 외교로서 가장 능동적으로 해야 할 중요 과제라는 것이 나의 인식이다"라고 밝혔다.

그러기 위해서는 '납치'를 북한이 인정하는 데서 시작하지 않으면 안 된다는 기본인식에 고이즈미가 합세하였다. 그것은 잘못된 판단은 아니었다. 고이즈미의 대담한 북한 방문에 의해서 '납치' 사실이 뚜렷해졌고 피해자 중 다섯 명의 귀국이 실현되었기 때문이다. 2004년 5월에는 고이즈미가 다시 북한을 방문하여 이 다섯 명의 가족들도 데리고 일본으로 돌아오는 성과도 있었다.

그러나 국가관계가 이것으로 잘 풀렸는가 하면 그렇지 않았다. '사망'했다는 일본인에 대한 자료가 엉성한 데다, 특히 돌려받은 요코타 메구미 씨의 유골이 일본에서 "다른 사람의 유골"이라고 판정되는 등 일본 국민의 분노가 증폭되는 결과가 되었기 때문이다.

한편 북한은 1994년의 북·미 합의로 동결했던 핵개발을 그 후도 은밀하게 진행했던 것이 발각되었고, 한 술 더 떠서 핵개발 재개를 선언하는 등 긴장은 급작스럽게 높아졌다. 핵문제 처리를 위해 미국, 중국, 러시아, 일본, 한국, 북한의 6자회담이 베이징에서 반복되었지만, 큰 진전이 없는 채 2006년 7월 북은 동해를 향해서 탄도 미사일 7발의 발사실험을 하였다. 일본의 선두지휘로 유엔 안보리의 비난결의가 채택되어 북·일 관계는 완전히 암초에 올라앉게 되었다.

북한의 이러한 태도는 일본 정치에도 큰 영향을 주었다. 북한에 대한 일본 여론이 급격하게 악화되었을 뿐만 아니라, 때마침 야스쿠니 참배 문제 등으로 중국, 한국과의 관계도 악화되어 일본 내셔널리즘에 불을 붙이는 요인이 되었기 때문이다. 정치의 보수화·우경화에도 박차가 가해졌다. 그것을 상징하는 것이 아베 정권의 등장이었다. 관방장관으로서 고이즈미를 동행해 북한을 방문했지만, 납치문제의 전개에 계속 강경태도를 취한 아베 신조가 국민적 인기를 얻어 '젊음', "경험 부족"의 염려를 뒷전으로 하고 고이즈미의 뒤를 이은 수상이 되었다. 게다가 아베 수상을 결정적으로 탄생시킨 것은 총재선거를 2개월 앞둔 북한의 탄도 미사일 발사였다.

아베 스스로도 납치문제에 대하여 일찍부터 매달린 것이나, 타협하지 않는 자세를 관철해 온 것을 정치가로서의 '자랑'으로 내세웠다. 총재선거 입후보 직전에 출판한 책 《아름다운 나라로》에서는 "싸우는 정치가"를 스스로의 캐치프레이즈로 삼았다. "중요하다고 생각될 때는 국가를 위해서, 국민을 위해서라면 비판을 두려워하지 않고 행동한다"는 취지인데, 그는 여기서도 '납치문제' 대처를 예로 들었다.

그리고 아베의 수상 취임 2주일 후 마침내 북한이 단행하였던 것이 지하 핵실험이었다. 노동 미사일의 개발과 함께 생각하면 이것이 일본의 안전에서 얼마나 중요한 의미를 갖고 있는지, 일본인에게 북한의 위협감이 한층 더 깊어진 것은 의심할 여지가 없다.

물론 국제적으로도 격렬한 비난을 받았지만, 우연히 이 시기 유엔 안보리의 의장국이었던 일본은 제재 움직임을 정리하는 직무를 맡게 되었다. 북한에 대한 강경자세를 관철해 온 아베는, 수상 취임 불과 얼마 안 되어 무거운 과제를 짊어지게 되었다.

14. 일본의 자존심 부추기는 남아시아

아시아로 복귀하는 '입구'

전후 50년 직전 해인 1994년 8월 수상 취임 후 얼마 되지 않은 무라야마 도미이치는 동남아시아 순방중에 말레이시아를 들러 수상인 마하티르와 만났다. 마하티르는 그때 무라야마에 대해서 이렇게 이야기하여 무라야마를 놀라게 하였다.

> "일본이 50년 전 일을 계속 사과하는 것을 이해할 수 없다. 과거는 교훈으로 삼아야 하지만 국가간 관계는 장래를 향해야 한다. 50년 전 일로 보상을 요구한다면 옛 식민지국의 종주국에 대한 보상요구로 이어질 수 있다. 일본이 사죄에 집착하지 않고 유엔 안보리의 상임이사국에 들어가는 것을 지지한다. 아시아의 평화와 번영을 위해 모든 역할을 해주면 좋겠다"(〈아사히신문〉, 1994년 8월 28일).

무라야마가 놀랐던 것도 무리는 아니다. 필리핀, 태국을 순방한 이 여행에서 무라야마는 사회당의 수상답게 아시아에 대한 사죄를 선명히 하려고 하였기 때문이다. 하지만 갑자기 "영원히 사죄는 필요 없다"고 하고, 무라야마가 망설이던 유엔 안보리의 상임이사국 가입을 상대방이 '지지한다'는 것이다. 무라야마는 어안이 벙벙해 아무 말도 할 수 없었다.

물론 "사죄는 필요 없다"는 발언에 대해서는 동남아시아 여러 나라에서 아니, 말레이시아 국내에서조차 반발했다. 싱가포르의 전 수상

리콴유는 〈아사히신문〉과의 인터뷰에서 전쟁을 회상하며 "마하티르 씨는 당시 젊은 학생인 말레이인 이슬람교도였다. 나는 젊은 학생으로 중국인이었다. 그와 나의 전쟁중의 고통은 차이가 있다. 일본인은 말레이인 이슬람교도는 후대하고, 말라야와 싱가포르의 중국인에게는 심한 고통을 주었다. 둘의 다른 체험이 거기에 있다"고 해설했다(〈아사히신문〉, 1994년 12월 31일). 그런데도 마하티르 발언은 일본 내의 "전후 50년 결의"의 반대파에게는 호재(好材)로 받아들여졌다.

상임이사국 가입문제는 그후 10년이 지나 고이즈미 정권의 과제가 되지만 중국, 한국이 격렬하게 반대한 것에 반해 동남아시아 제국의 저항감은 그다지 크지 않았다. 마하티르의 발언은 극단적이라 치더라도, 한·중에 비해 동남아시아가 일본의 과거에 대해 관대한 인상이 있는 것은 사실일 것이다. 동남아시아 중에도 일본군에 의한 침공작전의 후유증이 남아 있는 나라도 있지만 한·중 양국과는 원한의 정도가 사뭇 다르다.

그리고 실은 인도 등을 포함한 남아시아 제국이야말로 전후 일본을 최초로 맞아들여 배상이나 경제협력과 함께 차례차례 일본과 우호관계를 맺었다. 그것은 중국, 북한이 공산권에 들어가고, 한일 국교도 좀처럼 열리지 않던 판에 찾은 "아시아 복귀에의 입구"였다고 할 수 있다. 배상은 본래 전쟁피해를 갚는 취지이지만, 그것이 개발도상국에게서는 경제원조의 성격이 강하기에 일본은 마치 '원조자'로서 윗자리에 앉혀진 것 같은 쾌감을 느낀 것이다. 그러한 경위로 전후의 역대 수상은 남아시아 순방에서 자존심을 회복하는 일이 적지 않았다. 역대 수상들은 남아시아 방문을 편한 마음으로 즐겼던 것이다.

기시의 순방 — 깔려 있는 맹주의식

기시 노부스케 수상의 첫 아시아 순방이 방미를 겨냥한 포석임은 앞서 서술했다. 그뿐만 아니라 인도를 시작으로 파키스탄, 스리랑카(당시 실론), 태국, 대만 방문은 대아시아주의에 끌린 기시의 마음을 뿌듯하게 해준 여행이 되었다. 《기시 노부스케 회고록》을 자세하게 인용해 보자.

> "지금은 일본의 총리대신이 동남아시아 나라들을 방문하는 것은 드물지 않은 일이지만 나의 경우 전후뿐만 아니라 메이지 개국 이래 처음 있는 일이었다. 게다가 미국행을 앞두고 방문해 보자고 한 데에는 나름대로의 생각이 있었기 때문이다. 동남아시아의 나라들은 제2차 세계대전 때까지 태국을 제외하고 구미 열강의 식민지였다. 베트남·라오스·캄보디아의 인도차이나 반도는 프랑스 영토, 미얀마·인도·파키스탄·말레이시아·싱가포르·스리랑카는 영국 영토, 인도네시아·뉴기니는 네덜란드 영토, 필리핀은 미국 영토였다. 이러한 지역은 제2차 세계대전 후 일제히 독립하였다. 그러나 독립은 하였지만 신국가 건설을 위해 악전고투하는 상황이었다.
>
> 이러한 나라들에 대하여 전시에 여러모로 폐를 끼치고 피해를 주었던 점에 대해 유감의 뜻을 나타냄과 동시에, 아시아의 일본으로서 이러한 나라들의 실정을 파악하고 수뇌들과 친밀하게 이야기를 주고받아 그 요청을 충분히 파악한 다음 미국과의 대화에 들어가는 것이 적절하다고 생각했다.… 아시아 속에서 일본의 지위를 만드는 것, 즉 아시아의 중심은 일본임을 부각시키는 것이 아이젠하워 대통령을 만나 미·일 관계를 대등하게 교섭하는 나의 입장을 강화하게 된다는 것이 나의 판단이었다."

전후 처리를 위해서 기시가 남아시아를 순방해 배상문제에도 손댔다는 노력은 솔직하게 평가되어도 좋을 것이다. 그러나 아시아 신흥국가의 수뇌들과 이해(理解)가 서로 깊어지는 것으로 "아시아의 중심은 일본임을 부각시키는" 것이 대미 외교상 "나의 입장을 강화시키는 것이다"라는 것이다. "전시중에 끼친 폐"에 대한 유감표명도 목적으로 들고 있지만, 동남아시아의 나라들이 구미 열강의 식민지였던 일을 열거하고, 독립 후의 국가재건에 일본이 도움을 주는 것을 강조하고 있다. 여기에는 "아시아의 맹주"로서 "아시아 해방"을 위한 것이라는 전쟁의 대의명분이 여전히 밑바탕에 깔려 있는 것이 아닌가.

이것에 주목한 것은 저자뿐만이 아니다. 예를 들면, 《기시 노부스케》의 저자 하라의 기시에 대한 회상을 소개해 보자. 거기에는 "기시의 아시아에 대한 이런 어프로치는 일본을 맹주로 하는 그의 '대동아공영권' 사상 또는 '대아시아주의'와 반드시 모순되는 것이 아니라는 것을 기억하지 않으면 안 된다"고 적혀 있다. 기시는 하라와의 인터뷰에서 자신의 전전의 '대아시아주의'와 전후 아시아에 대한 관심은 "완전하게 연결된다", "자신이 만주국에 간 것과도 관련이 있다"라고 하여, 자신의 '전전'과 '전후'에 대해 "단절이 아니다"라며 "일관되어 있다"라고 단언하고 있다.

최초 방문지는 인도였다. 뉴델리에서 기시를 맞이한 수상 네루는 비동맹 지도자이기도 했다. 기시의 《회고록》에 의하면 네루가 기시 환영대회에서 아시아의 작은 섬나라인 일본이 세계에서 가장 강한 육군을 가진 러시아를 박살냈다며 러일전쟁 결과에 용기를 얻었다는 경험을 이야기하고 도저히 불가능하다고 생각되었던 인도의 독립운동에 몸을 던질 결심을 가지게 된 동기가 일본의 승리였다고 연설했다는 것이다.

손자 아베 신조는 《아름다운 나라로》에서 기시의 인도 방문 때, 네루가 러일전쟁의 일본 승리를 언급하며 "나도 인도 독립에 일생을 바칠 결심을 했다"고 연설한 것을 소개하고 있다. 인도를 중시하려는 아베의 아시아 인식에는 이러한 밑바탕이 있는 것을 알 수 있다.

기시가 남아시아 순방여행을 인도나 파키스탄, 스리랑카로부터 시작한 것은 우연이 아니었을 것이다. 기시는 방문 후의 인상기에 다음과 같이 적고 있다.

> "동남아시아의 나라들에서는 일본이 시작한 태평양전쟁을 어떻게 생각할까 하는 마음이 있었지만, 어디에서도 '네 나라에는 페이퍼(종이)와 대나무밖에 없는데 비행기나 전차를 만들어 영국이나 네덜란드를 쫓아냈다. 덕분에 우리는 독립할 수 있었다'라고 했다. 환영파티의 이야기이니 외교사령에 립서비스도 있었겠지만, 전부가 아첨이라고도 단언할 수 없을 말투였다. 거기에 전후 일본의 부흥상에도 놀라고 있던 것 같다. 온 세상을 상대로 한 전쟁에서 저 정도로 당하여 완전히 쓰러졌음에도 불구하고, 10년이 지나 모두 훌륭한 복장을 하고 텔레비전까지 가지고 있는 일본인은 훌륭한 민족이다, 동남아는 본받아야 한다는 뜻이 있었다."

이리하여 기시는 "(전쟁에) 반성은 필요하지만 공연히 비굴해지는 것은 전후의 평화와 부흥에 오히려 해가 된다"고 결론맺고 있다.

그러나 동남아시아의 대일감정은 기시가 말한 만큼 단순하지 않았다. 기시는 같은 해에 제 2차 동남아시아 · 오세아니아 순방으로 몸소 그것을 체험하였을 것이다. 호주에서는 원래 재향군인 단체가 기시의 방문에 강하게 반대하였는데, 무명전사의 무덤에 화환을 바친 기시가 한 노파로부터 깨알같이 기록된 문서를 건네받는 해프닝이 있었다. 아들이 미얀마 전선에서 잡혀 태국-미얀마 철도 건설에 동원되고 혹사당해 사망했다는 내용이었다. 이 철도는 태국과 미얀마를 잇기 위해 일본군이 만든 정글의 물자수송 철도다. 현지 포로나 점령지 노동자가 대량 동원되어 가혹한 노동과 질병 등으로 수만 명이 죽었는데, 이 노파의 아들도 그 중 한 명이었다. "그러한 상황에서 국회의 환영파티 분위기도 결코 좋지 않았던 것은 당연"(《기시 노부스케 회고록》) 하였다.

필리핀에서도 기시를 맞이한 공기는 결코 따뜻하지만은 않았다. 그러나 기시는 거기에서의 자세한 내용은 쓰지는 않았다. 《회고록》

에는 "호주나 필리핀의 전시중 일본에 대한 악감정이 남아 있었다. 이것은 시간이 흐르면서 함께 희박해지겠지만 조금이라도 빨리 없어지도록 일본으로서는 노력할 필요가 있다고 생각했다"그 씌여 있을 뿐이다.

필리핀이라고 하면 1951년의 샌프란시스코 강화회의 때 일본에 대해서 냉정한 태도를 보인 외상 로믈로가 생각난다. 교섭이 정리되어 각국 전권대사가 한 사람씩 연탁(演卓)에 서서 찬부(贊否)를 분명히 해야 할 때 로믈로는 다음과 같이 연설하였다.

> "당신들은 우리에게 중대한 손실을 주었다. 말로써 그것을 갚을 수 없고, 당신들이 가지고 있는 돈이나 부(富)로도 갚을 수 없다. 그러나 운명은 우리들에게 이웃으로서 함께 살지 않으면 안 된다, 또 이웃으로서 평화롭게 살지 않으면 안 된다고 명하였다. 아시아에는 '천하 인류는 동포'라는 속담이 있다. 그러나 동포란 마음의 문제이며 열리려면 우선 마음이 청순하지 않으면 안 된다. 상호간에 증오의 송곳니가 영원히 추방되기를 희망한다. 그러기 위해서는 우리가 용서하고 우정의 손을 뻗치기 전에 당신들이 먼저 정신적 회개와 재생의 증거를 보여주지 않으면 안 된다"(가시마평화연구소, 《일본 외교사 27》).

가슴을 찡하게 하는 말이다. 이렇게 하여 필리핀은 강화에 응하고 배상협정은 체결됐지만, 로믈로의 연설은 이 나라의 대일감정이 결코 단순하지 않음을 이야기한다.

그것은 차치하고 남아시아 방문으로 자존심을 충족시키는 체험은 기시 이후에도 대동소이했다. 이케다 하야토는 1961년 11월 도쿄에서 한국의 박정희와 회담한 뒤 파키스탄, 인도, 미얀마, 태국의 4개국 순방을 떠났다. 비서관으로 동행한 이토 마사야의 《이케다 하야토와 그 시대》에 의하면 파키스탄 대통령 아유브 칸과의 회담에서도, 인도 수상 네루와의 회담에서도 이케다는 말하기를 "일본은 메이지유신 때나 패전 후에나 자유주의적 경제발전이라는 것이 나라를 재건하는 데 매우 도움이 된다는 것을 알았다. 그 체험을 (우리한테서) 꼭 들어 주었으면 한다"고 자신있게 말했다.

제3세계 지도자로서 정치문제에서는 웅변하던 네루도 경제문제에서는 "면화를 사 달라", "설탕을 사 달라"고 하는 부탁조가 된다. 이케다는 "사고 싶지만 귀국의 것은 품질이 나쁜 데다가 가격이 비싸다. 어제 모범농촌을 견학했지만 저런 비근대적 방식으로는 구제불능이 아닌가, 좀더 경제개발을 진행시키고 국제경쟁에서 이길 수 있도록 할 필요가 있다"고 충고했다고 한다.

미얀마에서는 배상 재검토 문제가 있었지만 대환영을 받았다. 이토는 "이 나라의 독립지사는 거의 일본 육군에 의해 단련되었고, 독립에 임해서는 일본의 메이지유신을 이상으로 하고 있다"고 쓰고 있지만, 이케다는 역시 메이지유신 이래의 발전을 이야기의 중심으로 삼았다. 태국-미얀마 철도 건설 등에서 대량 희생자를 낸 미얀마의 복잡한 대일감정을 생각하면, 아전인수적 시각이 좀 지나치지만 "여러분들은 공연히 외국자본을 두려워해 들이지 않겠다고 하고 있지만, 우리가 배상으로 지불한 발전기로 도대체 무엇을 만들고 있는 것인가? 단지 이곳의 조명(일루미네이션)에만 사용하는 것은 아닌가"라고 추궁하고 사회주의화에 일침을 놓기도 했다.

이케다는 그 전년에 미국을 방문했다. 이토는 그 방미와 비교하여 "미국에 갔을 때는 굳이 말하자면 케네디로부터 배우는 것이 많았던 이케다는 동남아시아에서는 오로지 가르치는 역으로 시종일관했다"고 했다. 경제적 우월감도 있고 정신적으로도 우위에 설 수 있었던 것이다. 미얀마 배상은 시간이 걸렸지만 1963년에 해결되어 동남아시아에서의 전후처리는 모두 끝나게 되었다. 중국이나 한반도와는 다른 홀가분함을 이 동남아 땅에서 얻었었다.

동남아 반일 데모와 후쿠다 독트린

기시는 최초의 남아시아 순방에서 '궁핍함'이 인상에 남았다고 쓰고 있는데, 이케다의 인상도 그랬다. 이토 마사야는 "대도시 큰 길에는 근대적 빌딩이 들어서고 있지만, 그 뒤에는 극단적으로 궁핍한 아시아의 삶이 공존하고 있었다. … 이케다도 아마 그것을 느낀 것임에 틀림없다. 그리고 일본이 아시아에서 해야 할 역할은 말할 것도 없이 중요하다는 것을 가슴에 사무치게 느낀 것임에 틀림없다. 우리 일본인이 나아가는 길이 아시아인이 나아가야 할 이정표가 된다는 것을 알게 되었다"라고 쓰고 있다.

재미있는 점은 이케다가 동남아시아에 대해서, 일본이 역사적으로 구미와 같이 속박하지 않은 것을 '이점'이라고 의식하고 있었던 점이다. "동남아시아 나라들은 거의가 영국이 한 번은 손에 넣었던 나라이다. 그러한 나라는 영국을 비롯한 유럽의 나라들과의 사이에 길었던 기간만큼의 채권 · 채무, 의리 · 인정이 끈끈하게 들러붙어 있다. 늦게 손을 댄 미국도 점점 그러한 거미줄에 얽히기 시작하고 있다. 일본은 그런 의미에서는 새로운 나라다. 미국만큼 돈이 없고 영국만큼 외교정책에는 능숙하지 않지만, 일본 쪽이 자유로운 입장에서 동남아시아의 문제에 몰두할 수 있다." 이토 마사야에 의하면 이케다는 당시 그런 식으로 말했다고 한다(《이케다 하야토와 그 시대》).

이케다는 1963년 9월 이번에는 필리핀, 인도네시아, 호주, 뉴질랜드를 순방했다. 이 시기에 이케다는 유럽경제공동체(EEC)에 촉발되어 장래의 "아시아판 EEC"를 꿈꾸고 있었다. "경제의 이케다"만이 가능한 아시아 의식이다. 후년 "동아시아 공동체" 구상의 시대가 오는 것을 이케다가 지하에서 알았다면 무어라 말했을까.

이렇게 해서 동남아시아 외교가 전개된 것이지만, 경제원조와 모순된 일본의 경제진출은 강권적이고 부패하기 십상인 동남아시아의 반

정부 감정과 결합되어 민중의 반발으로도 이어졌다. 그것이 여실하게 나타난 것이 1974년 1월 다나카 가쿠에이의 동남아시아 순방 때다. 다나카는 필리핀, 태국, 싱가포르, 말레이시아, 인도네시아의 5개국을 돌았지만 각지에서 격렬한 반일 데모에 맞닥뜨렸다.

특히 태국과 인도네시아에서는 "일본의 경제침략 반대", "경제동물 뒈져라"는 규탄의 마중도 받았다. 인도네시아에서는 반일 데모가 폭동으로 발전해 외출 금지령이 내려지기에 이른다. 다나카는 공군 헬리콥터로 대통령부에서 공항으로 이동, 귀국해야 했다. 내셔널리즘의 발흥이라는 요소를 띤 반일 폭동인 만큼 "다나카의 책임"만을 묻는 것은 가혹하지만, 다나카는 "경제동물"이라 불리던 일본을 상징하는 인물이었다.

이 씁쓸한 경험을 활용한 것이 다나카의 숙적이라고도 해야 할 후쿠다 다케오였다. 수상으로서 1977년 8월 동남아시아 제국을 순방하면서, 마지막 방문지 필리핀의 마닐라에서 이른바 "후쿠다 독트린"을 발표한다.

1. 평화에 철저하고, 군사대국이 되지 않는다.
2. 똑같은 아시아인으로서 "마음과 마음의 소통"을 소중히 하고, 민족의 다양성을 긍정하면서 대등한 입장에서 협력한다.
3. ASEAN의 연대와 강인성(强靭性) 강화의 자주적 노력에 적극적으로 협력하고, 인도차이나의 상호이해와 평화공존을 기대한다.

위의 3원칙이 그것이었다. 베트남전쟁이 사이공 함락으로 끝난 것에 대한 동남아시아 제국의 동요를 가라앉히는 한편, 일본의 경제 편중주의에 대한 반성을 표명할 목적이었다.

동남아시아와의 관계를 전후 최초로 개척한 것은 기시 노부스케였지만 기시 주변에 있던 후쿠다 다케오에게는 유학생 지원활동 등의 경험도 있어 "필리핀에 대해서도, 인도네시아에 대해서도, 혹은 말레이시아, 싱가포르, 미얀마에 대해서도 정부의 입장을 떠나, 나는 다른 사람에 비하여 보다 깊은 관계를 쌓아 올렸다"(《회고 90년》)라는 자부심이 있었다. 후쿠다 독트린은 그 후의 동남아시아 외교의 기본이 되었다. "중 · 일 국교정상화"로 다나카에 크게 추월당한 후쿠다에게는 다나카 외교의 실패를 회복시킨 동남아시아 체험이 기분 좋은 것임에 틀림없다.

포스트 고이즈미가 화제가 된 2006년 이 "후쿠다 독트린"이 다시 부각되었다. 야스쿠니 참배문제로 고이즈미의 아시아 외교가 흔들리는 중에 후쿠다의 장남으로 고이즈미 내각의 관방장관을 같은 후쿠다 야스오가 "신(新) 후쿠다 독트린"의 필요성을 주장했기 때문이다. 후쿠다는 아베 신조의 대항마로서 총재선거에 나서려다 말았지만 2007년 가을 마침내 아베 정권의 선거참패로 수상이 되었다. 신후쿠다 독트린의 장래가 주목된다.

베트남전쟁에서 캄보디아 평화로

냉전시대에 일본의 아시아관을 복잡하게 한 동남아시아의 큰 사건이 베트남전쟁이었다. 미국은 "베트남 공산화는 도미노가 쓰러지는 것과 같이 동남아시아의 공산화로 연결된다"고 경계했다. 일본정부는 1967년에 사토 에이사쿠가 베트남을 방문하는 등 대체로 미국을 지지했다. 하지만 야당은 "민족자결에 반하는 아시아에의 개입이다", "미국 제국주의다"라고 격렬하게 비판하였고, 각종 여론조사에 의하면 일본 국민도 보수와 혁신을 불문하고 "자유주의의 옹호"보다는 "민족자결의 지원"에 기울고 있었다.

자민당에도 미국의 베트남 개입에 반대하는 의견은 뿌리 깊었다. "도미노 이론"은 베트남 배후에 있는 중국 적대시와 겹치기 때문에, 친중파는 대체로 미국의 베트남 개입에 반대하고 친대만파는 미국을 지지하는 식이었다. 중국혁명에 대한 과도한 경계를 지적한 미야자와 기이치는 역시 《사회당과의 대화》에서 '자유'에 대한 미국의 순교자적 사명감에 이해를 나타내면서도 다음과 같이 따갑게 미국을 비판했다.

> "아시아의 많은 나라에서 민주주의냐 공산주의냐 하는 것은 말하자면 부차적 선택이다. 즉, 여기에서는 민족국가의 확립과 공업화라는 제일 목표에 대한 수단으로서 어느 쪽이 도움이 되는가 하는 것이다.… 이것에 대하여 미국은 더 이해할 필요가 있다.… 베트남이 공산화되어도 베트남 스스로가 세계혁명의 원천이 된다는 가당찮은 일은 생각하지 않으니까 별로 미국에게 불리함은 없다.… 만약 베트남의 중립화가 성공하면 그것은 결코 중공 편에 서는 것이 아니라고 생각된다. 역사적으로 보면 베트남은 중국의 침략을 끊임없이 받아왔다. 베트남인의 마음 깊은 곳에는 중국에 대한 두려움이 잠재적으로 흐르고 있다.… 그런데 미국은 그렇게 생각하지 않기 때문에 곤란하다. 미국의 베트남전쟁은 베이징과의 싸움과 직결되어 있다."

여기에도 중국혁명에 대한 미야자와의 견해와 같은 냉정한 베트남관, 아니 아시아관이 있었다. 베트남이 대미 전쟁에 이긴 후에 중국과의 전쟁에 이른 사실, 더욱이 그 후의 "미국・베트남 국교정상화"를 보면 미야자와의 통찰력의 날카로움이 드러났다. 하지만 그 미야자와라 해도 "원시 공산국가"라고 본 베트남의 급속한 공업화는 예상을 넘는 것은 아닌가.

ASEAN(동남아시아 국가연합)이 탄생한 것은 베트남전쟁이 한창이던 1967년 8월의 일이다. 베트남전쟁 후 캄보디아가 대혼란에 빠져 베트남은 캄보디아 침입으로 비싼 대가를 지불했다. 그 캄보디아 분쟁도 평화롭게 진정되어 베트남이 1995년 여름 ASEAN에 가맹했다. 냉전 후 아시아의 지도는 엄청나게 바뀌려 하고 있다.

그러는 동안 일본은 캄보디아 평화 중재에 공헌하고, 1992년에는 유엔 평화유지활동(PKO)에 참가했으며 자위대를 캄보디아에 보냈다. 야당의 격렬한 반대를 무릅쓴 것이었지만, 자위대의 첫 해외 파견이 동남아시아로 실현된 것도 일본과 아시아를 생각하는 데 있어 상징적이다.

동아시아 공동체에의 꿈

ASEAN 제국은 1997년의 "창설 30주년"에 즈음해 말레이시아에 한·중·일 3국의 수뇌를 불러 확대 정상회의를 열었다. 더욱이 마하티르 등의 제창에 의해서 이것이 다음해부터 상설의 "ASEAN+3"이 된다. 오부치는 이 기회를 이용해 "한·중·일" 정상회담을 하자고 김대중에게 열심히 요청하고 베이징도 설득했다. 1999년 마닐라 ASEAN 때 그것이 비공식적으로 실현되었다. 3국 정상회담은 2002년의 발리 ASEAN 회의에서 정식 정상회의로 격상된다. 고이즈미의 야스쿠니 참배 때문에 2005년에는 이것이 중지되었지만 아직 그 뼈대는 살아 있다.

오부치가 설치한 일본 지식인회의 "'21세기 일본의 구상' 간담회"는 보고서에서 '인교'(隣交)라는 개념을 내세웠다. 간담회 멤버 고쿠부 요시나리에 의하면 외교그룹의 논의는 자연스럽게 "근린과 사귄다는 것의 중요성과, 그리고 동아시아와 우리와의 공생과 제휴, … 일종의 공존체제를 어떻게 만들까"에 집중했다(고쿠부 요시나리 편, 《세계 속의 동아시아》)고 한다. 오부치도 이것에는 열심이었던 만큼 갑작스런 병에 의한 그의 퇴진이 못내 아쉽다.

"ASEAN+3"은 나아가 "동아시아 공동체"의 꿈으로 발전했다. 마하티르가 일찍이 주창한 "아시아 경제권" 구상은 미국의 강한 제지로 좌절했지만, 이것이 아시아 통화위기 등을 계기로 소생되었다. 유럽공동체(EC)로부터 유럽연합(EU)으로 발전한 유럽에 자극받은 지역통합의 태동이다.

아시아 통화위기의 극복에 가장 공헌한 것은 일본이었다. 고이즈미는 2002년의 싱가포르 정상회의에서 "동아시아 속의 일본과 ASEAN —솔직한 파트너십을 희망한다"라는 제목의 강연을 하고, 호주와 뉴질랜드가 합세한 "동아시아 커뮤니티" 구상을 제창했다. 추상적이긴 하지만 후쿠다 독트린으로부터 25년이 경과하여 다시 동아시아와의 연대에 강한 관심을 나타낸 것이다. 중국의 움직임은 더 선명하고 강렬했다. 2000년 ASEAN 정상회의에서 "중국·ASEAN의 자유무역지대 창설"을 제창하고, 놀랄 만한 템포로 그 구체화를 향해 움직이고 있다. 이렇게 각국에서 여러 형태의 "동아시아 공동체"가 언급되게 되었다.

2005년 12월 동아시아 공동체의 꿈을 가슴에 안고 콸라룸프루에서 첫 번째 "동아시아 회담"이 열리기에 이르렀다. 하지만, 중·일 양국이 야스쿠니 문제도 있고 해서 격렬한 주도권 다툼을 벌였다. 급성장하는 경제를 배경으로 아시아의 핵으로서의 지위를 확립하려는 중국에 대해, 일본은 이것을 경계해 "민주주의, 인권, 시장경제"의 가치관을 전면에 내세우게 된다. 같은 가치를 공유하는 나라로서 호주, 뉴질랜드에 가세해 인도의 가맹도 주장했다. 이것이 통과되어 회의의 참가국은 "ASEAN+6"이 되지만, 중국은 장래의 "동아시아 공동체"는 어디까지나 '+3'에 두어야 한다는 주장을 굽히지 않아 '+3'이 핵심이 되는 것이 거의 공통인식이 되었다.

아시아에서 일본과 중국 두 나라가 '대국'으로서 존재한다는 초유의 사태이다. 장래의 거대한 경제력을 취할 것인가, 안정된 자유와 민주주의의 나라를 선택할 것인가? 아시아 제국은 중·일의 충돌을 바라지 않는다. 역사인식의 문제에 내셔널리즘까지 얽혀들어 앞날이 용이하지는 않지만, 한때의 '대동아공영권'의 악몽으로부터 해방되어 아시아 속에서 '공동체'의 꿈을 말할 수 있게 된 것의 의미는 결코 작은 것이 아니다.

3

또 하나의 전후사

1. 추적 : 파묻혀버린 사죄—"이토 히로부미의 과오"

기시 수상의 전언—야쓰기 특사 비화

"이토 히로부미가 범한 과오를 갚고 싶다."

한·일 국교정상화를 겨냥한 교섭이 난항을 겪던 1958년, 당시 수상 기시 노부스케가 한국에 보낸 개인 특사 야쓰기 가즈오는 기시의 메시지를 대통령 이승만에게 이렇게 전했다. 이 사실을 내가 처음으로 안 것은 한국 외교관으로서 오랜 세월 한·일 교섭에 관계하였고, 주일대사를 거쳐 외무부장관이 된 김동조의 저서 《한·일의 화해》를 읽고서였다. 14년간에 이르는 한·일 교섭의 경위를 밝힌 이 책은 야쓰기 특사의 사죄에 대해 자세하게 밝히고 있다.

나는 처음에 눈을 의심했다. 식민지 지배에 대한 일본의 사죄로서 유명한 것은 한·일 교섭이 막바지에 이른 1965년 2월, 한국을 방문한 외상 시나 에쓰사부로가 김포공항에서 읽은 성명이다. "양국의 긴 역사 속에 불행한 시기가 있었던 것은 정말로 유감스러운 것으로 깊게 반성하는 바입니다." 이것이 일본에 의한 첫 사죄로 여겨졌다. 하지만 그것보다 7년이나 이른 1958년에 특사의 입을 통해서라고는 해도, 수상 기시가 이토 히로부미의 '과오'를 들어 사죄했다는 이야기는 들은 적이 없었기 때문이다.

한·일 사이에는 '사죄'의 대극에 있는 '망언'이 자주 문제되었지만, 그 대표적 예가 "구보타 발언"이었다. 1953년의 제3차 한일회담에서 일본 수석대표 구보타 간이치로가 식민지시대의 철도나 항만건설 등을 들어 "일본의 한국 통치에는 플러스 면도 있었다"고 한 발언이다. 한국이 주장하는 재산청구권(우체국 저금, 징용의 임금, 공제연금 등을 근거로 한 합산)에 대항해 나온 발언이었지만, 이것이 한국의 격렬한 반발을 불러 한·일 교섭은 4년 반이라는 긴 세월에 걸쳐 중단되었다.

그 교섭이 기시 내각 때인 1958년 4월에 겨우 재개되어 "이승만 라인"(1952년 어업자원의 보호를 이유로 한국이 설정한 일본어선의 출입금지 해역의 통칭)의 '침범'에 의해서 나포되었던 일본의 선원 등도 5월 17일에 석방되었다. 말하자면 한·일 사이에 해빙기가 도래한 것이지만 《한·일의 화해》에 의하면 그 막후에서 중요한 파이프 역을 완

1958년 5월, 이승만 대통령(왼쪽)을 면담한 야쓰기 가즈오는 "이토 히로부미의 과오를 갚고 싶다"는 기시 수상의 말을 전했다. 중앙은 역사적 현장의 목격자가 된 김동조 씨.

수했던 것이 야쓰기였다.

1899년 사가현 태생의 야쓰기는 방랑의 청소년 시기를 보낸 후 1925년에 "노동사정 조사소"를 설립해 노다간장, 교도인쇄, 일본악기 등 대(大) 노동쟁의의 조정에 뛰어들었다. 이러한 노동운동을 통해서 좌우 양쪽에 인맥을 쌓은 뒤, 1933년에는 육군의 막료와 함께 '국책연구소'를 만들어 관료, 학자, 사회운동가나 정치가를 모아 활동했다. 전후 이것을 재건해 "정계의 낭인", '괴물', '흑막' 등으로 불리면서 정치의 뒷 무대에서 활약한 특이한 인물이다. 기시와도 친교가 있던 야쓰기는 대만이나 한국에도 파이프가 통하고 있었다. 한국과는 국교도 없고 정규 루트가 없었던 시대인 만큼 야쓰기와 같은 인물이 편리하게 활용되었을 것이다.

그런 야쓰기의 공적이 인정되어 1958년 5월 19일 수상 특사로서의 방한이 실행되었다. 단지 그의 공식적 활동은 정규의 외교특사와는 다른 '개인특사' 자격이어서 외무성에서도 이원(二元) 외교가 되지 않을까 복잡한 시선을 보냈지만, 수상 친서를 휴대한 방한이기도 해서 대통령은 야쓰기를 기시의 '대역'으로 받아들였다고 한다.

야쓰기는 서울로 들어간 19일 즉시 대통령과 만났다. 외무부 차관으로서 거기에 입회했던 사람이, 《한·일의 화해》의 저자 김동조였다. 이 책에 의하면 야쓰기는 수상으로부터 받은 친서와 '초심불가망'(初心不可忘)이라는 휘호를 건네고, "각하의 용단에 의해 일본 선원이 석방된 데 대해 모든 일본인은 감격하고 있다"며 다음과 같이 말했다.

> "각하의 지도가 없었다면 한국은 벌써 공산화되었을 것이라고 일본인은 믿고 있습니다. 기시 수상은 저를 파견하여 아시아는 물론 전 자유세계 진영의 위대한 반공투사인 이승만 대통령께 인사를 드리고, 서울이나 도쿄에서 양국 정상회담을 바라고 있다고 전하라고 했습니다.

특히 기시 수상은 한·일 간의 현대사에서 양국 관계를 악화시킨 이토 히로부미의 동향(초슈번, 오늘날의 야마구치현) 사람으로서 한국에 범한 과오를 유감스럽게 생각하며, 그 과오를 시정하기 위하여 노력하고 있습니다. 각하는 이것을 이해하시고 새로운 한·일 관계 수립을 위해서 넓은 도량을 보여주시기를 진심으로 부탁드립니다."

문제는 후반부이다. 일본의 초대 수상이며 그후 초대 대한제국 통감도 맡은 이토 히로부미는, 기시의 고향 초슈의 대선배일 뿐 아니라 근대 일본을 상징하는 존재이다. 일본은 1895년에 조선왕조의 왕비인 명성황후를 암살하는 등 시종 강권적으로 조선의 지배권 확립을 진행시켰지만, 1905년의 을사조약으로 외교권을 빼앗은 주인공이 바로 특파대사로서 현지에 간 이토였다. 이토는 조약체결을 거절하는 고종황제에 대하여 "이것을 거절하신다면 일본정부는 벌써 결심한 바가 있으므로 귀국의 지위는 보다 곤란하고 불이익을 당하게 되는 결과를 각오하지 않으면 안 된다"고 윽박질러, 군의 감시하에 열린 내각회의에서 이토가 사회를 본 뒤 조약을 억지로 체결했다.

그 이토 히로부미가 한국의 안중근 의사에 의해 하얼빈역 앞에서 암살된 것이 1909년의 일이다. 그리고 1910년에 합방조약에 이른다. 이토는 패전 후 일본의 천 엔권의 얼굴로 디자인된 적이 있었다. 이토는 한국을 완전히 합병하는 데는 반대하였다는 의견도 있지만, 한국에서는 비극의 영웅 안중근과 대비되어 일본 제국주의의 상징으로 간주되는 인물이다.

야쓰기가 기시의 전언으로서, 그런 이토의 '과오'를 언급했다는 것이다. '반일'로 유명했던 이승만에게는 "죽여주는 달콤한 말"로 들렸을 것이다. 물끄러미 야쓰기의 얼굴을 응시한 이승만은 "일본의 정치가 중에서는 기시 수상이, 한·일 관계의 특수성에 관해서 누구보다 이해의 폭이 넓고 양국의 친선에 노력하는 보기 드문 정치가라고 생각합니다"라고 대답했다.

사라진 사초(史草)를 찾아서

하지만 이승만은 정상회담의 요청에는 곧바로 응하지 않고 그 전제로서 북한에 대한 단호한 대결자세를 요구했다. 게다가 이승만은 야쓰기가 돌아갈 때에 김동조를 다시 불러들여 이토의 과오를 지적한 기시의 전언을 "국민도 알아야 한다"라며, 야쓰기의 기자회견을 준비하도록 명했다. 그 사실을 안 야쓰기는 적잖이 당황했지만 결국 기자회견에 응했다는 것이다.

이 경위는 과연 사실일까. 이 이야기를 확인하려고 나는 우선 《기시 노부스케 회고록》을 읽었지만, 거기에서는 야쓰기 특사의 건이 1958년 1월에 부상했으나 실현되지 않고 끝난 것처럼 쓰여 있다. 또 기시와 야쓰기의 좌담구성으로 만들어진 《기시 노부스케의 회상》에서도, 야쓰기가 특사로서 방한한 경위를 말하고 있지만 중요한 '전언'은 언급하지 않았다. 외무성에도 기록은 남아 있지 않다고 한다. 야쓰기 방한 조금 후에 외무성 출신으로 수상 비서관이 된 와다 쓰토무〔和田力〕도 "전혀 모른다"라고 하고, 정치부 기자였던 몇 명의 대선배에게 물어보아도 기억이 없다고 할 뿐이었다.

그러나 기자회견을 했다는 이상 당시에 보도자료가 있었을 것이다. 그래서 조사해 보았더니 〈아사히신문〉의 기사가 나왔다. 국교가 없었던 이 시대, 서울에 아사히 특파원은 없었지만 1958년 5월 22일자 조간에 로이터통신 기사가 실려 있었다. "한국 합병은 유감, 야쓰기 씨 성명"이라는 표제의 기사였다.

> "〔경성 21일발=로이터〕 기시 수상은 한국에 대해 처음으로 일본의 한때의 한국 합병에 유감의 뜻을 정식으로 나타냈다. 기시 수상의 특사로서 한국을 방문한 야쓰기 가즈오 씨는 21일의 기자회견에서 다음과 같은 성명을 읽어 내렸다.

> 기시 수상은 이토 히로부미 공(公)이 한·일 관계에 대해 범한 잘못을 갚지 않으면 안 된다고 강하게 느끼고 있다. 수상은 또 일본 군부의 행위가 한국에 중대한 손해를 끼친 것을 유감으로 생각하고 있다. 수상은 지금까지 성심성의껏 양국간의 우호관계를 실현하려고 노력해왔지만 한층 더 노력을 거듭해 나갈 생각이다. 내가 이 뜻을 이승만 대통령에게 전하자 이 대통령은 기시 수상에 대해 강한 신뢰를 표명하고, 향후 양국간의 우호관계는 기시 수상의 성의에 달려 있다고 말했다."

전후 10년 이상이나 지나도록 〈아사히신문〉이 수도 서울을 식민지 시대의 호칭인 '경성'이라고 표기하던 것은 의외이고 부끄럽기도 하지만 그것은 접어두고, 어쨌던 야쓰기는 성명을 읽은 것이 분명한 것 같다. 기사 중 이토 히로부미의 '잘못'이라고 있는 것은 '과오'일 것이다. '유감'이라고도 밝히고 있다. "처음으로 정식으로 유감의 뜻을 나타냈다"라고 로이터가 쓴 것은 이 성명으로 보면 틀림없는 것 같다. 그러나 기사 비중이 너무 작다. "처음으로 유감의 뜻을 나타냈다"는 표제는 너무 작아서 눈치채지 못한 사람도 많았을 것이다.

〈아사히신문〉에는 같은 날에 귀국한 야쓰기의 도쿄 회견기사가 바로 옆에 3단으로 실려 있다. 이 기사 취급이 진짜로 의미있는 '사죄'보다 더 크다. 그곳에서는 양 정상이 신뢰관계를 가질 수 있었던 점이 강조되고 있을 뿐이고, '과오'도 '유감'의 표현도 보이지 않는다. 야쓰기는 일본회견에서 이토 히로부미에 대하여 말했던 것을 털어놓지 않았던 것이 틀림없고, 일본기자는 몇 시간 전에 서울에서 행해진 회견내용을 몰랐던 것으로 생각된다. 로이터 기사의 지나친 홀대는 야쓰기가 도쿄에서 아무 이야기도 하지 않았던 것이 한 요인일 것이다. 게다가 사죄를 좋아하지 않는 당시 매스컴의 분위기도 배경에 있었을지 모른다.

그런데 "기시의 전언"에 대해 관심을 갖던 나는 정확히 한일 기본조약 30주년에 즈음하는 1995년 6월에 서울을 방문한 기회에, 이 건을 취재했다. 우선 한국 신문을 조사했다. 야쓰기 회견은 〈동아일보〉가 3단, 〈조선일보〉는 4단으로 취급했던 것을 알 수 있었다. 〈조선일보〉가 전한 성명의 요지는 다음과 같았다.

> "기시 수상은 과거 일본 군국주의자들이 한국에 대해서 범한 과오를 유감스럽게 생각했다. 기시 수상은 한·일 양국 관계의 개선을 위해 진심으로 노력할 생각이다. 나는 기시 수상의, 지금부터 계속해 나갈 이러한 노력에 대한 결심을 이승만 대통령에게 전달했다.
>
> 한편 이 대통령은 일본 정치가 중에서 특히 기시 수상을 신임하고 있고, 또 지금부터 한·일 양국의 관계는 기시 수상의 성의에 달려 있다는 견해를 표명했다.
>
> 기시 수상은 이토 히로부미와 우연히도 동향인이기도 해서 선배인 이토 히로부미가 일찍이 범한 과오를 갚기 위해서 노력해 나가려는 자세를 갖고 있다."

〈아사히신문〉에 실린 로이터발의 성명문과는 표현이 약간 다르지만 취지는 같다. 하지만 〈조선일보〉 제목은 "군벌의 범죄행위는 유감"이라 되어 있지만, 〈동아일보〉에서는 사죄의 부분이 제목으로도 나와 있지 않을 정도로 실어서, 그 어느 쪽이나 그다지 대대적인 취급은 아니었다. 수상의 직접적 사죄가 아니고 정식 외교사절의 성명도 아니었기 때문일 것이다. 1995년 당시 〈동아일보〉 사장이던 권오기에게 물어보았더니, 그는 야쓰기가 대통령 앞에서 허리를 굽혀 깍듯이 인사하는 사진이 신문에 실린 것을 기억하고 있었다. 하지만 한국의 보도진은 정규의 외교특사가 아닌 야쓰기에 대해서 무엇인가 수상쩍음을 느끼고 있던 것 같고 "저런 인사치레에 속지 말라는 분위기가 강했다"고 한다.

기시의 전략과 오산

그런데 당시 일본 국내의 잡지 등을 조사해 보면 보도된 수상의 전언은, 아니나 다를까 "땅에 엎드려 조아린 외교〔土下座外交〕"라는 비판을 받고 있었다. 전쟁 전의 아시아관으로부터 좀처럼 빠져 나올 수 없던 당시의 여론은 대체로 구보타 발언에 동정적이었던 데다가, "이승만 라인"에 의한 어선나포에 분노를 품고 있었다. 그런 만큼 사죄는 비굴하다는 공기가 강했을 것이다. 기시와 인연이 깊은 우파세력뿐만이 아니라 한·일의 반공동맹 만들기를 경계하던 사회당 등도 수상 전언을 전혀 환영하지 않았다. 중의원 회의록을 조사했더니 1958년 6월 24일의 중의원 예산위원회에서 사회당의 이마즈미 이사무(나중에 민사당)의 추궁을 받은 기시는, 야쓰기를 개인특사로서 파견한 사실을 인정하면서도 전언 사실에 대해서는 전면적으로 부인하고 있었다.

> "나는 야쓰기 씨가 경성(서울)에서 어떤 발언을 했는지에 대해서는 자세히 알지 못합니다만, 내가 지시한 것은 나의 의향을 이승만 대통령에게 전달하고, 또 상대 쪽 요인의 의향을 타진한다는 의미였으며, 그 견해는 야쓰기 씨가 한 개인의 견해로서 말한 것으로 나의 견해가 아닙니다.… 그것은 야쓰기 씨 한 개인의 견해이며 나 자신이 그러한 의견을 지금까지 야쓰기에게 말한 적도 없고, 또 그런 것을 맡긴 일도 전혀 없습니다."

이런 정도이다. 너무나 노골적인 부인이 아닌가. 원래 국수주의나 대(大)아시아주의의 영향을 받아 만주국 고관을 지내고 도조 내각의 각료를 맡았던 기시이다. 물론 "이토의 과오"를 통감하고 있었다고는 생각하기 어렵다. 그렇다면 야쓰기가 픽션을 말한 것일까. 이런저런 의문을 가슴에 품고 나는 서울 시내에서 김동조를 만났다. 그리고 기시의 전언의 이야기를 확인하자 "픽션일 리 없다"고 단언했다. 자신이 직접 그 이전에 기시의 입으로부터 "이토 히로부미" 운운의 이야기를 들었다는 것이 그 근거였다.

여담이지만 김동조의 사위는 대한축구협회 회장이며 국회의원이자 현대중공업 오너이며, 2002년 대통령선거 때도 대통령 후보로 야심을 보인 정몽준이다. 김동조는 한·일 국교사의 귀중한 산증인이지만 그후 얼마 지나지 않아 사망하였다.

김동조에 의하면 외무부 국장시절이었던 1957년 2월, 미국에서 귀국하는 길에 도쿄에 들렀을 때 야쓰기의 중개로 기시와 극비리에 만났다는 것이다. 그때는 기시가 수상으로 취임한 직후이다. 머지않아 김동조가 외무차관이 될 것을 안 야쓰기가 약삭빠르게 기시를 만나게 주선한 것이다. 그때 기시는 이토 히로부미의 이름을 들어가며 "과거의 과오를 깊게 반성하고 있다"라는 취지의 발언을 하고, 한·일 관계 타개를 위한 결의를 대통령에게 전하도록 김에게 부탁했다는 것이다. 《한·일의 화해》에도 보이듯이 기시는 이때 야마구치현과 한국의 지리적·역사적 관계의 가까움을 강조하면서, "나의 핏줄에도 한국인의 피가 흐르고 있다고 생각한다"고도 말했다고 한다. 그러한 경위 때문에 야쓰기가 "이토 히로부미"의 전언을 발설했을 때도 김동조는 조금도 부자연스럽게 생각하지 않았다고 했다.

그렇게 되면 이토 히로부미 이야기는 신빙성이 더해진다. 아무리 대담한 야쓰기라도 수상의 전언을 완전하게 꾸며냈다고는 생각하기 어렵다. 기시의 말을 기억하던 야쓰기가 자기 혼자 생각으로 대통령에게 소개할 가능성은 있지만, 나는 오히려 기시의 의도적 전언이었던 것은 아닐까 생각한다. 기시는 야쓰기 방한의 전년인 1957년 대만이나 동남아시아 제국을 순방해 아시아의 '반공동맹' 만들기에 열성을 보였는데, 제일 깊은 관심을 보인 것은 역시 가장 친밀해야 할 한·일 관계였다. 그래서 기시는 정상회담을 호소했던 것이다. 이 전언은 대통령의 관심을 끄는 심정토로 정도로 살그머니 전해 주었으면 했던 것이 아니었을까. 민족주의자이기는 해도 전략적 사고에 뛰어난 기시였던 만큼 그 정도의 곡예는 예사롭게 생각한 것이다.

기시에 대한 방대한 인터뷰를 근거로 쓴《기시 노부스케》의 저자인 하라 스기히사에게 물어보았더니, 그도 역시 이 전언 이야기는 금시초문이라고 했다. 하지만 "이미 미·일 안보의 개정준비를 시작해 아시아에서 기반 만들기에 여념이 없었던 기시가 한·일 관계 타개에 진지했던 것은 충분히 이해할 수 있다. 이토의 이름을 말했다고 한다면 이는 매우 전략적인 발언이었던 것이 아닐까. 그런 아슬아슬한 전언을 맡기는 데 야쓰기가 적절하였으리라 생각된다"고 이야기해 주었다. 나도 동감이다.

실제로 이승만은 마음의 동요를 받아 기시를 칭찬했다. 일본을 싫어하는 그로서는 나름대로의 칭찬을 한 셈이다. 그런 의미에서 기시의 목적은 성공한 셈이지만 이승만은 재빠르게 기자회견까지 요구했다. 일본인 불신이 그 원인이었는지도 모르지만 정상 사이의 보이지 않는 줄다리기이다. 기시에게 있어 이것은 큰 오산이었던 것이 틀림없다. '이심전심'은커녕 말꼬투리를 잡히게 되었기 때문이다.

김동조의 이야기에 의하면 기자회견 요구에 대해서 야쓰기는 "기자에게 이야기하면 기시 수상에게 누를 끼칠지도 모르고, … 새로운 분쟁의 불씨가 될지 모른다"며 곤혹스러워 했다. 그런데도 "한국이 일방적으로 발표하는 것보다는 좋을 것입니다"라고 재촉하자 마지못해 받아들였다고 한다. 정확성을 기하기 위해 기자회견에서는 성명을 읽는 형태를 취했다. 게다가 성명의 문안은 발언메모를 기초로 김동조가 만들었다는 것이다. 우선 외국인 기자용으로 영문을 만들고, 그 다음에 일본어로 번역하여 야쓰기에 보여 이것을 야쓰기가 승낙하도록 하는 식이었다. 멋지다고 할 정도로 한국 페이스였지만 야쓰기도 뒷걸음질 치기가 어려웠을 것이 틀림없다.

기시의 또 하나의 오산은 그럼에도 한·일 관계를 단번에 움직이게 하는 데는 이르지 못했다는 것이다. 한·일 정상회담을 요청한 기시에 대한 대답은 앞서 소개한 것처럼 신중하였고, 이승만은 우선 북·일 관계에 쐐기를 박아 두었다. 그리고 실제로는 머지않아 재일 조선인 북송문제 등으로 한·일 교섭은 다시 험악하게 되었다. 기시는 공명심 때문에 손해를 자초했다. 그렇게 되자 기시는 더욱더 "감쪽같이 당했다"는 생각을 가졌을 것이다. 《기시 노부스케 회고록》에는 '전언'의 경위를 무시하는 한편, 이승만의 반일만을 심하게 비판하고 있어 "전언 사건"에서의 씁쓸한 기억이 스며 있는 것 같다.

전언 사실을 뒷받침하듯이 야쓰기는 방한 직후 〈문예춘추〉 1958년 7월호에 낸 대통령과의 회견기에서 "기시 수상의 말을 전했다"고 쓰고 있다. 거기에 따르면 "일본 군벌의 제국주의적 지배로 입은 피해에 대해 전부터 유감스럽게 생각해왔다", "한일합방을 해치운 이토 히로부미는 당시로서는 극동 정국에서 어쩔 수 없는 사정이 있었다고 하더라도, 이것은 한국에 대해 폐를 끼친 것이고 일본의 입장에서도 실패였다"라는 내용이다. 서울에서의 성명보다 설명이 더 자세하고 "어쩔 수 없는 사정이 있었다고 해도" 등 국내용으로 덧칠하는 내용이 들어가 있고 사죄까지는 아니다. 기시의 입장을 깊이 생각했기 때문일 것이다.

그러나 기묘하게도 15년 후인 1973년에 나온 야쓰기의 자전 《나의 낭인 외교를 말하다》(동양경제신보사, 1973년)에서는, 이승만과의 회견을 말하면서 중요한 수상의 전언에 대해서는 한마디도 쓰지 않았다. 물론 기시의 입장을 생각해서였을 것이다. 이렇게 '첫 번째 사죄'는 역사 속에 매장되고 사람들의 기억으로부터도 지워졌다.

기시의 전언을 국회에서 추궁한 사회당의 이마즈미는, 질문 속에서 "한국은 일본에 한일합방에 대해 사과를 요구하고 있지는 않다. 요구도 하지 않는 판에 일본 총리가 … 일개의 낭인을 한국에 보내 … 모든 것을 양보해 주지 않으면 안 된다는 것은 일본 국민이 바라는 바가 아니다"라고 말하고 있다. 전후 50년의 국회 결의 등에서 "명확한 사죄"를 요구한 사회당과 달리, 이것이 그 시절 사회당 의원의 모습이었다.

한편 기시의 전언을 공표한 야쓰기의 회견이나 기시에 의한 부인이나, 오늘날 같으면 일본의 신문에서 대대적으로 보도되어 큰 정치문제가 되었을 것이다. 하지만 실제 보도는 이미 살펴본 대로다. 그 시절 일본이 수세에 몰리는 과거사에 대해서는, 보수뿐만이 아니라 혁신진영, 그리고 매스컴도 감각이 무디기가 이루 말할 수 없었다.

2. 망언과 사죄의 정치사

'사죄의 결정판' 무라야마 담화

전후 50년에 해당하는 1995년은 나에게 잊기 어려운 해다. 이 해에 획기적인 무라야마 담화가 나오는 한편, 정계에서는 아시아에 대한 중량급 '망언'이 잇따랐다. 나는 논설위원으로서 그때마다 사설 작성에 쫓기면서도 이 책의 토대가 된 《전후 보수의 아시아관》의 집필에 임하고 있었다. 정치가의 아시아관을 생각하는 데 1995년은 다시 없는 해가 되었다.

이 해 8월 15일 무라야마 도미이치 수상은 수상관저에서 기자회견을 하고, "전후 50주년의 종전기념일에 즈음하여"라는 담화를 발표했다. 이른바 "무라야마 담화"이다. "대전(태평양전쟁)이 끝난 지 50년 세월이 흘렀습니다. 지금 재차 그 전쟁에 의해서 희생된 내외의 많은 사람들을 생각할 때 만감이 교차합니다"라고 시작되는 담화에서 가장 주목해야 할 부분은 이하의 부분이다.

▪ 무라야마 수상의 "전후 50년" 담화(1995년 8월 15일)

"우리나라는 머지 않은 과거의 한 시기, 국책을 그르쳐 전쟁에의 길로 치달아 국민을 존망의 위기에 빠뜨리고 식민지 지배와 침략에 의해서 많은 나라들, 특히 아시아 제국(諸國)의 사람들에 대해서 막대한 손해와 고통을 주었습니다. 나는 의심할 바 없는 이 역사적 사실을 겸허하게 받아들여, 여기에 재차 통절한 반성의 뜻을 나타내 진심으로 사과의 마음을 표하겠습니다. 또 이 역사가 초래한 내외 모든 희생자들에게도 깊은 애도를 드립니다.

패전 50주년을 맞이한 오늘 일본은 깊은 반성과 함께 독선적 내셔널리즘을 배제하고 책임 있는 국제사회의 일원으로서 국제협조를 촉진하며, 또 이를 통해서 평화의 이념과 민주주의를 널리 펴 나가지 않으면 안 됩니다. 동시에 일본은 원폭을 맞은 유일한 피폭국으로서의 체험을 근거로, 핵무기의 궁극적 폐기를 목표로 하고 핵 비(非)확산체제의 강화 등 국제적 군축을 적극적으로 추진하는 것이 중요합니다. 이것이야말로 과거에 대한 빚을 갚는 길이며, 희생된 분들의 영령을 위로해 드리는 일이 되리라고 믿습니다."

과거의 '침략'과 "식민지 지배"에 의해서 아시아 제국의 사람들에게 "막대한 손해와 고통"을 준 것을 "국책의 잘못"이었다고 하고, "통절한 반성"과 "진심으로부터의 사과"를 표명했다. 아시아에 대한 사죄의 결정판으로서 오늘까지 구전되는 이유이다.

무라야마 정권은 자민, 신당사키가케, 사회당의 3당 연립정권이며 수상 무라야마는 사회당 출신 수상으로서 역사에 이름을 남기고 있다. 그런 무라야마이기에 가능한 담화이기도 했지만, 이것은 내각회의에서 결정된 내각 총리대신의 공식담화이며 그만큼 중량감을 가지는 것이었다. 일본의 아시아 외교에 큰 매듭을 지으려던 외무성뿐만이 아니라, 연립정권을 지지한 자민당 총재 고노 요헤이(부총리·외상), 신당사키가케 대표 다케무라 마사요시(대장상) 등도 이를 적극적으로 지지하고 있었다.

무라야마는 이 담화에 역사적 사명을 느끼고 있었다. 자민당에 비하면 압도적으로 소수인 사회당 출신으로 자신이 수상이 된 이상 "전후 처리가 덜 되어 있는 현안을 처리해 전후의 매듭을 짓는다." 이것이야말로 자신의 사명이다. 그런 의식에 불탄 무라야마는 피폭자 원호법이나 미나마타병 환자의 구제, 종군위안부 문제 등 미해결의 현안 처리에 임했는데, 그 선상에 8월 15일의 무라야마 담화가 있었다.

무라야마는 후에 "스스로 이것만은 잘했다고 생각한다"고 담화를 자찬하면서, "역사를 바라보는 관점을 일치시키는 통일된 견해를 낸다. 그리고 앞으로의 일본이 가야 할 길을 어느 정도 제시하여 전후의 매듭을 제대로 짓는다는 의미에서 담화를 낸 것은 좋았다고 생각한다"(메이지대학 정치경제학부 편, 《젊은이와 말하다》)고 말한 것이다.

획기적인 무라야마 담화였지만 무라야마만이 아니라 그 이전부터도 이러한 "매듭 짓기"의 조짐은 있었다. 매년 8월 15일 일본 무도관에 천황을 맞이해 전몰자 추도식이 거행되고 수상이 전몰자에게 추도사를 읊는 행사가 있는데, 1993년 비(非)자민 연립정권으로 수상이 된 호소카와 모리히로(일본신당)는 이 행사의 추도사에서, 처음으로 아시아의 희생자에 관심을 표했다. "이 기회에 다시 아시아 근린 제국을 비롯해 전 세계의 모든 전쟁 희생자와 그 유족에 대해 국경을 넘어 삼가 애도의 뜻을 나타낸다"고 말했다.

전 사회당 위원장으로 중의원 의장이 되었던 도이 다카코도 마찬가지였다. 같은 추도식에서 "우리의 과오에 의해서 참담한 희생을 강요당한 아시아 사람들과의 화해를 우리는 아직 이루지 못했습니다"라고 아시아와의 화해에 마음을 기울였다.

다음해 1994년 전몰자 추도식에 선 것은 사회당 출신인 수상 무라야마 도미이치였다. 무라야마는 특히 신경을 써 스스로 문장을 고치기도 했다. "그 전쟁은 아시아를 비롯해 세계의 수많은 사람들에게 필설로 이루 다 형언할 수 없는 비참한 희생을 가져왔습니다. 그분들의 고통과 슬픔을 더 한층 생각하며 깊은 반성과 함께 삼가 애도의 뜻을 표하고 싶습니다"라고 했다. 이것이 1995년의 무라야마 담화로 연결되었다.

실은 1995년에는 무라야마 담화에 앞서 큰 사건이 있었다. 중의원이 6월 9일 "전후 50년"을 맞이해 반성결의를 채택했다. 정식 명칭은 "역사를 교훈으로 평화에 대한 다짐을 새롭게 하는 결의"이다.

▪ 중의원의 "전후 50년 결의"(1995년 6월 9일)

"본원은 전후 50년을 맞이해 전 세계의 전몰자 및 전쟁 희생자에 대해 추도의 마음을 바친다. 또 세계 근대사에서의 수많은 식민지 지배나 침략적 행위를 떠올리고, 우리나라가 과거에 했던 이러한 행위나 타 국민 특히 아시아의 여러 국민에게 드린 고통을 인식하고 깊은 반성의 뜻을 표명한다. 우리는 과거의 전쟁에 대한 역사관의 차이를 넘어 역사의 교훈을 겸허하게 배우며, 평화로운 국제사회를 구축하지 않으면 안 된다. 본원은 일본국 헌법이 내거는 항구평화의 이념 아래 세계와 손을 잡고 인류공생의 미래를 여는 결의를 여기에 표명한다."

이 결의는 원래 '비(非)자민' 정권에서 나온 구상이었지만 전년도에 만들어진 "자민·사민" 연립정권에 의해 구체화되었다. 국권의 최고기관에 의한 과거에의 반성표명으로서 획기적 의미를 가지는 것이라고 기대되었다.

그러나 결의는 난항을 거듭한 끝에 그야말로 비겁한 반성의 표명이 되어버렸다. 자민당이나 야당인 신진당(新進黨) 내로부터 강한 저항을 받았기 때문에, 구미의 제국주의에도 책임을 확산시키는 문맥이 되고 만 데다가 '침략'을 피하고 "침략적 행위"라고 하고, 더욱이 "역사관의 차이"를 포함시키는 등 온갖 타협이 시도되었다. 게다가 결의를 채택함에 있어 국회의 여야 대립이 악화되어 결국은 신진당이 전원 결석하고 마는 비정상적 사태가 되었다. "부끄럽다. 슬프다. 견딜 수 없다"는 6월 23일의 〈아사히신문〉 사설은 실로 저자인 나의 마음을 대변하고 있다. 아시아 여러 나라도 이 결의를 거의 평가하지 않고, 오히려 비판적 논조로 넘쳐났던 것이다.

"일본의 아시아 해방" 망언 러시

그것뿐만이 아니다. 실은 이 1995년은 거물 정치가들의 문제발언이 잇따랐다. 그때마다 중국이나 한국으로부터 일제히 비판을 받았다.

▪ 오쿠노 세이스케의 "아시아 해방" 발언 (《세계》, 1995년 5월호)

> "만주국이 생겼을 때에 '오족공화'(五族共和)라는 목표가 있었다. 조선민족, 일본민족, 그리고 만주민족, 한민족, 몽고민족이라는 '오족공화'라는 이야기가 있었다. 그리고 미국과의 전쟁에 돌입해서는 '대동아공영권'을 만든다고 하였다. 동아시아의 안정이다. 아시아 사람들은 백인의 식민지가 되고 말아 생활의 안정을 위해서 해방시키지 않으면 안 된다, 이것도 하나의 목표가 되었다. 결과적으로는 졌지만 아시아는 모두 독립했다."

이것은 자민당 우파의 대표격이었던 오쿠노 세이스케가 쓴 한 구절이다. 야스쿠니 신사의 유인물이나 유취관의 전시 내용과 통할 것 같은 전형적 "아시아 해방사관"이다. 그것이 하필이면 전후 50년이 되던 해에 튀어나왔다. 이러한 문제발언은 중국이나 한국에서 '망언'으로 불려 엄하게 지탄받았다. '망언'이 나올 때마다 외교문제가 되어, 각료는 진사(陳謝)나 사임 혹은 경질로 몰린다. 그것이 또 국내에서는 "저자세 외교다"라는 불만을 부추기는 결과가 되어 불건전한 내셔널리즘을 고조시켜 간다. 그러한 악순환이었다.

1995년은 오쿠노를 비롯해 '망언' 러시가 시작되는데, 그 계기가 국회 결의였다. 과거사와 진지하게 마주한다는 취지의 결의가 반발을 불러 오쿠노 등의 문제발언을 유발한 것은 정말 아이러니였다.

오쿠노는 자민당 내의 결의 반대파 그룹의 회장이었다. 그는 1988년 다케시타 내각에서 국토청장관을 하던 무렵, "백색인종이 아시아를 식민지로 조차(租借)하고 있었다.… 누가 침략자인가. 백색인종이다. 왜 일본이 침략국인가, 군국주의인가"(〈아사히신문〉, 1988년 4월 26일)라고 공언하고, 그 철회를 거부해 경질된 전력의 소유자다. 그 오쿠노가 다시 또 "아시아 해방" 전쟁관을 소리 높여 외쳤다.

전해에도 실은 오쿠노의 발언과 닮은 발언으로 각료를 그만둔 정치가가 있었다. 갑작스런 호소카와 수상 퇴진 후 '비(非)자민'의 연립정권을 계승한 하타 쓰토무 내각에서 법무장관이 된 신생당의 나가노 시게토이다.

- 나가노 법무장관의 "난징사건은 날조" 발언
  (〈마이니치신문〉, 1994년 5월 5일)

"(대동아전쟁이) 침략전쟁이라는 정의는 지금도 잘못된 것이라고 생각한다.… 일본이 망할 것 같아서 살기 위해서 일어선 것이고, 또한 식민지를 해방하고 대동아공영권을 확립한다는 것만을 생각했다.… 전쟁의 목적 그 자체는 당시로서는 기본적으로 용서되는 정당한 것이었다.… 난징사건이라는 것은 날조된 것이라고 생각한다."

법무장관에 취임 직후, 〈마이니치신문〉〔每日新聞〕 인터뷰에서 이렇게 말했다. 육군사관학교를 나온 나가노는 전후 자위대의 간부가 된 인물이다. 1979년에 내가 방위청을 담당했을 무렵 그는 육상자위대의 우두머리인 육상막료장〔陸幕長〕의 자리에 있었다. 나는 당시 그의 전쟁관을 들은 적은 없었지만 이 인터뷰 기사를 읽고, 이 사람은 전쟁 전 육군의 과오를 전혀 되돌아보지 않은 채로 전후의 자위대로 살아온 것이구나 싶어 뒤늦게나마 아연실색하였다. 게다가 그 인물을 하필이면 법무장관이라니 …. 자민당 참의원에 당선된 나가노는 오자와 이치로에게 이끌려 자민당을 나와 신진당에 참가하고 있었다. 그렇지만 전쟁의 이해를 애매하게 한 전후 정치의 죄를 새삼 통감하였다.

이 발언도 "아시아 해방", "자존 자위"의 전쟁관 그 자체이지만 오쿠노보다 심각했던 것은 '난징사건'을 "날조했다고 생각한다"라고 말한 것이다. 1937년 난징에 침공한 일본군이 포로나 일반시민을 포함해 대량 학살하는 처참한 사건이 있었다. '난징 대학살'이라고도 말하는 이 참극이 사실이었다는 것에 대해 의심할 바는 없지만, 중국이 주장하는 희생자 수가 점차 증가해 현재는 "30만 명"에 이르는 데 대해서는 일본에서 많은 의문이 제기되고 있다. 그러나 일본에는 규모에 대한 의문을 넘어 사건 그 자체가 존재하지 않았다고, 꾸며냈다고 주장하는 세력이 있다. 나가노는 그것을 진실로 받아들이고 있었을 것이다. 중국이 이것에 반발하지 않을 턱이 없어 나가노는 각료 자리를 그만두지 않을 수 없었다. 나가노는 그 원한을 풀기라도 하듯이 다음해에 신진당 내의 국회 결의 반대그룹의 간사를 맡은 것이다.

단명으로 끝난 하타 정권을 대신해 1994년 6월에 무라야마 내각이 들어서지만, 이 내각도 발족 얼마 되지 않은 8월 환경청장관이 된 지 얼마 안 되어 사쿠라이 신(자민당)이 문제발언으로 각료 자리를 떠났다.

▪ 사쿠라이 환경청장관의 "아시아는 독립" 발언(1994년 8월 13일)

"일본도 침략전쟁을 하려고 싸운 것은 아니었다고 생각한다.… 아시아는 그 덕분에 유럽의 식민지 지배를 받지 않고 대부분 독립했다. 그리고 독립의 결과 교육도 꽤 보급되고… 아시아 전체가 대단한 경제부흥의 기세를 올리게 된 것이다."

"한일합방은 원만한 합의" — 와타나베 발언

레코드 테이프를 돌리듯이 이러한 "아시아 해방" 사관(史觀)이 보수정계에서 되풀이되는 가운데 문제의 1995년을 맞이했다. 앞에서 서술한 오쿠노 발언이 나온 시기는 국회 결의의 옳고 그름을 둘러싸고 대립이 첨예해져 가던 무렵이다. '침략'이나 "식민지 지배"의 표현을 포함시킬지 어떨지 공방이 격렬해지던 6월, 한술 더 뜬 새로운 '망언'이 튀어나왔다. 부총리와 외상 등을 역임한 와타나베 미치오가 고향인 우쓰노미야 시에서 한 강연과 기자회견이다. 취재한 〈아사히 신문〉 기자의 메모에 의하면 문제부분은 이런 대목이었다.

▪ 와타나베 미치오의 "한일합방은 원만" 발언 (1995년 6월 3일)

"국회 결의에 대해서는 자민당의 혼을 잃지 않아야 한다.… 한・일 관계에서도 일본은 36년간 한국을 통치했다. 그러나 식민지 지배라는 말은 어디에도 없고 한일합방조약이라는 것을 분명하게 서로 인정한 결과, 이것에 대해서는 배상금을 물지 않고, 그 대신에 협력금을 내며, 부흥을 위해 그 협력금을 많이 내자고 하는 것이니까 … (강연에서).

한일조약은 합방조약이 원만하게 만들어진 국제적 조약이라는 전제하에 만들어졌다.… 식민지 정책이라고 해도 합병이 식민지가 아니라 원만하게 무력으로 이루어진 것이 아니니까(기자회견에서)."

그러니까 국회 결의에 '식민지'나 '침략'의 문언을 포함시킬 필요는 없다는 논리이다. 게다가 그것이 "당의 혼"이라고 한다. 이 발언은 한국에서 "(와타나베의) 망언은 하필이면 광복 50주년을 맞이하는 이 시점에서 나왔기 때문에 국민을 한층 경악시키고 있다. … 와타나베 씨의 궤변은 7천만 한민족의 역사적 자존심을 뿌리째 뽑으려는 악의에 가득 찬 폭언으로밖에 볼 수가 없다"(〈동아일보〉 사설, 1995년 6월 6일) 등과 같이 격렬한 반발을 불러, 서울의 일본문화원에는 학생들에 의해서 화염병이 날아드는 소란이 있었다. 우연히 이 사건 직후 서울을 방문한 나는 불 속으로 날아 들어가는 불나방처럼 되고 말았다. 신문・방송사로부터 "와타나베 망언"의 배경이나 일본에서의 반응에 대한 취재에 몰려 식은땀을 흘렸던 기억이 있다.

다음에 말하겠지만 와타나베 발언에는 과거에도 비슷한 것이 많았다. 그렇다 치더라도 와타나베 발언에는 초보적 실수가 몇 군데나 있었다.

우선 전쟁 전의 조선에 대해, 당시는 어디에도 '식민지'라고 쓰여 있지 않았으니까 식민지는 아니었다라는 핑계이다. 동의에 근거해 일본에 통합되었던 것이라고 하지만, 그것은 일본의 형식론에 지나지 않는다. 한 나라가 타국에게 독립을 빼앗기고 정치적·경제적·군사적·문화적으로 지배되었던 것에는 변함이 없다. 민족 고유의 말이나 문자, 이름까지 사실상 빼앗기는 상태였다. 게다가 '일본인'과는 달리 여러 가지 심한 차별도 받았다. 이것이 식민지가 아니면 무엇이란 말인가?

합병에의 경위가 '원만'했다는 것도 이상하다. 1910년의 한일합방조약에 이르는 경위에 대해서는 우미노 후쿠주의 《한국 합병》 등에 자세하게 나오지만, 1895년에 조선의 왕비(명성황후)를 일본인의 손으로 암살하거나 1905년에 군사적 위협 아래 강제적으로 엮은 을사조약으로 외교권을 빼앗는 등, 합병에의 길이 전체적으로 무력에 근거하는 것이었던 것은 의심의 여지가 없다. 그 결과 한국정부는 지금도 "합병조약은 협박에 의한 것으로 당초부터 무효였다"라는 입장을 취하고 있다. 전후의 한일 기본조약을 둘러싼 교섭에서 "합병조약은 국제법적으로 당시는 유효했다"라고 주장하는 일본과의 사이에 해석이 대립해, 결국 그 차이를 보류한 채로 "이미 무효로 인정한다"라는 애매모호한 표현으로 타결했다. 법적으로 유효이든 무효이든 간에 이러한 해석의 차이가 계속되는 것 자체가 얼마나 합병이 '원만'하지 않았던가를 웅변해 준다.

와타나베가 말하는 "부흥에의 협력금"도 일본의 해석에 지나지 않는다. 한국은 어디까지나 식민지시대의 권리에 근거하는 '청구권'에 따른 지불이라고 해석하고 있다. 와타나베의 발언은 한국이 전부 일본의 말을 인정하는 듯한 말이며, 기본적 사실과 완전히 다르다.

"일본이 좋은 일도 했다"

와타나베 발언으로 문득 떠오른 사람이 1986년에 나카소네 내각의 문부성장관이었던 후지오 마사유키이다. 그는 앞의 제 2장 "군사정권 하의 한·일 우호"에서도 언급했지만, 월간지의 기고에서 다음과 같이 주장했다.

▪ 후지오 마사유키의 "한일합방은 합의 후" 발언
(〈문예춘추〉, 1986년 10월호)

"한일합방은 형식적으로도 사실적으로도 합의 후에 성립하고 있다. 한국에도 어느 정도의 책임이 있다. 한일합방이 없었으면 청나라나 러시아가 한반도에 손대지 않았다는 보증이 있나."

이러한 지론을 전개하여 한·일 관계의 개선에 신경을 쏟던 수상 나카소네 야스히로를 당황케 한 사건이다. 말하자면 확신범이었던 후지오는 이 발언을 철회하는 일도, 사임하는 일도 계속 거절해 마침내 나카소네가 경질하였다. 마음에 들지 않으면 잘라라는 식이었다. 말하자면 한국에 신경쓰는 나카소네에 대한 반역이기도 했다.

후지오 발언으로 그토록 큰 소란이 인 '한일합방'의 경위에 대하여 아무리 막말로 유명하다고는 해도, 외상 경험도 있는 와타나베가 같은 전철을 밟으리라고는…. 현재의 국민의식을 대표하고 있다고 생각하기 어려운 정치가의 이러한 발언이 한국의 매스컴에 크게 보도되어 다시 또 반일감정에 불붙여버린다. 왜 이런 짓을 반복하는지 다시금 정치가의 아시아 인식을 묻지 않을 수 없었다.

그후 수상 무라야마는 8월 15일의 "전후 50년 담화"에서 '침략'이나

"식민지 지배"에 대한 사죄를 명확하게 하는 한편, 각료의 '망언'을 방지하는 대책을 세웠다. 8월의 내각개편 때 입각자 전원에게 자신의 전쟁인식을 나타낸 소신표명 연설의 복사본을 나눠주어 발언을 조심하도록 요구했다. 하지만 그것도 부질없는 짓이었다. 이윽고 각료의 사임에 이르는 발언이 또 나온 것이다.

발언의 주역은 총무청 장관이 된 자민당의 에토 다카미였다. 1995년 10월 한일합방에 관한 기자들의 질문에 답해 다음과 같이 말했다.

▪ 에토 다카미의 "좋은 일도 했다" 발언 (〈동아일보〉, 1995년 11월 8일)

> "한일합방은 강제적이었다는 무라야마 수상의 발언은 잘못된 것이다.… 한일합방이 무효라고 말하기 시작하면 국제협정은 성립되지 않는다. 당시는 나라가 약하면 당했으니까 어쩔 수 없는 것이다. … 식민지시대에 일본은 좋은 일도 했다. 모든 시·읍·면에 학교를 짓고 서울의 중심부에 경성대학을 만들어 교육이 전혀 없었던 한국의 교육수준을 단번에 끌어올렸다. 철도 5천 킬로를 건설하고, 항만 정비나 간척수리(干拓水利)를 하고, 산에는 나무를 심었다."

한국에 대한 전형적 문제발언이다. 무라야마 내각의 일원으로서 수상 발언이 '잘못되었다'라고 한 것도 자극적이지만, 그 다음 문제는 상투적인 "좋은 일도 했다"는 발언이었다. "좋은 일도 했다"는 한·일 교섭 속에서 튀어나온 1953년의 "구보타 발언"을 제 2장 11절 "한일조약에의 험난한 길"에서 자세하게 소개했지만, 에토 발언으로 떠올린 것은 말할 필요도 없다. "일본은 조선의 철도나 항구를 만들거나 농지를 조성하였고 일본 대장성은 당시, 많았던 해에는 2천만 엔이나 지출했다"라 하여 한국의 청구권과 상쇄(相殺)하려고 한 일본 수석대표 구보타 간이치로의 발언은 '망언'의 원류로서 나의 머리에 남아 있다. 에토의 발언도 같은 발상인 것이다.

무엇보다 에토 발언은 기자회견시 질문에 대해서 “오프 더 레코드”를 조건으로 한 것이었기 때문에 처음에는 어느 신문·방송도 보도하지 않았다. 그런데 어찌된 일인지 발언 메모가 한국 신문에 보도되었기 때문에 문제가 표면화했다. 이 때문에 일본 미디어의 신의의 문제도 추궁당했지만, 에토는 발언 사실을 인정하지 않을 수 없었다. 한국이 강하게 반발해 일본 내에서도 야당이 사임을 요구하는 등 정치·외교 문제가 되어버리자 결국은 에토도 내각에 폐를 끼칠 수 없다며 사임에 이르렀다.

확실히 식민지 지배를 통해서 일본이 좋은 일‘도’ 했던 것에 의심할 여지는 없다. 원래 착취와 악정만으로는 통치할 수 없었고 일본에 ‘합병’하는 의미는 없었기 때문이다. 하지만 일본의 정치가가 새삼스럽게 “좋은 일”을 강조하는 것은, 식민지 지배가 대체로 “나쁜 일이었다”라기보다 오히려 전반적으로 “좋은 일이었다”고 생각하고 싶기 때문이 아닌가. ‘도’라는 토씨에는 어떤 주술(呪術)이 숨겨져 있는 것 같다. 그것은 제 2장의 “요시다 시게루의 전전·전후”에서 언급했듯이 요시다 시게루가 패전 후에도 조선총독부의 ‘선정’(善政)을 말하는데 거리낌이 없었던 것의 연장선상에 있다고 생각된다.

무라야마 담화 후에 와타나베 발언에 가세해 터진 에토 발언은 오프 더 레코드를 전제로 이야기했던 만큼 거침 없었고, 결과적으로는 지극히 도발적인 ‘망언’으로 받아들여졌다. 아니, 이것이 오프 더 레코드였기 때문에 한국에서는 “일본인은 겉과 속이 다르다”는 식으로 해석되어버렸다. 당시의 김영삼 대통령은 서울을 방문한 중국의 장쩌민과의 공동 기자회견에서 에토 발언을 들어 “이번에야말로 (일본인의) 버르장머리를 고쳐 준다”고 감정을 노출했다. 정상의 발언으로서는 품위가 어떨까 하고 생각하지만, 김영삼은 후에 자신의 회고록에서 “뒤에 돌아서서는 망언을 반복하는 일본의 악행이 계속된다”고 판단해 “어른이 아이를 꾸짖을 때 사용하는 표현”을 사용했다고 밝혔다.

그런데 1996년에 개최가 확정되어 2002년에 치른 월드컵대회의 한·일 공동개최 효과도 있어서인가 이런 종류의 발언은 그 이후 일시 없었지만 2003년 5월에는 생각지도 못한 발언이 나왔다. 기이하게도 요시다의 외손자인 아소 타로가 자민당 정조회장으로서 도쿄대학에서 강연했을 때 '창씨개명'의 경위에 대해 다음과 같이 말했다.

▪ 아소 타로 정조회장의 '창씨개명' 발언 (2003년 5월 31일)

> "당시 조선사람들의 일본 패스포트에는 이름 난에 김(金)이라든지 안(安)이 쓰여 있어 '조선인이다'라고 표가 났기 때문에 일하기가 어려웠다. 그래서 일본식 이름을 달라고 했던 것이 원래 창씨개명의 시작이다.… 한글은 일본인이 가르쳤다."

창씨개명은 조선사람들로부터 본래의 성명을 빼앗아 일본식의 이름을 강요한 악명 높은 정책으로 한국에서 이야기되고 있다. 하지만 아소에 의하면 그것은 원래 일본의 강제에 의해서가 아니고 조선사람들이 바랐다는 것이다. 사실에 대해서는 여러 가지 설이 있지만 만일 조선인이 바랐던 것이 사실이라고 해도 그것은 식민지의 차별을 전제로 한 이야기이며, 조선 이름으로 장사하기 어렵다는 현실이 가져온 비극이었다. 창씨개명에 대해서는 총독부에 의한 사실상의 강제에, 이것을 받아들이지 않을 수 없었던 사람들이 압도적 다수였던 만큼 아소 발언은 한국인의 신경을 자극하는 것이 되었다.

그리고 같은 해 10월, 한일합방에 대해 상투적 '망언'이 또 나왔다. 도쿄도지사 이시하라 신타로가 "100퍼센트 정당화할 생각은 없다"면서 "그들(조선인)의 총의로 일본을 선택했다"고 말했던 것이다. 와타나베 미치오와 유사한 발언에 한국은 물론 반발했지만 월드컵 공동개최와 연예계의 한류 붐 등에 의한 국민감정의 변화도 있어서인지 아소, 이시하라의 발언은 한국에서 '분노'라기보다 "정말이지 질렸다"라는 식으로 받아들여졌다.

망언의 시발역, 구보타 발언

그런데 망언의 원류로 여겨지는 구보타 발언에 대해서는 제2장의 "한일조약에의 험난한 길"에서도 이야기했지만 여기서 자세하게 소개해 두자. 1953년 10월 제3차 한·일 교섭 일본 수석대표를 맡은 외교관 구보타 간이치로의 발언이다.

교섭에서는 일본이 "주한 일본인의 재산에 대한 청구권"을 주장했다. 즉, 식민지시대 한국에 살던 일본인의 재산이 식민지 해방과 함께 모두 없어지는 것은 이상한 것은 아닌가라는 주장이다. 이것에 대해서 한국은 "오히려 일제 강점기에 한국에게 준 피해를 보상하라"고 반론했다. 거기서 구보타의 문제발언이 튀어나왔다.

이 경위는 다카사키 소지의 《'망언'의 원형》에 자세히 나오지만, 〈아사히신문〉이 전한 외무성의 회의록에 의하면 구보타의 망언은 다음과 같다.

▪ 구보타 수석대표의 발언 (1953년 10월 22일)

> "일본은 조선의 철도나 항구를 만들거나 농지를 조성하였고, 대장성은 당시 많은 해에는 2천만 엔이나 지출하였다. (한국이 배상을 요구한다면) 이것들을 돌려달라고 주장해, 한국의 정치적 청구권과 상쇄하면 되는 것은 아닌가."

한편 한국의 회의록에 근거한다고 생각되는 한상일(한국 사회과학연구소 이사장)의 기술에 의하면 표현은 조금 다르다. 그러나 의미하는 바는 같다.

> "36년간의 통치에 대한 배상은 … 한국에서 그러한 요구를 하면 일본에서는 총독정치가 좋았던 면, 예를 들면 민둥산이 초록의 산으로 변했다. 철도가 깔리고 항만이 쌓아 올려졌다. 또 논, 밭 … 쌀을 재배하는 논이 매우 증가했다는 식으로 반대로 요구하여 한국의 요구를 상쇄했을 것이다"(김양기 편, "일세기의 한·일 관계 — 회고와 전망," 《아시아로부터 본 일본》).

또 〈아사히신문〉이 보도한 외무성의 회의록에 의하면 구보타는 "지금부터 말하는 것은 기록하지 말아 주었으면 하는데 … 사견으로서 말한다"고 하고 이렇게 말했다.

> "당시 일본이 가지 않았으면 중국이나 러시아가 들어가 있었을지도 모른다."

같은 부분은 한상일의 기술에 의하면,

> "합병하지 않았더라면 한국은 중국이나 러시아에 의해서 점령되었을 것이고 그것은 일본의 통치보다 훨씬 비참했을 것이다."

라고 말했다고 되어 있다. 이러한 발언에 화난 한국은 일본의 조선통치가 없었으면 철도도 학교도 더 빨리 생겨 났었을 것이다 등이라고 강하게 항의해 교섭은 결렬되었다. 한국에서는 매스컴에서도 크게 보도하고 국민적 규탄으로 번졌다.

그러나 일본정부는 구보타 발언을 지지했다. 외상 오카자키 가쓰오는 기자회견에서 "당연한 일을 당연하게 말했을 뿐이다"라고 옹호하고, 국회에서도 "우리가 완전히 틀린 말을 한 것이 아니기 때문에 철회할 이유는 없다"고 보고했다. 이 시대 일본의 정치가가 이러한 의식을 갖고 있었다면 국내에서도 그렇게 통했을 것이다. 이렇게 교섭은 장애에 부딪혀버리고 4년 반의 긴 세월 중단되고 말았다.

그 후의 정치가에 의한 숱한 '망언'의 원류가 여기에 있다. 냉정하게 보면 사실적으로 터무니없는 말을 하는 것은 아니다. 하지만 이 발언만으로 한·일 교섭이 4년 반이나 중단되고 말았다는 것도 역사적 사실이다. 잇따르는 정치가의 발언에는 그러한 역사의 지식이나 배려가 부족했던 것만은 확실하다.

시나 성명에 감동한 한국민

다양한 '망언'의 한편으로 아시아 제국과의 우호관계 수립을 위해 피할 수 없었던 것이 식민지 지배나 과거 침략에 대한 수상들의 '사죄'였다. 그 결정판이 무라야마 담화였다. 여기에서는 전후사를 거슬러 올라가 중요한 역할을 해낸 사죄를 정리해 보자.

제 3장의 1절 "추적 : 파묻혀버린 사죄 — 이토 히로부미의 과오"에서 서술한 것처럼 1958년 5월 수상 기시 노부스케가 개인특사로서 한국에 보낸 야쓰기 가즈오는 이승만 대통령에게 "이토 히로부미의 과오"를 사과했다. 이것이 정말로 수상의 전언이었다면 한국에 대한 사죄의 제 1호가 된다. 하지만 이것은 기시 자신의 부인으로 애매하게 되어버렸다. 그 경위는 자세하게 내가 밝힌 대로인데, 이에 대해 명확히 한 것은 사토 내각의 외상이었던 시나 에쓰사부로의 발언이다. 한·일 교섭이 마지막 단계를 맞이한 1965년 2월 방한한 시나가 김포공항에서 읽어내린 성명이 한국에 대한 공식사죄 제 1호로 여겨지고 있다. 이하가 그 내용이다.

▪ 시나 외상의 방한 성명 (1965년 2월 17일)

"… 나는 평소부터 귀국의 아름다운 풍토를 접하고 생기 넘치는 국가 재건의 모습을 보고 싶다고 염원해왔습니다. 지금 그 소망이 실현되어 깊이 감동하고 있습니다.… 한·일 양국은 예부터 일의대수(一衣帶水)의 이웃나라로서 사람 교류는 물론 문화적·경제적으로도 깊은 인연이 있었습니다. 양국간의 긴 역사 속에 불행한 기간이 있던 것은 정말로 유감스러울 따름이고, 깊이 반성하고자 하는 것입니다. 그러나 금년이야말로 이 수천 년에 미치는 역사적 인연을 배경으로 적극적 자세로 양국 사이에 항구적 선린우호 관계를 확립해, 양국이 협력해서 번영해 가는 새로운 역사의 출발점을 만드는 것이 우리 상호의 희망이라 믿고 있습니다.

이번의 귀국 방문이 양국의 친선을 위해 공헌하고, 특히 우리의 공통의 염원인 한·일 국교정상화가 조기에 실현되기를 기원합니다."

중요한 것은 "불행한 기간", "정말로 유감", "깊이 반성한다"라는 세 개의 말이다. 이 말에 조약은 단번에 정리되는 방향으로 나아가 서울에서 가조인(假調印)되기에 이른다. 한·일 외상의 공동문서에도 일본의 '유감'과 '반성'의 뜻이 포함되었다.

한일조약의 체결에 대해서는 한국 야당이나 학생들의 격렬한 반대가 있었다. 그러한 가운데 시나의 성명이 나온 것이다. 그 내용이 정해지기까지는 복잡한 경위가 있었다. 시나의 사후에 편찬된 《기록 시나 에쓰사부로》에 의하면 한국 정부는 거물인 요시다 시게루 전 수상이 특사로 서울에 와서 식민지 지배의 시대에 대해 "잘못했다"라고 한마디 진사(陳謝)해 주기를 바랐다. 그러면 한국의 국민감정은 단번에 호전되어 타개의 장애는 제거된다는 계산이었다. 그러나 사죄 특사를 보낸다면 일본의 국민감정이 들끓게 된다. 기시의 전언(傳言)이 부인된 것처럼 이때 야당과 매스컴들이 이승만 라인 문제로 반한(反韓)감정을 부추기면서 일본정부가 한국의 무원칙에 너무 양보한다고 비판했다. 또 "식민지 정책이 나빴다"라고 사과하면 한국이 대일 청구권을 어디까지 요구할지 모른다는 경계심도 있었다.

그래서 요시다 특사 이야기는 일본정부가 곧바로 거절하고 대신 외상의 방한으로 낙착되었다. 한국은 일본 외상이 공항 도착시 성명으로 식민지 지배에 대해 "강한 유감"의 뜻을 표명해 주었으면 한다고 주문하였다. 이것에 응해 일본의 외무성이 안을 가다듬었다. 아시다

국장인 우시로쿠 도라오(후의 주한대사) 등은 성명에 “한·일 간에는 과거 유감스럽고 불행한 일도 있었습니다만…”이라고 한 구절을 넣도록, 미리 서울에 조사관으로 파견되었던 마에다 도시카쓰(역시 후의 주한대사)에게 전보로 알렸다. 하지만 마에다는 즉시 “이런 정도로는 안 된다. 지금 한국의 공기를 가라앉히기 어렵다. 더 강한 표명으로 해주었으면 한다”고 주문했다.

그 후의 전말에 대해서 우시로쿠와 마에다는 《기록 시나 에쓰사부로》에서 이렇게 증언하고 있다.

> 우시로쿠: … 억지로 원안대로 밀고 나가 사전배포 자료를 아시아 국장의 출발 기자회견에서 나눠주었습니다. 그랬더니 기자클럽의 여러분이 몰려와서 “이런 것이라면 역효과다”라고 하였습니다. 말하지 않으려면 한마디도 하지 말고, 한다면 더 분명히 잘못했다고 확실히 해야 한다고 다그쳤습니다. 서울의 마에다 씨로부터도 “제발 더 어떻게든 해 달라”고 매우 절절한 전보가 두 번인가 있었습니다.… 그래서 “유감스럽지만”이라는 표현을 “불행한 시기가 있었던 것을 유감이라고 생각한다는 식으로” 플러스 알파를 붙여 “깊이 반성한다”라는 문구를 넣었습니다.… 대신(大臣)은 전혀 주저하지 않고 담담하게 “응, 그렇다면 그렇게 하자”고 하였습니다.… 그대로 시나 대신은 도착성명으로 삼았습니다. 그런데 이것이 뜻밖에도 효과가 있어서… 분위기가 완전히 바뀌었습니다. 이상할 정도로, 말 한마디로 바뀌는 것이었습니다.
>
> 마에다: 생중계였던 것 같습니다. 어쨌든 한국은 모두 벌써 주목하고 있었습니다.… 그날 밤 이동원 외무부장관 주최의 환영파티가 있었고 거기에 미국대사, 독일대사 모두 모여 …. 그 자리에서도 “깊이 반성” 부분은 좋았다고 모두 이야기해 주어서 정말로 기뻤습니다.

한국의 외무부장관이었던 이동원은 역시 《기록 시나 에쓰사부로》에서 다음과 같이 회상하고 있다.

> "나는 일본에 가서 사토 총리에게 말했습니다. 일본인은 한국에 36년간 식민지 정책을 취해 총을 가지고 한국을 압박했지만, 한국 국민의 마음을 잡은 적은 한 번도 없었습니다. 시나씨는 백만 대군도 데려 오지 않았고, 총도 가져오지 않았는데, 그 한마디로 그는 한국민의 마음을 사로잡아버렸습니다 …. 시나 씨는 그때부터 … 우리들 한국인의 인상에서는, 우리가 생각하는 일본의 정치가가 아닌 큰 인물이다, 훌륭한 대정치가라는 인상이었지요. 과거를 반성할 줄 알고, 과거를 반성할 줄 아는 사람이기 때문에 미래도 훌륭하게 잘할 것이다 …. '인간 시나'에게서 한국 국민은 대단한 온기를 느끼기 시작했습니다."

시나의 한마디에 한국이 얼마나 감격했는지, 이 회상으로도 알 수 있다.

실은 시나 발언에는 복선이 깔려 있었다. 1964년 11월 시나로부터 아침식사에 초대받은 주일 미국대사 라이샤워가 한·일 교섭에 대해서 "일본의 도량의 크기를 한국에 보여주는 가장 유익한 방법은 식민지의 과거에 대한 사죄다"라고 충고하고 있었다. 미국의 공문서에 그런 기록이 남아 있다(〈아사히신문〉, 2000년 8월 21일). 미국이 얼마나 교섭의 성공을 바라고 있었는지를 알 수 있었다. 하지만 《기록 시나 에쓰사부로》에 의하면 "깊이 반성"이란 말은 "주체자가 누구인가, 일본 정부인가, 외무성인가, 혹은 외상 개인인가에 대해서 구체적으로 특정되어 있지 않다"고 되어 있다. 국가로서 사죄한다는 것도 같고 아닌 것도 같은 애매함이다.

"제국주의" 찬양자 시나의 변신

효과 만점이었던 시나 발언이지만 시나가 과연 마음속으로부터 사죄의 소리를 밝혔는가 하면 거기에는 큰 의문이 있다.

시나는 이 발언의 불과 2년 전인 1963년 《동화(童話)와 정치》라는 저서를 냈다. 거기서 시나는 숙부 고토 신페이의 공적을 칭하면서 "일본이 메이지유신 이래 강대한 서구제국주의의 송곳니로부터 아시아를 지키고, 일본의 독립을 유지하기 위해 대만 경영, 조선합방, 만주에 오족 공화의 꿈을 심은 것이 일본제국주의라고 한다면, 그것은 영광의 제국주의이며, 고토 신페이는 아시아 해방의 개척자(파이오니어)일 것이다. 나는 그렇게 확신한다"고 쓰고 있다.

시나의 고향 이와테현에서 출생한 고토 신페이는 가쓰라 내각이나 데라우치 내각에서 내상, 외상 등 주요 각료와 도쿄도지사를 역임한 거물이다. 간토대지진 후의 제국의 수도 부흥원 총재로서 도쿄 재건에 큰 공적을 남겼지만, 청일전쟁으로 획득한 대만에서 첫 민정장관을 맡고, 러일전쟁 후에는 만주철도 총재로서 만주개발에 앞장섰다. 외상 시절에는 시베리아 출병도 하는 등 일본의 제국주의 시대에 큰 역할을 수행한 인물이다.

시나는 《동화와 정치》에서 "고토는 일본제국주의 전형적 파이오니어라는 평가도 있다"고 한 뒤에, 이것에 반론한다. "서구의 제국주의가 아시아에 욕심을 내고 있을 때 아시아, 아프리카를 통해서 서구제국주의를 저지하려는 세력은 일본 말고 없었다. 청일전쟁은 결코 제국주의 국가간의 전쟁이 아니고, 러일전쟁은 러시아제국주의에 대한 통쾌한 반격이었다. 이것은 일개의 역사학도로서 나는 단언할 수 있다. 나는 아시아, 아프리카의 새벽은 세계사적으로 보면 러일전쟁에서 시작된다고 지적하고 싶다. 그리고 일본의 지향은 좋든 싫든 아시아·아프리카 제국과는 운명공동체이며, 그 해방 독립, 그리고 공존공영이라는 것이 아니면 안 된다"라고 썼다. 그 후에 앞서 서술하였던 "영광의 제국주의"의 대목이 나온다. 여기에는 기시와 같은 대아시아주의의 흐름을 계승하는 보수 정치가의 전형적 역사관이 들여다보인다.

실은 시나 방한 직전 중의원 예산위원회에서 사회당의 이시노 히사오가 《동화와 정치》를 인용해 시나에게 그것을 따졌다. 시나는 "지금은 나의 생각이 다소 수정되고 있습니다", "비록 아무리 선의의 제국주의라 해도 잘못을 범한다는 것을 나는 생각하고 있습니다"라고 대답하였다. 쓴웃음으로 끝난 이 질의는 서울에서의 사죄가 어디까지나 고도의 정치적 판단에 의한 것임을 엿보게 한다.

시나와 기시 노부스케는 깊고 긴 인연이 있었다. 기시의 뒤를 밟듯이 도쿄제국대학 졸업 후 상공성으로 간 시나는 그 시기부터 선배 기시의 눈에 띄는 존재가 되었다. 기시는 자신의 만주행에 앞서서 시나를 만주에 보냈다. 기시가 도조 내각의 상공대신이 되자 시나는 차관으로 기용되었다. 패전 후 기시가 A급 전범 용의자로 구속되었을 때에는 시나가 맥아더에게 '탄원서'를 보내 석방을 요청하였다.

기시 내각에서 관방장관의 중책을 맡은 것도 기시와 시나의 일체감을 엿볼 수 있다. 시나가 기시에 의한 야쓰기 특사 건에 직접 관계했는지 어땠는지는 모르지만, 본심을 누르고 한국에 사죄한 시나의 현실감각은 기시의 그것과 아주 비슷하다. 다른 것은 기시가 야쓰기 특사의 사죄를 부인한 것에 비해 시나는 스스로 사죄를 공공연하게 표명한 차이다. 한·일 국교정상화 조약 성립의 갈림길에 있었던 것이 결단의 이유겠지만 한때 시나의 "영광의 제국주의"관으로 볼 때 고도의 전략판단을 엿볼 수 있다. '반공'으로 한·일이 서로 맺어져야 할 필요성에 따른 큰 발상의 전환이었던 것은 아닐까.

여담이지만 시나에게는 면도날과 같은 예리함과 동시에 엉뚱한 기질이 있는데, 그것은 국회의 답변에서도 더러 나타났다. 방한 후의 중의원 예산위원회에서는 사회당의 도카노 사토코가 시나 성명의 "깊게 반성하고 있다"라는 말에 대해 "어떤 의미입니까"라고 묻고 늘어졌다. 그러자 시나는 "절절히 반성하고 있다는 의미입니다"라고 진지한 얼굴로 대답해 만장의 웃음을 자아냈다.

시나는 외상 당시 미·일 안보조약에 관해서 "미국은 일본의 집 지키는 개다"라고 한 적이 있다. 그런데 지나친 말이라고 생각했는지, 곧바로 "아, 틀렸습니다… 집 지키는 개님이십니다"라고 해 큰 웃음을 자아냈다. 이것은 잘 알려진 일화이지만, 앞의 '절절히' 발언도 이것에 필적하는 시나 어록의 한 대목이다.

쇼와천황의 역사적 '반성'

그런데 시나의 사죄발언은 그후 정부뿐만 아니라 천황의 '발언'의 기조가 되었다. 1984년 9월 한국 대통령으로서 처음으로 전두환이 일본을 공식 방문했을 때, 쇼와천황의 '발언'이 최대의 주목을 받았는데, 그것은 분명 시나 발언을 기초로 만들어진 것이다.

참혹한 민중탄압에다 군사 쿠데타를 거쳐 대통령이 된 전두환의 일본 방문은 일본에게 복잡한 것이었지만, 그것과는 별도로 이 방일은 한·일 관계의 역사적 의미를 가지게 된다. 과거 일본을 방문한 이승만, 박정희 등과는 다른 "대통령의 첫 공식방문"으로서 천황과의 회견이나 천황 주최의 만찬회가 개최되었기 때문이다. 식민지시대에 '황민화' 정책을 강요당한 한국에게 천황이란 '일본제국주의'의 상징 그 자체였던 만큼 천황이 과거에의 사죄감을 어떻게 표현하는지 한·일 양국에서 그 '발언'이 주목받았었다.

그러나 일본의 사정은 다르다. 전후에 일본국 헌법에 의해서 천황의 정치행위가 금지되고 있다. 그런 만큼 천황이 직접적인 발언을 하면 "정치 이용이며 헌법 위반이다"라고 국내에서 문제가 될 우려가 있다. 그러니까 천황의 '사죄'발언에는 한계가 있다는 것이 일본정부의 설명이었다. 하지만 한국은 그걸 충분히 이해하기 어렵다. 이제 와서 천황은 정치와 무연(無緣)이라고 말해도 식민지시대의 일을 생각하면 그것은 통하지 않는다는 생각이다.

나는 당시 외무성 담당기자로서 전두환의 일본 방문을 취재하였던 한 사람이다. 한국이 사전에 비공식 절충으로 "천황 발언"에 강한 기대를 걸고 있었던 것을 알았기에 동료 기자와 함께 열심히 사전 취재를 했다. 전 대통령의 일본 방문 전날 조간에 "천황 발언, '유감'을 표명"이라고 특종을 해서 보도했다. 지금은 '유감'이라는 말에 다들 익숙하지만 그전까지 천황의 '발언'에 대해 사전 취재해서 보도한 관례가 없었던 만큼 조마조마했다. 다음날 대통령을 맞이한 만찬회에서 나온 천황의 인사말에는, 기사에 썼던 대로 '유감'이나 "불행한 과거" 등의 문자가 있었다. 그것을 보고서야 안도했다.

이 인사말은 "긴 역사에서 양국은 깊은 이웃 관계"라는 것을 강조하면서 다음과 같이 이어졌다.

▪ 쇼와천황의 전두환 대통령에게 한 발언 (1984년 9월 7일)

"이러한 관계에도 불구하고 금세기의 한 시기에 있어 양국 사이에 불행한 과거가 있었던 것은 참으로 유감스럽고 다시 되풀이되어서는 안 된다고 생각합니다."

"불행한 과거", "참으로 유감" 등은 시나의 발언을 빼닮았고 "내가 깊이 슬프게 생각하는 그 불행한 전쟁"이라고 표현한 1975년 방미 '발언'에 비해 보다 발전된 표현이었다. 전두환은 답례의 인사로 "폐하가 지난날의 양국 관계사에서의 불행했던 과거에 대해 말씀하신 것을, 나는 우리 국민과 함께 엄숙한 기분으로 경청했습니다"라고 말한다. 한층 더 "비 온 뒤에 땅이 굳어진다"는 양국 공통의 속담에 비유해 "불행한 과거는 지금보다 밝고 보다 절친한 한·일 간의 미래를 개척해 나가는 데 귀중한 초석이 되지 않으면 안 된다고 믿습니다"라고 말했다.

한국 대통령으로서 천황의 발언을 평가했다. 그러나 '발언'에는 시나 발언과 달리 '반성'이란 말은 없었다. "불행한 과거"가 누구의 책임에 의한 것인지도 나타나지 않았다. 게다가 '유감'(遺憾)이라는 표현은 본래 '안됐다'(殘念)는 의미로, 항의 때도 쓰는 코걸이 귀걸이식의 말인 것은 한국어로도 마찬가지다. 천황 발언을 두고 한국에서 역사적 감개와 더불어 '애매하다'라는 비판과 불만이 들려왔다. 그걸 정치가의 발언으로 보충하고자 했던 게 당시 수상으로서 전두환을 초청한 나카소네였다. 다음날 오찬회에서 다음과 같이 말했다.

▪ 나카소네 수상의 전두환 대통령에게 한 인사 (1984년 9월 7일)

"일본이 귀국에 힘입은 바가 컸던 한·일 교류사 중에서, 유감스럽지만 금세기의 한 시기에 일본이 귀국 및 귀국 국민에 대해 다대한 고난을 주었다는 사실을 부정할 수 없다. 나는 정부 및 일본국민이 이 잘못에 대해 깊은 유감의 뜻을 기억하는 것과 동시에 장래를 경계하고자 하는 것을 밝히고 싶다."

발언은 천황의 발언과 함께 외무성이 준비한 것이다. "다대한 고난"을 준 주체가 일본이라고 명시되고 '잘못'이라고 명시된 것 등이 특징이었다.

뒤이어 노태우 대통령이 일본을 방문한 1990년에는 지금 천황이 맞이하였는데, 쇼와천황의 발언에 대한 한국의 불만을 고려하여 표현은 한 걸음 더 나아갔다.

▪ 현재의 천황이 노태우 대통령에게 한 발언 (1990년 5월 24일)

"일본에 의해 초래된 불행한 시기에 귀국의 사람들이 당한 괴로움을 생각해, 나는 통석(痛惜)의 념(念)을 금할 수 없습니다."

이렇게 하는 것으로 "불행한 시기"가 일본에 의해 초래되었음을 확실히 한 뒤 "통석의 념"을 포함시켰다. 그런데도 '반성'이라는 두 글자는 들어가 있지 않았다.

호소카와의 '창씨개명' 사죄

그 후에도 수상의 사죄는 계속되었다. 미야자와 기이치가 1992년 1월에 방한하였을 때에는 종군위안부 문제가 표면화되고 있었는데, 미야자와는 노태우 대통령에게 "(종군위안부의) 이루 말로 다 못하는 괴로움에 대해서 충심으로 사과하고 싶다"고 성의를 보였다.

종군위안부에 대해서는 다음해 8월, 미야자와 내각이 끝날 무렵 관방장관 고노 요헤이가 정부의 조사결과를 발표했다. "모집 이송 관리 등도 감언 강압에 의하는 등 대체로 본인들의 의사에 관계없이 행해졌다"고 해 강제성을 인정하면서 다음과 같이 사죄했다.

▪ 종군위안부 문제에 대한 고노 관방장관 담화 (1993년 8월 4일)

"본 건은 당시 군의 관여 아래 다수 여성의 명예와 존엄을 깊게 손상시킨 문제이다. 정부는 이 기회에 다시금 그 출신지 여하를 불문하고, 이른바 종군위안부로서 많은 고통을 당하여 심신에 달래기 어려운 상처를 입은 모든 분들에 대해 진심으로 사과와 반성의 말씀을 드린다. … 우리는 이러한 역사의 진실을 회피하는 일 없이 오히려 이것을 역사의 교훈으로서 직시해 나가고 싶다. 우리는 역사연구, 역사교육을 통해서 이러한 문제를 영원히 기억해서 같은 잘못이 결코 반복되지 않도록 한다는 굳은 결의를 재차 표명한다."

게다가 한국에서 '획기적'이라고 평가된 수상의 사죄가 있었다. 1993년 11월에 방한한 호소카와 모리히로의 사죄이다. 경주에서 김영삼 대통령과 회담할 때 다음과 같이 말했다.

▪ 호소카와 수상의 경주 발언 (1993년 11월 7일)

"일본의 식민지 지배에 의해서 한반도 사람들이 학교교육에서 모국어 교육 기회를 빼앗기거나, 자신의 성명을 일본식으로 개명당하거나 종군위안부 징용 등 다양한 형태로 참기 어려운 괴로움과 슬픔을 경험하였다. 가해자로서 진심으로 반성하고 마음 깊이 진사(陳謝)하고 싶다."

창씨개명 등의 구체적 사실을 든 명확한 진사인 만큼 전에 없이 성의 있는 말에 한국민의 마음에 영향을 주었다. 이 발언에 대해서 나는 후에 호소카와에게 직접 묻고 경위를 확인했던 적이 있다. 상당히 깊이 생각하고 한 발언이라는 생각이 들었기 때문이었다. 그러나 호소카와의 대답은 뜻밖의 것이었다.

"그때는 출발 직전까지 준비시간도 없고 경주에서 무엇을 말할지, 부산에 가는 비행기 안에서 도착 10분 전까지 외무성의 실무진과 작업했습니다. 나카소네 씨나 미야자와 씨 때와 비슷한 발언의 페이퍼가 준비되어 있었는데, 나는 '그런 이야기로는 안 된다. 더 나아가 구체적인 것을 말하고 싶다'라고 …. 그러자 동행하였던 고토 대사가 '그렇다면 창씨개명 등의 일을'이라고 지적해, '바로 그거야'라고 정했다. 정말로 모험이었다."

역사적이라고도 할 경주 발언은 실로 허둥지둥 작업 끝에 나온, 하지만 시원스럽게 정해진 것이다. 마지막 순간에 현지 공기를 아는 한국대사의 의견을 넣은 것은 시나 발언과 닮아 있다.

그렇다 치더라도 상당히 진전된 말을 하려고 한 것은 호소카와다운 발상이었다. 호소카와는 나의 인터뷰에 대해서 "취임했을 때부터 그렇게 하고 싶었다. 지금까지로는 불충분하다, 좀더 마음을 담아 보고 싶다"라고도 말했다. 거기에는 기시나 시나의 사죄발언에서 보이는 답답함도, 일구이언의 요소도 없고 사죄하는 것을 당연하게 받아들이고 있음을 알 수 있다. 호소카와는 태평양전쟁에 책임을 면할 수 없었던 고노에 후미마로의 손자인 것은 잘 알려져 있지만, 호소카와의 언동으로부터 알 수 있는 것은 전후파 수상다운 감각이다. 그것은 확실히 시대의 흐름을 반영한 것이었다.

그렇긴 해도 이 발언은 한국민의 마음을 움직였다. 호소카와는 수상을 그만둔 후 1995년 2월에 한국을 방문했는데, "그 발언 덕분에 나는 서울에서 아주 유명해져서, 한국에서도 선거에 나가면 당선된다고 생각될 정도였다"고 웃었을 정도다. 정확히 10년 후 자민당 정조회장이라는 요직에 있는 아소 타로의 입으로부터 창씨개명에 대해 "조선사람이 원했다"는 취지의 발언이 튀어나오리라고는 꿈에도 생각하지 못했을 것이다.

오부치 · 김대중의 '화해' 선언

한 · 일 관계가 정치적으로 최고조에 달한 것은 1998년 10월 김대중 대통령의 방일 때였다. 한 · 일의 "역사적 화해"에 의욕이 넘친 김대중과 수상으로서 아시아 외교에 열심이었던 오부치 게이조는 큰일을 완수했다. 일본이 과거에 대해 명확하게 '사죄'하는 대신에 한국은 미래를 향한 '화해'를 약속한다는 것이다. 한 · 일 공동선언에는 다음과 같이 '사죄'와 '화해'가 포함되었다.

▪ 오부치 · 김대중의 한 · 일 공동선언 (1998년 10월 8일)

"오부치 총리대신은 금세기의 한 · 일 양국 관계를 회고해, 일본이 과거 한 시기 한국 국민에 대한 식민지 지배에 의해 다대한 손해와 고통을 주었다는 역사적 사실을 겸허하게 받아들이고 통절한 반성과 함께 진심으로 사죄하였다.

김대중 대통령은 이러한 오부치 총리대신의 역사인식의 표명을 진지하게 받아들여 이것을 평가하는 것과 동시에, 양국이 과거의 불행한 역사를 넘어 화해와 선린우호 협력에 바탕한 미래 지향적 관계를 발전시키기 위해서 서로 노력하는 것이 시대적 요청이라는 취지를 밝혔다."

독자는 벌써 눈치챘을 것이다. 공동선언에 포함된 오부치 발언은 1995년의 무라야마 담화에 사용된 말투를 전부 계승하고 있었다. "과거 한 시기", "식민지 지배", "다대한 손해와 고통", "통절한 반성", "진심으로 사과" 등이다. 무라야마 담화가 얼마나 큰 역할을 해냈는지 이 사실로도 알 수 있을 것이다.

실은 이 선언이 있고 곧 중국의 장쩌민 주석이 일본을 방문해 같은 선언을 하지만, 내용은 중요한 부분에서 비슷하면서도 다르다.

중·일 정상화와 다나카 '사과' 발언

지금까지 한국에 대한 사죄(謝罪)를 언급하였지만 화제를 잠시 중국에 대한 사죄로 옮기자. 우선은 1972년의 중·일 국교정상화로 이야기를 되돌리지 않을 수 없다. 여기에서도 일본의 사죄가 중요한 역할을 했다. 만주사변 이래 다양한 침략의 상흔을 남긴 채로 전후 30년 가깝게 국교가 없었던 중국이 상대이기에 그것은 물론 피할 수 없는 것이었다.

1972년 9월 국교정상화를 내걸고 마침내 방중을 실현한 수상은 다나카 가쿠에이였다. 다나카는 정권을 잡기 전인 같은 해 3월 사토 내각의 통산상으로서 중의원 예산위원회에서 중요한 답변을 했다. 자민당의 가와사키 수지의 질문에 대해서 "중·일 국교정상화의 첫 번째로, 매우 폐를 끼쳤습니다. 진심으로 사과합니다 라는 마음, 역시 이것이 대전제가 되어야 한다는 생각은 지금도 앞으로도 변함없다고 생각합니다"라고 대답했다. 하야사카 시게조의 《정치가 다나카 가쿠에이》에 의하면 이것은 중국에 대한 명확한 사인이었다. 전에 이야기한 것처럼 다나카가 중국에 대한 '침략'을 명확하게 의식하고 있던 것은 아니지만 '폐'를 끼쳤다고 강조하는 것으로, 자신이 정권을 잡으면 중·일 국교정상화에 손댄다는 결의를 보였다. 이러한 일 때문에도 중국은 다나카에 큰 기대를 걸게 된 것이었다.

드디어 다나카의 역사적 방중이다. 다나카를 맞이한 중국 수상 저우언라이는 회담에서 국교정상화의 의의를 강조한 뒤 "우리는 배상의 괴로움을 알고 있다. 이 괴로움을 일본국민에게 강요하고 싶지 않다"고 말하고, 배상 포기를 밝혔다. "배상의 괴로움"이란 청일전쟁의 승리로 일본이 청나라에게 요구한 막대한 배상을 염두에 두고 있던 것임에 틀림없다.

저우언라이는 게다가 미·일 안보조약에 간섭하지 않는 것, 공산혁명을 수출하지 않을 것 등도 명언했다. 그리고 환영만찬의 인사말에서 저우언라이는 일본에 의한 '중국침략'의 과거를 정확히 언급했다.

▪ 저우언라이의 환영사 (1972년 9월 26일)

"양국의 역사에는 2000년의 우호 왕래와 문화교류가 있어 양국 인민은 깊은 인연을 갖고 있습니다. … 그러나 1894년부터 반세기에 걸치는 일본 군국주의자의 중국침략에 의해서 중국 인민은 극심한 재난을 당하고 일본 인민도 큰 손해를 입었습니다. 과거 일을 잊지 말고 뒷날의 교훈으로 삼는다는 말이 있습니다만, 우리는 그러한 경험과 교훈을 확실히 명기해 두지 않으면 안 됩니다."

이에 대해서 다나카가 답사를 하였다.

▪ 다나카 수상의 답사 (같은 날)

"양국은 지리적으로 가까우면서도 실로 2000년에 걸치는 다채로운 교류의 역사를 가지고 있습니다. 그런데 과거 수십 년에 걸쳐서 중·일 관계는 유감스럽지만 불행한 시기를 겪었습니다. 이때 일본이 중국 인민에게 다대한 폐를 끼쳤던 것에 대해서 나는 재차 깊은 반성의 뜻을 표명하는 바입니다."

저우언라이가 '중국침략'을 "1894년 이래"라고 말한 것은 청일전쟁을 포함한 계산이지만, 다나카는 거기에 대해 견해를 나타내지 않고 "과거 수십 년간"에 '폐'를 끼친 것을 반성한다고 했다. '폐'가 청일전쟁으로부터인가, 제1차 세계대전 후의 대(對)중국 21개조 요구로부터인가, 그렇지 않으면 만주사변으로부터인가 아니면 중일전쟁으로부터인가, 모든 것을 애매하게 얼버무리면서 사과한 것이지만, 중국이 문제로 삼은 것은 그것보다 '폐'라는 말이었다.

통산상 당시의 국회 답변에서 사용한 '폐'라는 표현이 어떻게 번역되어 중국에 전해졌는지는 알 수 없지만, 방중(訪中) 시에 일본이 준비한 "폐를 끼쳤다"의 번역은 '첨료마번'(添了麻煩)이었다. 이것은 극히 가벼운 '폐'의 의미에 지나지 않았다. 일본정부로 보면 국내 특히 자민당 내의 반발도 생각한 끝에 준비한 말이지만, 저우언라이는 다음날의 회담에서 '첨료마번'에 대해 강하게 불쾌감을 나타냈다. "이것은 중국에서는 길가에서 무심코 여성의 옷에 물을 끼얹은 것을 사죄하는 정도의 의미다"라고 지적했다. 예기치 못한 반응에 다나카가 당황해하였던 것은 두말할 필요도 없다.

그러한 경위 때문에 공동성명의 문안을 어떻게 할지 외상회담에서 격한 논의가 있었다. 제1장 제1절 "내셔널리즘의 복권"에서도 말한 것처럼, 거기에는 전쟁책임의 양분론도 얽혀 있었지만 결국 양국 정상이 조인한 중·일 공동성명에는 다음과 같은 말이 포함되었다.

▪ 국교정상화의 중·일 공동성명(1972년 9월 29일)

"일본은 과거 전쟁을 통해서 중국 인민에게 중대한 손해를 주었던 것에 대한 책임을 통감하고 깊이 반성한다."

"중대한 손해", "책임을 통감", "깊이 반성"의 명기이다. 이것을 전제로 공동성명에서는 중·일의 "비정상적 상태"에 종지부를 찍는 것, 일본은 중국을 유일한 합법정부라고 인정하는 것, 중국은 배상을 포기하는 것 등이 선명하게 명기되었다. 이것이 지금도 중·일 관계의 기초로 되어 있다. 1978년에 체결된 중·일 평화우호조약에도 이 공동성명이 그 바탕인 것이 전문에 보인다.

국교정상화로부터 20년이 지난 1992년 10월, 현재의 천황이 중국을 방문했다. 천황은 과거에 대해 다음과 같이 말하고 있다.

▪ 천황의 방중 인사 (1992년 10월 24일)

"양국 관계의 긴 역사에서 일본이 중국 인민에 대해 다대한 고난을 준 불행했던 한 시기가 있었습니다. 이것을 저는 깊이 슬퍼하는 바입니다. 전쟁이 끝났을 때 일본 국민은 이러한 전쟁을 다시는 반복해서는 안 된다는 깊은 반성 위에서, 평화국가로서의 길을 걸을 것을 굳게 결의하며 나라 재건에 힘썼습니다."

이것은 앞에서 언급한 한국 대통령에 대한 쇼와천황 등의 발언을 밑바탕으로 다듬어진 것이었다. 주어를 국민으로 하면서 처음으로 '반성'의 한마디를 더했던 것이 특징이다.

오부치 · 장쩌민의 고집스런 대결

1998년 11월 장쩌민 주석이 일본을 방문한 때는 어떠하였을까. 결론부터 말하면 공동선언에는 일본이 반성한다는 문구가 포함되었다.

▪ 오부치 · 장쩌민의 중 · 일 공동선언(1998년 11월 27일)

> "쌍방은 과거를 직시하고 역사를 올바르게 인식하는 것이, 중 · 일 관계를 발전시키는 중요한 기초라고 생각한다. 일본은 1972년 중 · 일 공동성명 및 1995년 8월 15일의 내각총리대신 담화를 준수해, 과거 한 시기 중국침략에 의해서 중국 인민에게 다대한 재난과 손해를 주었던 책임을 통감하고, 이에 대해 깊은 반성을 표명했다. 중국은 일본이 역사를 교훈삼아 평화발전의 길을 견지하기를 희망한다. 쌍방은 이러한 바탕 위에서 긴 세월에 걸치는 우호관계를 발전시킨다."

여기에서는 1995년의 수상담화(무라야마 담화)를 '준수'하는 것이 분명히 나타난 것 이외에 "과거의 한 시기", '침략', "다대한 재난과 손해", "깊은 반성" 등 역시 무라야마 담화를 이용해 반성이 명기되었지만 "진심으로 사과" 소리만큼은 포함되지 않았다.

중국은 일본에 대하여 한 달 전의 "김대중 · 오부치"의 한 · 일 공동선언과 같은 "진심으로 사과"의 명기를 강하게 요구했지만, 그 대신에 김대중과 같이 '화해'를 포함시키는 것만은 완강히 거절했다. 그뿐만 아니라 장쩌민은 체일(滞日)기간중 반복하여 일본의 역사인식을 언급하고 일본의 반성을 거듭 촉구하는 자세를 나타냈다. 이 때문에 오부치는 정상회담에서 무라야마 담화를 이용하여 그것을 확인하는 형태로 "재차 이 반성과 사과를 중국에 대해서 밝힌다"고 구두로 전하는 데 그치고 공동선언 문서화는 거절했다.

동남아시아에 대한 사죄

동남아시아에서도 태평양전쟁 발발 50주년을 맞는 1991년 5월, 가이후 도시키가 수상으로서 싱가포르를 방문하여 이렇게 말했다. 이 발언이 아시아 · 태평양 지역에 대한 가장 명확한 "과거사의 반성"이 되었다.

▪ 가이후 수상의 싱가포르에서의 담화 (1991년 5월 4일)

“금년은 태평양전쟁의 개전으로부터 50년에 해당되는데, 나는 다시금 금세기 전반의 역사를 되돌아보고 많은 아시아 · 태평양 지역의 사람들에게 참기 어려운 괴로움과 슬픔을 안겨 준 일본의 행위를 엄숙하게 반성한다.”

동남아시아라고 하면 고이즈미 준이치로가 2005년 4월, 인도네시아에서 열린 “아시아 · 아프리카 회의”(반둥회의)의 50주년 회의에 출석해서 연설한 것도 언급하지 않을 수 없다. 이 회의에서 고이즈미는 일부러 다음과 같이 아시아 제국에의 사죄를 포함시켰다. 야스쿠니 참배를 계속한 데 대한 중국 등의 비판을 의식해 아시아 전체에 겸허한 자세를 강조하고 싶었을 것이다. 여기에도 무라야마 담화가 계승되었다.

▪ 고이즈미 수상의 반둥회의에서의 연설 (2005년 4월 22일)

“일본은 일찍이 식민지 지배와 침략으로 많은 나라들 특히 아시아 제국의 사람들에 대해서 다대한 손해와 고통을 주었습니다. 이러한 역사적 사실을 겸허하게 받아들여 통절한 반성과 진심으로부터의 사과를 항상 마음에 새기면서, 일본은 제 2차 세계대전 후 일관되게 경제대국은 되어도 군사대국은 되지 않고, 어떠한 문제도 무력에 의존하지 않고 평화적으로 해결한다는 입장을 견지하고 있습니다. 앞으로도 세계와의 신뢰관계를 소중히 하고 세계의 평화와 번영에 공헌해 나갈 결의를 다시금 표명합니다.”

고이즈미의 거듭된 사죄

고이즈미는 야스쿠니 참배문제에 대한 완고한 자세만이 기억에 새겨져 있지만, 실은 반둥회의에서만이 아니라 여러 번 사죄를 거듭한 수상이기도 하다. 그것은 특기해야 할 일인지도 모른다.

예를 들면, 수상으로 취임한 2001년 10월, 방중한 고이즈미는 중일전쟁이 시작된 베이징 교외의 노구교(蘆溝橋)를 방문하고 "항일전쟁기념관"을 견학한 뒤 다음과 같이 말했다.

▪ 고이즈미 수상의 노구교에서의 발언(2001년 10월 8일)

> "인민 항일전쟁기념관도 보고 다시 한번 전쟁의 비참함을 통감했다. 침략에 의해 희생된 중국인들에 대해 진심으로 사과와 애도의 마음을 가진다. … 과거 역사를 공부하면서 인간은 반성하고 미래에 되살려 가지 않으면 안 된다. 우리들도 과거 역사를 직시해, 두 번 다시 전쟁을 해서는 안 된다는 반성으로부터 전후에 평화국가로서 번영할 수 있었다."

노구교 방문시 과거를 직시하는 자세를 선명히 보임으로써 같은 해 8월에 행한 야스쿠니 신사 참배에 대한 비판을 완화시키려고 한 게 틀림없다.

고이즈미는 일주일 후 한국을 방문하여 김대중 대통령과의 회담 전에 서울 서대문 형무소 터에 세워진 독립공원에 들러, 거기서 기자단에게 "진심으로 반성과 사과"를 말했다. 서대문 형무소는 식민지시대에 독립운동가들이 투옥된 역사적 장소이다. 거기를 일부러 방문함으로써 과거에 대한 진지한 마음을 보이려 했었다. 발언은 이랬다.

▪ 고이즈미 수상의 서대문 형무소 터에서의 발언 (2001년 10월 15일)

"과거의 꺼림칙한 역사의 일부를 보았다. 일본의 식민지 지배에 의해서, 한국 국민에게 다대한 손해와 고통을 주었던 것에 대해 진심으로 반성과 사죄의 마음을 갖고서 전시시설, 고문의 흔적을 보았다. 고통과 희생을 강요당한 분들의 원통한 마음을 잊어서는 안 된다."

고이즈미는 이어 "역사를 서로 반성하면서 두 번 다시 고난의 역사를 걷지 않도록 협력해야 한다"고 말했기 때문에 "서로 반성"의 표현이 한국의 반발을 초래했지만, 수상으로서 첫 서대문 방문에 고이즈미가 반성의 메시지를 표한 것은 의심할 여지가 없다.

중일전쟁이나 한국의 식민지 지배에 대한 고이즈미의 자세는 이와 같이 명확한 것이었다. 그것을 집대성했던 것이 "전후 60년"을 맞이한 수상담화이다.

▪ 전후 60년의 고이즈미 수상 담화 (2005년 8월 15일)

"일본은 일찍이 식민지 지배와 침략에 의해서 많은 나라들, 특히 아시아 제국의 사람들에 대해서 다대한 손해와 고통을 주었습니다. 이러한 역사적 사실을 겸허하게 받아들여 다시금 통절한 반성과 진심어린 사과의 마음을 표명하는 것과 동시에, 지난 대전에서의 내외 모든 희생자에게 삼가 애도의 뜻을 표합니다. 비참한 전쟁의 교훈을 풍화시키지 않고, 두 번 다시 전화(戰火)를 겪는 일 없이 세계의 평화와 번영에 공헌해 나갈 결의입니다."

고이즈미의 실수는 자신의 사죄에 너무 자신한 것이었는지도 모른다. 사죄를 거듭하고 있으니까 군국주의에 대한 반성은 분명하고 따라서 야스쿠니 신사에 참배해도 문제없다고 생각한 것일 것이다.

마지막으로 고이즈미의 특기해야 할 실적으로서, 북한 방문시에 김정일과 주고 받은 '평양선언'이 있다. 여기에는 식민지 지배의 사죄에 덧붙여 과거 청산의 원칙적 틀이 포함되었다. 그것은 한일조약에 준한 처리이다. 이 부분을 소개해 두자.

▪ 평양선언 (2002년 9월 17일)

"일본은 과거의 식민지 지배에 의해서 조선인들에게 다대한 손해와 고통을 주었다는 역사적 사실을 겸허하게 받아들여 통절한 반성과 진심어린 사과를 표명했다. 쌍방은 일본이 조선민주주의인민공화국에 대하여 국교정상화 후 쌍방이 적절하다고 생각하는 기간에 무상 자금 협력, 저금리의 장기 차관 공여 및 국제기관을 통한 인도주의적 지원 등의 경제협력을 실시한다. 또 민간 경제활동을 지원하는 차원에서 국제협력은행 등에 의한 융자, 신용공여 등의 실시가 이 선언의 정신에 합치한다는 기본인식 아래, 국교정상화 교섭에서 경제협력의 구체적 규모와 내용을 성실하게 협의하기로 한다.

쌍방은 국교정상화 실현에 즈음해서, 1945년 8월 15일 이전에 생긴 사유에 바탕하는 양국 및 그 국민의 모든 재산 및 청구권을 서로 포기하는 기본원칙에 따라 국교정상화 교섭에서 이것을 구체적으로 협의하기로 했다.

쌍방은 재일 조선인의 지위에 관한 문제 및 문화재 문제에 대해서는 국교정상화 교섭에서 성실하게 협의하기로 했다."

3. 검증: 천황 방중이 결정되기까지

멀어진 "과거사의 일단락"

천황의 방중(訪中)은 도대체 무슨 의미였던가. 그런 생각을 해 볼 때가 많다.

내가 그렇게 허무함을 느끼기 시작한 것은 "전후 50년"에 해당하는 1995년 여름이었다. 중국이 반복하는 핵실험에 강하게 항의하며 "무상원조 삭감"을 밝힌 일본정부에 대해 중국으로부터 되돌아 온 것은 "과거 침략을 반성하지 않는 일본이야말로 문제다"라는 강경한 대답이었다.

장쩌민 체제하에 중국의 차디찬 대일 자세가 한층 더 명료해진 것은 그로부터 3년 후의 일이다. 앞서 "망언과 사죄의 정치사"에서도 다룬 것처럼 국빈으로서 일본을 방문한 장쩌민 국가주석이 '역사문제'를 계속 추궁했다. 장쩌민은 황궁 만찬에서도 천황에게 "일본 군국주의는 대외침략 확장의 길을 걸어 중국 인민에게 큰 재난을 안겨주었다"고 말했다. 1992년 난항 끝에 천황 방중이 실현되어 중·일 양국은 "과거에 큰 매듭을 지었다"고 평가되었음에도 불구하고.

여기에는 "애국 교육"을 전면에 내건 중국의 국내사정이 있었던 것임에 틀림없지만 그것뿐만은 아닐 것이다. 무라야마 담화를 뒷전으로 "아시아 해방이 목적이었다"는 등 아시아 침략을 정당화하는 발언이 일본의 정치가로부터 차례차례 튀어나와서 중국을 자극했다. 장쩌민으로 하여금 "일본에는 역사문제를 영원히 시비하지 않으면 안 된다"(1998년 8월의 대사 회의에서의 지시)라고까지 말하게 하였다.

'망언'한 사람들은 대부분 천황 방중에 반대한 우파 쪽의 사람들이었다. 미야자와에 이어 수상이 된 호소카와나 무라야마의 명확한 사죄에 한층 더 위기감을 강하게 느끼고 있었다. 천황 방중을 둘러싸고 공방은, 말하자면 연장전에 들어간 셈이었다. 고이즈미 정권하에서는 수상의 거듭되는 야스쿠니 참배 때문에 양국은 한층 더 가시 돋친 관계로 빠져버렸다. 역사의 일단락으로서 획기적이었던 천황 방중의 보람도 완전히 오간 데 없어지고 말았다.

그렇다고 해서 천황 방중이 무의미했다고는 생각하지 않는다. 황실외교가 국가와 국가, 국민과 국민의 "우호의 증거"이기 때문에 현 헤이세이 천황의 방중은 쇼와천황의 방미(1975년)와 맞먹는 "전후 최대의 황실외교"임에 틀림없고, 내외로부터 큰 주목을 받은 것은 당연했다. 이 1992년은 유엔 평화유지활동(PKO) 협력법이 통과되어 자위대가 처음으로 해외에 파견되고 북방영토의 반환문제가 전에 없이 현실의 과제로 표면화한 시기이기도 했다. 천황 방중은 이러한 문제와도 얽혀 좋든 궂든 큰 정치적 의미를 가졌다.

저자는 천황 방중이 결정되는 과정을 당시 정치부의 내각담당 데스크로서 취재·보도하는 입장이었다. 일선 기자들의 정보를 분석하거나 나 스스로 취재하거나 하면서 총괄 판단하는 직무였다. 그러한 경험과 견식에 더해 당시로서는 알 수 없었던 내용을 보충취재한 저자는, 1년 후 〈중앙공론〉(1993년 9월호)에 "검증 : 천황 방중"을 실었다. 천황 방중의 의미는 무엇이었을까를 다시금 생각하면서 여기에 그 '검증'을 재수록해 본다.

와타나베 미치오의 돌진 사인

1992년 외무성의 연초는 분주했다. 1월 7일에 방일하는 부시 미 대통령을 맞이하는 것만도 큰일인데, 3일에는 와타나베 미치오 외상(부총리이기도 했다)이 베이징을 방문하기 때문이었다. 전해 11월에 발족한 미야자와 내각의 제 2인자인 와타나베였지만, 그 와타나베가 첫 공식 방문지로 선택했던 것이 일본과 국교정상화 20주년을 맞이하는 중국이었다. 여기에 큰 선물이 준비되어 있었다.

외상회담은 4일 조어대(釣魚臺) 영빈관에서 벌어졌다. '20주년'의 화제로 진행되었는데, 중국 첸치천〔錢其琛〕 외무부장이 말을 꺼냈다.

"올 가을, 천황 황후 양 폐하의 방문을 기대합니다."

지금까지도 천황 방중을 초청해 온 중국이지만, "올 가을"이라고 시기를 못박은 이 말투는 전에 없었다. 와타나베는 대답했다.

"누차에 걸치는 초청입니다. 정부에서 진지하게 검토해 보고 싶습니다."

와타나베가 말한 "진지하게 검토"라는 대답도 일본으로서는 처음 하는 적극적인 표현이다. 이것이 기자단에게 발표되어 "천황 방중, 사실상 굳어지다"라고 일제히 전해졌지만 실은 와타나베는 외상회담에서 다음의 한마디를 덧붙여 좌중을 놀라게 했다.

"일정은 10월 22일에서 27일이 어떻습니까?"

중국이 천황 초청을 강하게 요구할 것을 예상한 외무성 실무진이 미리 황실이나 중국의 사정을 고려해 가다듬어 놓은 일정이었다. 디

것은 회담 시나리오에는 없던 대사였다. 기뻐한 중국은 "좋습니다"라고 응했지만, 이 부분은 발표에서는 숨겨져 그 후도 공식적으로는 덮여진 채로 있다.

일찍이 자민당 극우파인 청람회의 강경파로서 중·일 국교정상화나 항공협정에 격렬하게 반대한 와타나베이다. 그 자신이 하필이면 이런 역할을 하게 되랴! 와타나베는 책임 있는 실력자가 된 자신에게 큰 감회를 품고 있던 것임에 틀림없다.

돌아보면 천황의 방중은 오랜 현안이었다. 1971년에 유럽 7개국, 1975년에 미국을 방문한 쇼와천황은, 미국서 귀국한 직후에 "일·중 평화우호조약이 체결되어 방중의 기회가 오면 매우 기쁠 것이다"라고 발언하였다. 그리고 부수상으로서 일본을 들른 덩샤오핑이 천황 초청 발언을 한 것은 중·일 평화우호조약이 체결된 직후인 1978년 10월이었다.

쇼와천황에게는 방미에 이어 "중국도 방문하고 싶다"는 생각이 강했다고 한다. 한반도 합방은 "메이지 천황의 시대"였지만 만주사변으로부터 중일전쟁, 더욱이 태평양전쟁으로 치달은 것은 "자신의 시대"에 일어난 일이었다는 책임감에서였다고도 해석되고 있다.

어쨌든 그 소원은 이루어지지 못한 채 그 과제는 헤이세이 천황에 인계되었다. 1989년 4월 수상으로서 일본을 방문한 리펑〔李鵬〕은 천황에게 "적당한 시기에" 방중해달라고 초청했다. 하지만 직후에 일어난 천안문 사건 때문에 중국은 차가운 국제여론에 휩싸인다. 중·일 관계도 썰렁해지고 초청 이야기는 사라지게 되었다.

그 이야기가 부활했던 것이 1991년 6월 첸치천이 외무부장으로서 일본을 방문하였을 때이다. 그는 "내년 적당한 시기에"라는 표현으로 다시 천황 방중을 제안하였다. '내년'이란 1972년의 중·일 국교정상화로부터 정확히 20주년에 즈음하는 1992년이다. 그는 "방중이 실현되면 중국 인민의 열렬한 환영을 받아 중·일 관계사상 큰 사건이 될

다시 진행된 것은 조금 후의 일이다.

이렇게 하여 바깥쪽 분위기 조성은 되어 갔지만 당내 대책은 아직이었다. 28일에는 우파의 대표격인 참의원 국회 대책위원장 무라카미 마사쿠니가 "선거로 부재중인 동안에 신문에 자꾸 '결정'이라고 흘리는 것은 빈집털이 아닌가?"라고 임원회에서 따져 물었다. 정부가 신문에 흘려 쓰게 했다는 식이었다. 총무회에서도 반대파가 소리를 높였다. 같은 날 반대파의 문화인 등이 "천황 방중 중지를 원하는 국민집회"를 열어, 후지오와 이타가키〔坂垣〕 등이 "조공외교다", "땅에 엎드려 조아리는 외교다"라고 발언했다. 국회의원이 된 지 1년된 에토 세이치 등은 30일 '반대' 의원 그룹을 만들어 '연기'를 요구하는 서명을 하기 시작하였다. 긴장감이 높아지는 가운데 수상관저의 최종 판단은 가까워졌다.

8월 15일 종전기념일을 앞두고 "야스쿠니 참배" 문제도 얽혀들었다. 방중 반대파는 원래 수상의 야스쿠니 신사 참배에 이의를 제기하여 중지시킨 중국에 대한 반발이 격렬했다. 매년 이 시기가 되면 수상의 야스쿠니 참배를 요구하는 움직임이 당 내외에서 나왔지만 이 해는 각별하였다. "수상이 야스쿠니 참배를 한다면 방중 반대도 누그러진다. 공식적 참배가 무리라면 '사적 참배'라도 해 보면 어떨까"라는 제안도 당 임원중에서 나왔다. "그러면 다이토주쿠도 납득한다"는 것이다. 정부 내에서 중국의 의향을 타진하는 움직임이 있었으나 "아무리 그렇다 하더라도"라면서 계획은 중지되었다.

미야자와는 '야스쿠니'로 몹시 신경이 곤두섰다. 기자들의 질문에 "아직 결정하지 않았다"는 말만 계속하고, 마침내 9일 '적당한 시기에 사적 입장에서 참배한다"고 표명하기에 이른다. 그것은 다이토주쿠를 비롯한 우익세력에 암묵적으로 사인을 보낸 것이었는지도 모른다. 시기는 명시되지 않았지만 실제로는 천황이 방중을 끝내고 귀국한 후 11월, 그는 은밀하게 사적 참배를 완수했다고 전해지고 있다.

미야자와는 5일 당의 최고 고문들과 간담회를 가졌다. 미국이나 한국의 '이해'를 들어 협력을 요청했다. 미야자와의 후견인을 자부하는 스즈키가 재빠르게 지지했다. 3월의 간담회로부터 5개월 가까이, 이미 나카소네도 이의를 제기하지 않고 대세는 정해졌다.

이러한 중에 열린 5일의 총무회. 재차 찬반양론이 부딪쳤지만 후지오가 "나는 반대이지만 이미 정해졌다면 여기서 이런저런 말을 한다 해도 소용이 없다"라고 하여 주목을 끌었다. 그 취지는 억측을 불렀지만 "더 이상 반대한다면 폐하의 마음에 반(反)할 수도 있다"는 염려로 해석되었다. "방중하고 싶다"는 천황의 의사는 반대파에게도 일찍부터 전해졌다. 후지오는 늘 "그렇다 하여도 폐하의 기분으로 판단해서는 안 된다. 폐하는 정치에 관여하면 안 된다"고 가토 고이치 등에게 말하였지만 마음속으로는 천황이 신경 쓰였을 것이다. 어쨌든 천황 방중을 피할 수 없다면 너무 반대하는 것도 좋지 않다고 생각했을지도 모른다.

그럼에도 불구하고 정부가 두려워한 것은 "일발의 총성"이었다. 방중을 결정했다 하더라도 엉뚱한 일이 생긴다면 모두 물거품이다. 따라서 어떻게든 다이토주쿠의 이해를 얻을 수 없을까 하고서 염려하는 가토와 이시하라를, 다이토주쿠 대표 스즈키 마사오가 방문한 것은 7일의 일이다.

수상관저를 피해 의원회관 내 가토 사무소에서 만났는데, 거기서 스즈키는 수상에게 보내는 글을 전하였다. 방중의 문제점을 여러 가지 지적하며 적은 것이 "유식자(有識者)로 구성한 심의회 설치", "전국 여러 곳에서의 공청회 실시"라는 제안이다. "정부가 순서를 밟지 않고 방중을 단행한다면 … 예측불가의 사태가 일어나더라도 그것은 모두 정부책임이다"라는 기분 나쁜 통고였지만, 어쨌든 무조건 저지한다는 문맥은 아니라고 판단되었다. 가토 등은 이것을 "도움의 손길"이라고 이해했다.

물론 심의회나 공청회를 열 여유는 없다. 하지만 유식자로부터 의견을 듣는 것이라면 가능하다. 그렇게 판단하고 방중 각의결정을 월말까지 연기하고, 오봉휴가중에 '의견청취' 장소를 마련하기로 하였다. 거기서 찬성론, 반대론의 균형을 맞추면서 17, 18 양일, 수상관저에서 유식자 14인을 잇달아 불렀다. 당시는 "이제 와서 무슨…"이라고 생각되었지만 실은 그런 배경이 있었다.

PKO법이 '시행'된 8월 10일의 저녁, 수상은 당 집행부에 '결단'을 전했다. "내각으로서 환경조성에 노력해 그것이 어느 정도 갖추어지면 각의에서 결정하고 싶다." 오봉휴가중에 환경조성의 절차를 끝낸다는 의미이다. 각의가 결정한 것은 25일이었다.

'오봉' 휴가가 되면 수상이 가루이자와에서 쉬고 있기에, 신문기자들에게는 완전히 미공개된 사건이 있었다. 한국의 노태우 대통령으로부터 예상치 못한 전화가 왔다. "중국과 국교를 맺는다"라는 통지였다. 전격적인 한·중 국교정상화는 이렇게 해서 베이징에서 24일에 조인되기에 이른다.

동아시아의 다이내믹한 움직임을 상징하는 1992년 8월이었다. 한·중의 대접근이 진행되는 가운데 나카소네 등이 염려한 "한국의 반발"은 기우에 그쳤다. 옐친의 9월 방일은 4일 전에 갑자기 중지되었다. 이리하여 영토외교는 좌절되지만 PKO 부대는 그해 가을 캄보디아에 들어갔다.

10월 23일 천황과 황후는 처음으로 중국 땅을 밟았다. 만찬회에서 일찍이 중국 인민에게 준 "다대한 고난"에 대한 깊은 '슬픔'과 '반성'을 표명한 것은 바로 이 날이다.

화해와 천황 — 도미다 메모의 의미

천황은 중국 방문뿐만이 아니라 아시아와의 화해나 과거 청산에 대해 다양한 역할을 맡아왔다. 그 사례를 보도록 하자.

> "나는 언제인가 A급 전범이 합사되고 게다가 마쓰오카와 시라토리까지도
> 쓰쿠바는 신중하게 대처해 주었다고 들었지만
> 마쓰다이라(慶民)의 자식인 지금의 궁사(永芳)가 어떻게 생각했는지, 간단히
> 마쓰다이라는 평화에 강한 집착이 있었다고 생각하는데, 부모의 마음을 자식이 모르는 것인가
> 그러니까 나 그때 이후, 참배하고 있지 않다, 그것이 나의 마음이다"

이것은 1988년 4월 28일에 쇼와천황이 궁내청장관 도미다에게 말한 발언의 메모이다. 2006년 8월에 드러난 도미다의 수첩에 적혀 있었다.

1978년에 A급 전범이 야스쿠니 신사에 합사된 것을 쇼와천황이 불쾌하게 생각해 이후 참배를 그만두었다는 것은, 종래에도 도쿠가와〔德川〕 시종장의 증언 등으로 추측은 되고 있었다. 그러나 이 정도로 확실한 천황의 말이 있으리라고는 아무도 몰랐다. A급 전범의 합사를 지지하는 논자 중에는 도미다 메모의 신빙성을 의심하기도 하고, "천황이 불쾌하게 생각한 것은, 일본·독일·이탈리아의 삼국 동맹에 힘쓴 마쓰오카 요스케(전 외상)와 시라토리 도시오(주 이탈리아 대사)의 합사만"이라고 주장하는 사람들이 지금도 없지는 않다. 하지만 이것들은 모두 무리가 있는 해석이다. 다른 방증을 맞추어 보아도, 적어도 천황의 야스쿠니 참배 중지의 이유는 "A급 전범의 합사"에 있었던 것은 명확한 것이다.

도쿄재판이 열릴 때 전쟁책임 추궁을 면한 쇼와천황은 사형대로 향한 전 수상 도조 히데키 등에게 동정의 마음을 갖고 있었을 것이다.

하지만 만약 그렇다 하더라도 그들을 야스쿠니에 '합사'시키는 것으로 국민에 대한 전쟁책임을 얼버무리려는 것은 용납되지 않는다고 생각했을 것이다. 쇼와천황은 전후에도 수년 걸러 야스쿠니 신사에 참배했지만, 실제로 A급 전범이 합사되고 나서는 한 번도 참배하지 않았다. 중국이 수상의 야스쿠니 참배에 처음 항의의 소리를 높인 것은 1985년이니까, 그것보다 빨리 자주적 판단으로 참배를 그만두었다. 그러한 자세를 계승한 것이 지금의 천황이다. 수상 고이즈미는 "사람의 마음은 각각"이라고 하지만 중국이나 한국의 눈에는 역대의 수상들보다 전후의 두 천황이 오히려 건전한 감각을 갖고 있다고 비쳐졌을 것임에 틀림없다.

"전통 회귀" 고개젓는 천황

"이듬해의 법칙"에서 서술한 것처럼 전후 일본은 아시아와의 화해를 지향하는 한편 전통회귀적인 법을 자주 만들었다. 건국기념일, 연호, 국기, 국가 등이 그렇다. 이것들은 그때그때 "위태로운 우경화"의 단면이라는 경계론도 불러일으켰다. 하지만 실제로 이러한 것들에 의해서 일본이 전쟁 전과 같은 사회로 되돌아갔는가 하면, 그렇지 않다.

건국기념일인 2월 11일에는 우파단체가 한때의 '기원절'을 생각나게 하는 봉축행사를 실시했다. 하지만 그 복고적 의식에 동조할 수 없는 정부는 다른 식전을 지지하여 거기에 수상이 출석했다. 그 식전마저 지금은 흐지부지되어 2005년부터는 "출석자의 고령화"를 이유로 중지하고 있다. 일반국민의 상당수는 이 날이 일본 국가 탄생일이라는 각별한 생각은 없고 단지 휴일로 즐기고 있을 뿐이다.

한편 연호는 '쇼와'로부터 '헤이세이'로 정착되어 남았지만, 그것은 시치고산(七五三, 아이들 성장의 축하행사)과 연초의 하쓰모데(첫 참배) 등과 같은 풍습처럼 정치라기보다 문화라고 말할 수 있다. 국제화가 가속화되는 중 비즈니스의 세계에서는 서력기원(西暦紀元)의 사용이 압도적이었다. 20세기에서 21세기로, 서기를 전제로 한 세기의 변환기에 '밀레니엄'이라는 말이 각광받고 분위기가 들떴다.

국기와 국가법의 제정은 졸업식이나 입학식 등 각 학교행사에 일장기·기미가요(일본 국가)를 확산하는 효과를 가져왔다. 그 중에는 도쿄에서처럼 교직원에게 강제성을 띠고 징계처분까지 한 것은 신경 쓰이는 사실이지만, 그것은 오히려 극단적 예로서 적지 않은 비판도 받았다. 2006년 9월에는 도쿄지방법원이 사상이나 양심에 비추어 그 처분은 위헌이라는 판결을 내렸을 정도다. 축일에 국기를 내거는 집은 지금은 거의 보이지 않고 사회에 그것을 강요하는 분위기도 없다.

그렇다면 이러한 법제화도 우파세력이 노린 만큼의 복고적 효과는 거두지 못했는데, 여기서도 천황이 완수한 억제적 역할을 무시할 수 없다.

원래 일련의 전통회귀의 법제화는 모두 천황제에 관련이 있는 것이 특징이다. 건국기념일의 근원이 된 것은 "진무 천황의 즉위일"이며, 연호는 천황의 대마다 바뀐다. 국가인 '기미가요'는 원래 "천황의 대(代)"를 의미하고 있고, 지금도 '기미'(君)는 상징으로서의 '천황'을 의미한다고 가르치고 있다. 패전과 점령에도 불구하고 기나긴 천황제가 존속했던 것이 이러한 법제화의 원점이었던 것은 의심할 여지가 없다. 하지만 이러한 법제화에 의해서 전쟁 전처럼 천황의 권위회복이 이루어졌는가 하면, 천황 자신이 걸어온 길부터가 그것과 차이가 났다. 원래 국민의식이 그것을 허락하지 않았기 때문일 터이지만 천황, 특히 현재의 천황은 그런 상황을 잘 이해하고 있다고 해야 할 것이다.

도쿄에서 국기와 국가의 강제가 문제가 되었던 2004년 4월, 도쿄도 교육위원을 맡은 기사(棋士)가 원유회에 초대되어 "일본의 모든 학교에 국기를 내걸고 국가를 제창시키고 싶다"고 자신의 희망을 천황에게 말한 사건이 있었다. 이때 천황은 바로 "역시 강제적이지 않은 것이 바람직하다"고 대답했다. 정부의 견해를 감안한 발언이었지만 결과적으로 천황도 국기·국가의 강제는 바라고 있지 않다는 메시지를 전한 것이다. 이러한 태도는 야스쿠니 신사의 A급 전범 합사에 동조하지 않았던 쇼와천황의 자세와도 서로 통한다.

2006년 6월 동남아시아 순방을 앞둔 기자회견에서 천황은 '애국심'이 초점이 되던 교육기본법 개정문제에 관련하여 "전쟁 전의 국가주의적 교육으로 전환되는 것 아닌가"라는 이웃나라들의 불안에 대하여 외국기자로부터 질문을 받았다. 천황은 "헌법상의 나의 입장으로는 그 내용에 대해 말하는 것은 삼가고 싶다"고 하는 한편 '전전'(戰前)에 대해 스스로의 생각을 다음과 같이 말했다.

> "전쟁 전과 오늘의 상황은 크게 차이가 나는 부분이 있습니다. 그 원인에 대해서는 역사가에게 맡겨져야 할 일로 내가 말하는 것은 삼가겠습니다만, 실제로 쇼와 5년부터 11년, 1930년부터 1936년까지의 7년 동안 요인에 대한 습격이 잇따라, 그 때문에 내각 총리대신 혹은 그 역임자 네 명이 죽고 내각 총리대신 한 명이 간신히 습격으로부터 살아났다는 비정상 사태가 일어났습니다. 제국의회는 그 후로도 계속되었습니다만, 정당 내각은 이 시기에 마지막을 고했습니다. 그러한 상황하에서는 의원이나 국민이 자유롭게 발언하는 것은 매우 어려웠다고 생각합니다. 앞의 대전(大戰)에 앞서, 이러한 시대가 있었던 것을 많은 일본인의 마음에 새기고 그러한 일이 두 번 다시 일어나지 않도록 향후의 길을 나아갈 것을 믿고 있습니다"(2006년 6월 6일).

5·15 사건이나 2·26 사건과 같은 "애국적 군인"에 의한 테러를 말하는 것이다. 일부러 이러한 것을 언급하여 "많은 일본인의 마음에 새기라"는 천황의 모습에서 빗나간 '애국심'에 대한 경계의 마음을 읽을 수 있다.

또 2006년은 '여계여제'(女系女帝) 출현을 인정할지 안 할지, 황실전범 개정문제로 여론이 분열된 해이기도 하다. 실제로 노리코의 회임으로 이 논의는 사실상 유보되었지만, 기자회견에서는 이것에 관련해 "황실과 전통의 유지"에 대해서도 질문이 나왔다. 천황은 긴 역사 안에서 정치와 직접 관계없이 문화를 소중히 해왔던 것이 천황제의 전통이라고 하며 아래와 같이 답했다.

> "전후에 공포된 일본국 헌법에서는 천황은 일본의 상징이며 일본 국민 통합의 상징이라는 것, 또 국정에 관한 권능을 가지지 않는다는 것이 규정되어 있습니다만, 이 규정도 천황의 전통적 본연의 자세에 근거한 것이라고 생각합니다. 나는 헌법으로 정해진 국사(國事)행위 외에 천황의 전통적 본연의 자세에 어울리는 공무를 맡고 있습니다만, 이러한 공무는 전후에 시작된 것이 많고, 헤이세이가 되고 나서 시작된 것도 적지는 않습니다. 사회가 변화하는 오늘, 새로운 사회의 요청에 부응하는 것이 중요한 일이라고 생각하고 있습니다."

여기에는 현행 헌법 아래에서의 천황제는 결코 천황제의 긴 전통을 거스르는 것은 아니라는 생각이 나타나고 있다. 천황 발언에 하나하나 정치적 의미를 찾는 것은 삼가야 할 일이지만 "천황제의 전통"을 헌법의 상위에 두는 사고방식을 천황 스스로가 배제하는 것은 주목해야 할 것이다.

천황의 '화해'와 '위령'(慰靈) 여행

이상을 생각해 볼 때 천황이 1992년의 중국 방문에 강한 의욕을 가지고 중국 각지에서 오로지 "화해의 사자" 역할을 한 것은 감회가 새롭다. 방중에 한정하지 않고 천황은 스스로 외유에서의 역할을 강하게 의식하고 있다고 생각된다.

쇼와천황이 전후 처음으로 외유한 것은 1971년의 유럽 7개국 순방이었다. 방문지 네덜란드에서 달걀 세례를 받은 적도 있었다. 그후 1975년에 미국 방문이 실현되었다. 이것도 "화해"를 위하여, 전쟁의 상흔을 낫게 하자는 여행이었지만 쇼와천황은 아시아 방문의 희망을 이루지 못한 채로 타계하였다. 특히 중국 방문에 의욕적이었지만 고령인 데다 쇼와천황의 전쟁책임 문제가 떠올라 방문을 단념시키는 요인이 되었다.

현안인 아시아 방문은 현재의 천황 대에 실현되었다. 그것은 우선 1991년 태국 등 동남아시아 순방으로부터 시작되었다. 딴소리는 나오지 않았다. 수상의 아시아 외유가 동남아시아로부터 시작된 것과 같은 구도이다. 그리고 1992년에 국내의 반대론을 누르고 실현된 것이 중국 방문이었다.

종전 50년을 1년 앞둔 1994년 12월의 천황생일 기자회견에서 천황은 "내년은 전쟁이 끝나고 50년이 됩니다. 전쟁에 의한 많은 희생자와 그 유족을 일시도 염두에 두지 않았던 적이 없고, 앞으로도 그 사람들을 생각하며 평화를 계속 염원할 것입니다"라고 했다. 그 해 2월에는 격전지 이오지마〔硫黃島〕 섬을 방문했고, 전후 50년인 1995년에는 원폭 재해지인 나가사키, 히로시마를 시작으로 비참한 격전의 땅 오키나와, 그리고 도쿄 대공습의 재해지였던 지역을 위령 방문하였다.

어디까지나 국내에서의 일이었지만 그 다음은 전후 60년인 2005년에도 계속되었다. 이 해 6월에 천황이 선택한 것은 태평양전쟁의 격전지 사이판 섬으로의 위령여행이었다.

사이판 섬 전투는 오키나와처럼 일본군인만이 아니라 다수의 민간인을 휘말리게 한 점에서도 특별했다. 일본병사뿐만이 아니라 민간인도 투항을 거절하고, 잇달아 "천황 만세"를 외치며 적에게 돌격하거나 벼랑에서 바다로 몸을 던지거나 수류탄으로 집단 자결하였다.

그 땅을 천황이 방문했다. 민간인까지도 투항하지 않고 죽음을 선택하는 데는, 육군상(陸軍相)이었던 도조 히데키가 만든 '전진훈'(戰陣訓)의 "살아서 포로되어 굴욕을 받지 말라"에 철저하였기 때문이라고 전해지고 있다. 천황은 사이판 출발에 즈음해 하네다 공항에서 "우리들 모두가, 지금의 우리나라가, 이러한 많은 사람들의 희생 위에 있다는 것을 앞으로도 항상 마음에 새기고 나아가야 하겠습니다"라고 말했다.

궁내청 식부관장(式部官長) 가와시마가 〈문예춘추〉(2005년 10월호)에 낸 수기에 의하면, 사이판에서 천황 부부는 "숙소 앞의 아름다운 해안에서 당시 이 부근에서 옥쇄(玉碎)의 각오로 돌격하다 부상당하고 기적적으로 살아남은 전우회 대표로부터 당시의 상황을 듣고", 일본인 전몰자를 추모하는 "중부 태평양 전몰자의 비"에서 묵도(默禱)한 후 '만세절벽'으로 향하였다. "천황 만세"라고 하며 많은 사람이 생명을 버린 곳이다. "절벽과 바위를 씻어내리는 파도를 바라보는 지점에서 천황 부부는 다시 묵도하였다."

게다가 복귀 전 류큐 정부가 세운 "오키나와의 탑"에 이어 "태평양 한국인 추도 평화탑" 앞에서, 돌층계 아래까지 걸어 내려가 엄숙히 인사하였다. 당시는 일본인으로서 싸운 한국인에 대한 배려이다. 그리고 마지막에 향했던 것이 "제2차 세계대전 위령비". 이 비의 안쪽에는 사이판뿐만이 아니라 테니안 섬, 또 이 해역에서 전사한 미군 장병 약 5천 명의 이름이 기록되어 있는데 "양 폐하는 계속 내리는 빗속에 우산도 쓰지 않고 미군 의장병 앞을 지나 일본에서 가지고 간 하얀 국화화환을 바치고, 엄숙한 장송곡이 트럼펫으로 연주되는 가운데 묵도하였다."

전후 50년에 천황이 실시한 추도순례 때와는 달리 이 시기는 고이즈미의 야스쿠니 신사 참배가 중국이나 한국의 반대에 부딪쳐, 전몰자에 대한 추도의 본연의 자세가 정치문제화되어 있었다. 천황은 물론 이것에 대해 아무런 코멘트도 하지 않았지만 지극히도 국내 정치만을 의식하여 '추도'에 집착한 고이즈미에 비해, 천황의 사이판 위령여행이 던지는 메시지는 전혀 다른 것임은 말할 필요도 없다.

다음해인 2006년에 천황이 향한 곳은 다시 동남아시아 3개국이었다. 태국 왕의 즉위 60주년 기념식에 참석하고, 아울러 싱가포르, 말레이시아도 방문했다. 출발 전 기자회견에서 전쟁 전의 어두운 시대를 말한 것은 이미 소개했지만, 회견에서 싱가포르 등 한때의 격전지 방문에 대한 소감을 묻는 질문에 천황은, 전후의 우호관계나 경제의 밀접한 관계를 언급하는 한편으로 다음과 같이 말했다.

> "지난번 전쟁으로 일본인을 포함한 많은 사람들이 생명을 잃었습니다. 그것은 아무리 생각해도 마음이 아픕니다. 우리들은 이 역사를 결코 잊어선 안 되고 각 국민이 서로 협력해 분쟁이 없는 세계를 쌓아 올리기 위해서 노력해 가지 않으면 안 된다고 생각합니다. 전후 60년을 거쳐 전쟁을 경험하지 않은 사람들이 대부분인 오늘날, 이 점이 마음속 깊이 남아 있습니다" (2006년 6월 6일).

동남아시아에 이어 천황의 중국 방문도 실현된 지 오래되고, 한국 방문만이 무거운 과제로 남아 있다. 자유주의나 공산주의 체제의 문제에서 본다면 본래는 중국보다 한국이 먼저였어야 하므로, 그래서 일본의 정권도 신경을 쓰고 있다.

현재의 천황은 "환무천황의 생모가 백제 무령왕의 자손이라고 《속일본기》(續日本記)에 기록되어 있다"고 하여 "한국과의 연고"를 말한 적도 있다. 선조가 한국의 혈통을 받았다는 것을 스스로 강조하는 자세에, 머지않아 방문하고 싶다는 생각이 나타나 있는 것은 아닐까.

천황의 방한은 역사적 '화해'를 강조하고 일본문화의 문호를 연 김대중 정권 때 활발히 진행되었다. 월드컵대회 공동개최 때의 천황 방한이 논의된 적도 있었다. 하지만 정권이 교체되고 노무현 정권 시기에 야스쿠니 문제에다 독도 문제도 더해져 한·일 관계가 험악해져버렸다. 한·일 정상회담도 할 수 없게 된 가운데 천황 방한도 화제에 오를 수조차 없고 미래의 과제로서 남아 있을 뿐이다.

향후 한·일 양국의 정권이 바뀌어 우호 무드가 되살아날 가능성은 물론 있다. 하지만 한국은 분단국가이고 한반도 정세에는 불안이 많다. 그러한 가운데 천황의 방한 실현은 앞으로도 많은 장애물들이 더 기다리고 있는 것은 아닌지.

4. 한일포럼으로 보는 냉전 후

2006년 8월 아와지시마

"'한·일'의 연계를 생각한다면, 왜 수상이 야스쿠니 참배로 한국을 자극해 '한·중'을 하나로 만들려고 하는 것인가."
"독도(다케시마)는 한국에서 절대로 양보할 수 없는 민족의 문제다."
"일본은 아시아에서 어떤 국가를 목표로 하는지 모르겠다."

2006년 8월 말 효고현의 아와지시마에서 열린 2박 3일의 제14회 '한일포럼'. 한국에서는 그런 의견·의문이 잇달아 나왔다. 일본도 지지 않았다. 한국에 대한 의문과 비판도 속출했다.

"그렇다 치더라도 노무현 대통령의 대일 발언은 너무 감정적이지 않은가. 역효과밖에 없다."
"자유민주주의의 한국이 자유도 민주주의도 없는 북한에, 왜 이 정도로 관대한 것인가."
"한국은 최근 미국이나 일본보다 중국과 손잡기(연계)에 큰 관심이 있는 듯한데, 중국에 대한 경계심은 없는 것인가."

때마침 일본에서는 고이즈미 정권이 막을 내리고 아베 정권으로 바뀌는 시기이다. 고이즈미가 8월 15일에 야스쿠니 신사를 참배하여 한·중 양국을 질려버리게 한 바로 직후였다. 아베 신조의 지금까지의 언동으로 보면 한국의 불안도 더해 가지만, 한편으로는 고이즈미 정권으로 인하여 끊긴 정상회담의 재개를 아베 정권에 기대할 수밖에 없다. 그러한 개운치 않은 분위기 속에서 이 포럼이 열렸다. 월드컵 축구의 한·일 공동개최나 '한류' 붐 등 한·일 사이에 큰 변화가 있었다고 생각했는데, 최근 10년 동안 결국은 아무것도 변한 것이 없는 것은 아닌가? 그런 한탄의 소리조차 들렸다.

한일포럼이란 무엇인가. 그 설명부터 시작하자.

기나긴 자민당 정권이 무너지고, 비(非)자민 연립의 호소카와 정권이 탄생한 것은 1993년 8월의 일. 그 해 11월에 호소카와가 방한해 김영삼 대통령과의 정상회담에서 '창씨개명'등을 사과한 것은 벌써 서술하였다. 이 회담에서 합의되었던 것이 '한일포럼'의 창설이었다. 여야의 정치가를 시작으로 경제인, 학자, 저널리스트 등 민간인을 주체로 한 자유토론의 장이다. 이래저래 삐걱대는 한·일 관계를 놓고 본심에서 우러나오는 대화를 통해 한·일의 이해와 협조를 이루어 보자는 발상이었다.

일본 의장은 외무 사무차관을 그만둔 지 얼마 안 된 오와다(후에 유엔대사, 국제사법재판소 판사)가 맡았고, 11회째부터는 경제인 모기 유자부로(기코망 회장, 전 경제동우회 부대표 간사)에게 인계되었다. 대표간사는 국제적 민간교류를 많이 다루어 온 야마모토 다다시였다. 한국은 서울대 명예교수였던 배재식을 시작으로, 주일 한국대사와 외무장관을 역임한 공로명이 3대 째의 의장이었다. 대표간사는 도쿄 특파원 경력의 전 신문기자 정구종이다.

제 1회가 1993년 12월에 서울에서 열린 것을 시작으로, 매년 1회 양국에서 교대로 개최하는 룰이다. 테마는 양국의 정치, 경제, 안보, 문화교류 등 다방면에 걸친다. 멤버는 서로 많이 바뀌었지만, 14회째의 아와지시마 회의 참가자는 이 책에 첨부한 명단대로이다. 민주당에서 오카다 가쓰야, 마에하라 세이지 등 당수 역임자가 참가하여 자민당 의원보다 수가 많았던 것은 자민당이 총재선거 직전이라 분주한 시기였기 때문일 것이다. 당초 자민당의 가토 고이치가 정계의 단골이고, 관방장관을 그만둔 직후의 후쿠다 야스오가 참가한 적도 있다. 한국은 지일파의 거물 정치가였던 김윤환, 학계 출신으로 후에 주일대사가 된 최상룡 고려대 교수 등이 당초의 중심 멤버였다. 노무현 정권에서 한국의 첫 여성 국무총리가 된 한명숙도 이 멤버 중 한 명. 그리고 아와지시마에서는 박정희 시대에 스파이 용의로 체포되어 20년 가까운 옥중생활을 보낸 재일 한국인 서형제의 형 서승도 한국 멤버로서 처음 참가하였다. 정말 시대의 변화를 실감나게 하는 인선이었다.

냉전 종식과 민주화의 산물

한일포럼은 한국의 활발한 토론의 장이 되었다. 전에 말한 것처럼 한국이 군사정권 시절 한·일 관계는 모순으로 가득 찬 것이었다. "마음을 연 한·일 대화"를 방해해 온 요소는 일본 쪽에서 보면 군사정권에 대한 비판과 위화감이며, 한국 쪽에서 보면 그러한 비판을 일삼는 "옛 지배국"에 대한 불쾌감이었다.

김대중 납치사건을 예로 들어보자. 그 무렵 일본 신문에서는 한국의 국가기관에 의한 범행(주권침해)이라면 용서하기 어렵다는 논조였고, 정계에서도 경제원조를 중지하라는 강경론이 우세했다. 그런데 한국의 정계에서는 그러한 '주권침해론'을 일축하고, 반대로 과거 일본의 침략행위를 들어 "주권침해라고 말할 수 있는 입장인가"라는 식의 논의가 지배적이었다. 주요 신문 중 하나인 〈조선일보〉의 사설(1973년 9월 23일)에는 "일본의 일부 정치가 및 언론인이 이른바 대(對)한국 원조 중단 운운하는 언동에 대하여는, 그 도량의 좁고 경거망동함에 쓴웃음을 금할 수 없다.… 유사 이래 일본은 우리에게 이렇다 할 만한 협력을 한 적이 있다고 말하는 것일까. 그야말로 정반대이다"라고 썼다(林建彦, 《가까운 나라일수록, 비뚤어져 보인다》, 사이마루 출판회, 1982년부터).

이러한 분위기 속에서는 솔직한 대화를 기대할 수 없었지만 한국의 민주화 덕분에 분위기가 완전히 바뀌었다. 같은 민주주의 국가 사람들끼리 자유로운 대화를 할 수 있었다. 과거 역사를 둘러싸고 일본이 수세에 몰린다 해도 그것은 그것으로서 솔직하게 서로 토론할 수 있게 되었다. 게다가 호텔에서 같이 합숙하면서 밤에는 노래방에서 같이 노래를 부르기도 하며 인간적 교제도 할 수 있었다. 그러면서 예전에는 수동적 입장에만 있기 쉬웠던 일본도, 점차 마음놓고 상대에게 비판이나 반론을 할 수 있는 분위기로 바뀌었다.

한국의 민주화가 냉전구조의 변화와 무관하지 않은 것은 말할 것도 없다. 베를린 장벽이 붕괴되고(1989년) 이윽고 소련도 붕괴(1991년)되었다. 한국의 민주화는 그렇게 세계의 정세가 바뀌면서 실현되었다. 한국의 "민주화 선언"은 1987년이며, 그 주역이었던 노태우는 민주적 선거에 의하여 대통령으로 취임하고 "군복을 벗은 대통령"이 되었다. 그렇긴 해도 이치대로라면 노태우도 전두환과 콤비를 이룬 동기생 동지이다. 그러므로 본격적인 민주화 실현은 긴 야당생활을 통해 민주화를 추구해 온 김영삼이 대통령이 된 1993년부터라고 해도 좋을 것이다. 게다가 한때 '반체제파'이며 일본에서의 납치사건 때문에 비극적 영웅으로 여겨진 김대중이 정권을 잡았으니, 한국 정치의 변화는 무시무시하다고 할 정도다. 1998년의 일이었다.

중국의 공산당 지배에는 변함이 없고, 북한의 위협에도 변함이 없다. 그런 아시아에는 아직 "냉전의 종막"은 오지 않았지만 소련이 붕괴하고 중국이 개혁·개방 경제로 바뀐 의미는 크다. 고립된 북한은 한국에게 옛날 정도의 위협은 아니다. 그런 분위기가 한국의 군사정권을 종식시켰다 해도 과언이 아닐 것이다.

한일포럼이 발족되었을 무렵 냉전 붕괴는 일본에도 큰 영향을 주고 있었다. 이 포럼 결성을 김영삼과 약속한 호소카와야말로 냉전의 마지막을 상징하는 정권교체의 주역이었다.

> "잇따르는 금전 스캔들에도 불구하고 오래도록 자민당 정권이 계속되어 온 것은, 많은 국민이 그래도 '소련'이 되는 것보다 낫다고 생각했기 때문이다. 그것이 소련의 붕괴에 의하여 이제는 통용되지 않게 되어버렸다."

제 1회 포럼의 첫머리에서 그렇게 이야기 한 것은 야당이 된 지 얼마 안 된 자민당의 가토 고이치였다. 가토는 전통적으로 '친한파'가 적었던 굉지회 소속이었고, 노태우의 민주화 선언 이후 일부러 한·일 교류에 참가했다. 1993년이라고 하면 가네마루 신의 거액 투정축재가 적발된 후 '정치개혁'에 실패한 자민당이 분열하고 미야자와 정권이 무너진 해이다. 미야자와 내각의 관방장관을 맡은 가토의 발언은 그러한 씁쓸한 경위를 근거로 한 말이었다.

가토 발언은 나에게도 실감이 났다. 예전 같으면 자민당의 분열을 "체제의 위기"라고 보아 크게 반대했을 재계에서조차 이 시기에는 위기감을 가지지 않고 비(非)자민의 신정권에 기대를 걸었던 것이다. 이것은 냉전 붕괴 후가 아니면 상상할 수 없는 냉정함이다. 호소카와 정권이 단명으로 끝나자 사회당 위원장 무라야마 도미이치를 자민당이 내세운다는 '기적'과 같은 일이 일어났다. 정권탈취를 위한 책략이었다고는 하지만 무라야마 정권의 출현도 냉전 후가 아니면 있을 수 없는 일이었다.

월드컵 공동개최 제창하다

한일포럼이 큰 역할을 해낸 것은 월드컵대회 개최를 둘러싸고 양국이 격렬하게 경쟁하고 있었을 때였다. 결국은 1996년에 국제축구연맹(FIFA)이 "한·일 공동개최"를 결정하였지만, 1년 전인 1995년에 제주도에서 열린 제3회 한일포럼이 낸 "제주도 성명서"에서 "공동개최의 검토"를 주장했다.

1995년이라고 하면 "전후 50년"의 국회 결의를 둘러싸고 일본 정계에 큰 소란이 일어났던 해이다. 와타나베 미치오의 "한일합방은 원만" 발언이 튀어나오는 등 한·일 관계도 위기에 처한 해이다. '창씨개명'을 사과한 호소카와 발언 이후 만들어진 한일포럼인 만큼, 한국 멤버도 가능한 한 과거문제는 언급하지 않고 미래 지향적으로 임했지만 이때만은 "배신당했다"라는 기분을 노골적으로 나타냈다. 한국 의장이었던 배재식은 개회사에서 "과거를 왜곡하거나 눈을 돌리려고 하는 일부의 움직임"을 직설적으로 언급하며 자신들의 당황스러움을 표시하였다.

그럼에도 다행스러웠던 점은 같은 해 8월 15일에 나온 "무라야마 담화"였다. 이 포럼에서 일본 정치의 복잡한 아시아관에 대한 보고를

2002년, 한·일 공동개최의 월드컵 개막식. 양국의 국기가 또렷이 보인다.

요구받은 나는, 이 책의 제 2장에서 언급한 그 배경을 요약설명하고, 그런데도 "무라야마 담화"가 국민의 많은 지지를 얻고 있다고 강조하였다. 한국으로부터도 "일본이 무라야마 담화 쪽으로 의견이 정립되어 간다면 문제는 없다"는 이해를 얻을 수 있었고, 포럼에서도 "전후 50년", "식민지 해방 50년"을 기념하는 성명을 내게 된 것이었다.

거기에 "월드컵 공동개최 검토"가 포함된 것인데, 실은 한일포럼의 멤버를 중심으로 이때 '공동개최'를 시도하고 있었다. 이런 사정에 대해서는 《한국과 일본국》에서 자세하게 말했던 대로이고, 나도 〈아사히신문〉의 사설을 통하여 거들었던 한 사람이다. 한・일 어느 쪽이 단독개최해도 응어리가 남을 것임은 틀림없고, 특히 일본이 이겼을 경우에는 한국의 반일감정에 다시 불이 붙을 수도 있었다. 그것을 모두 걱정하고 있었다. 한국 멤버에 한일의원연맹 회장 김윤환과 한국의 월드컵 유치위원장이었던 구평회(당시 LG그룹 회장)가 가세한 것도 컸다. 일본 멤버 오코노기 마사오는 후에 〈아사히신문〉 투고에서 공동개최론을 호소하였다.

새로운 한・일 관계를 만드는 데 '공동개최'가 해낸 의미는 적지 않은 것이었다. 1998년 김대중이 일본을 방문해 공동선언으로 '화해'를 언급하는데, 거기에도 "월드컵 공동개최" 성공이 언급되었다. 2001년에는 고이즈미의 야스쿠니 참배와 역사교과서의 문제가 일어났지만 다음해로 다가오던 월드컵의 공동개최는 균열의 확대를 막는 역할을 해냈다. 한편 월드컵의 공동개최를 계기로 일본인의 한국관이 크게 바뀌었고, 한류 드라마 붐이 시작된 것도 월드컵이 큰 계기가 되었다고 말할 수 있다.

북한을 보는 한일 시각의 역전

이렇게 한·일 관계는 점차 진전되었다. 한일포럼 발족으로부터 10여 년간 동아시아의 국제정세도, 양국관계도 크게 달라졌다. 야스쿠니 참배나 독도(다케시마) 문제로 역사인식의 문제에 다시 불이 붙은 것처럼 변함없는 구조도 있지만, 양국의 북한에 대한 인식의 차이는 "왜 이다지도"라고 생각될 만큼 바뀌었다.

한일포럼이 "냉전 붕괴"의 산물이라고 한 것처럼, 포럼의 발족 당시 한국의 북한에 대한 위기의식은 점차 희미해지고는 있었지만 그렇다고 경계감마저 없어진 것은 아니었다. 1980년대에는 대한항공(KAL) 858기 폭파사건 등이 잇따랐고, 핵무기나 미사일의 개발을 진행시키는 북한은 한·일 공동의 위협으로 받아들여졌다. 만약 통일되면 한국이 대단한 코스트를 지불할 뿐만 아니라, 일본의 코스트도 막대하게 늘어난다. 한·일 공통의 북한에 대한 불안감이 논의의 저류에 느껴졌다. 한·일은 북한 덕분에 사이가 좋아졌다는 얄궂은 느낌도 있었다.

그리고 각론이 되면, 한국에서는 일본에 다짐하는 목소리가 강했다. 북한에 대해서 의연한 태도를 관철해야 한다고 하며 "위기가 터지면" 공동 대처하자는 각오를 재촉하곤 했다. 일본에서는 "한국의 마음도 알지만 교섭에는 양보도 필요하다", "북풍보다 햇볕으로"라는 의견이 나왔지만 일본이 쌀 지원 등을 통해서 한국의 중개 없이 직접 북한과 거래하는 것은 곤란하다는 분위기가 한국에는 역연(歷然)했다.

에피소드가 있다. 제주도 포럼의 개회를 앞두고 일본 멤버가 서울의 청와대를 방문하였을 때였다. 김영삼 대통령은 응접실에서 우리들을 맞이하며 큰 테이블에 둘러서 있던 멤버를 돌며 한 사람씩 말을 걸어주었는데, 자민당의 정조회장이었던 가토 고이치에게만은 거의 무시하는 태도를 취했다. 가토가 당시 북한과의 접촉에 열심이어서 식량부족을 보충하기 위한 쌀 지원을 실현했던 바로 직후였다. 이것에 대해서 대통령은 "한국의 중개 없이 직접 접근하는 것은 안 된다"고 화가 나 있었다.

그런데 그 후에 탄생한 김대중 정권이 '햇볕정책'으로 김대중의 북한 방문(2000년 6월)과 남북 정상회담이 이루어지게 되리라고는…. 이즈음부터 한일포럼에서도 한국으로부터, 지금까지와는 반대로 북·일의 대화를 권하는 발언이 많아지게 되었다. 2002년 9월에 고이즈미 준이치로가 북한을 방문하고, 김정일과의 정상회담에서 국교정상화를 목표로 한 '평양선언'이 나왔을 때도 한국에서는 정부도, 미디어에서도 이것을 높이 평가하였다. 남북 정상회담에 이어 북한을 국제무대에 나오게 해서 한반도의 긴장완화와 안전보장에도 기여하였다는 것이다. 놀라운 변화 아닌가?

그러나 북·일 관계는 납치문제를 둘러싸고 점차 악화되어 국교정상화의 교섭도 좌절되었다. 거기에 대해 한국에서는 불만의 소리가 나왔다. 한일포럼의 멤버이기도 한 고하리 스스무〔小針進〕는《한국인은 이렇게 생각하고 있다》(신조신서, 2004년)에서 어느 국회의원으로부터 들은 불만을 소개하고 있다. "(북·일 관계는) 더 진전되리라 생각했는데 매우 유감이다", "'(북·일) 평양선언'까지 나왔고, 스스로의 잘못을 인정한 적이 없는 김정일 국방위원장이 일본인 납치를 인정하고 사죄까지 했는데"라는 불만이다. 이러한 말은 나도 자주 들었다.

그것뿐만이 아니다. 납치문제에다 핵문제도 심각해져서 일본의 대북감정은 최악으로 치닫고 일본 텔레비전 등에서 북한이 연일 얻어터지자 한국사람들은 일본을 복잡한 시선으로 보게 되었다. 일본의 분위기가 "북한 때리기"로 일변한 것을 개탄하는 보도가 늘었다. "일본의 텔레비전은 이젠 북한의 텔레비전 드라마나 오락프로그램까지 끄집어 내어 사정없이 북한을 감정적으로 비하하고 있다. 북한 정권이

나 체제에 대한 비판을 넘어서, 거기서 사는 사람들까지도 조소하고 멸시하는 메시지를 포함하고 있다." 〈월간 현대〉 2003년 5월호에 이렇게 쓴 것은 〈문화일보〉의 도쿄 특파원이었다.

이러한 공기는 한일포럼에도 반영되었다. 한국에서는 "북한에 너무 심하다", "일본은 너무 감정적이 되어 있다" 등의 주장이 나오고, 입장은 완전히 뒤바뀌어버렸다.

노무현 정권에 들어서 한국의 북한에 대한 친근감이 한층 더 눈에 띄게 되면서 일본인들의 위화감도 쌓여만 갔다. 특히 노무현은 독도나 야스쿠니 문제 등에서 점점 높은 강도의 일본 비판을 쏟아내며 "외교전쟁도 있을 수 있다"고까지 말하고, 게다가 북한이 '연대'(連帶)를 보여 주는 상황이다. 2006년 7월 5일 북한이 새벽에 미사일 7발을 동해에 쏘았을 때, 일본정부가 빠른 대응을 취한 것에 대해 노무현 대통령이 "일본과 같이 새벽부터 소란을 피울 필요는 없다"고 코멘트하여 일본인으로서는 이해할 수 없다는 감정이 폭발했다.

이러한 분위기였기 때문에 제14회 아와지시마 회의에서 "북한에게 너무 관대한 것이 아닌가"라는 지적이 일본으로부터 나왔다. "일찍이 자유민주주의를 위해서 투옥까지 되며 싸운 정치 리더들이 지금 왜 자유와 민주주의가 없는 북한에 그렇게 관대한 것인가"라고 전 주한 대사였던 오쿠라 가즈오가 말했다. 다른 멤버로부터도 "일찍이 한국의 군사독재와 싸운 사람들이 지금 '선군(先軍)정치'의 이름으로 군을 최우선하는 김정일에 대해서 의문을 느끼지 않는가"라는 질문이 계속되었다.

한국에서는 다음과 같은 대답이 되돌아왔다.

> "김대중이나 노무현은 민주주의나 자유를 위해서 햇볕정책을 취하고 있다. 북에게 개혁·개방 정책을 취하게 하고 싶은 것이다. 김정일이 차우셰스쿠(구루마니아의 독재자로 1989년의 민주혁명으로 실각하고 사형됨)처럼 되는

것은 둘째치고, 사담 후세인이 되면 어떻게 할 것인가. 어떻게 해서든 덩샤오핑처럼 되어 주었으면 하는 것이다. 다만 그것을 상대에게 말해버리면 경계하기 때문에 그렇게는 말하지 못하는 것이다."

"한국에는 북한에 친족이 없는 사람은 없다. 북한은 정말로 곤란하고 성가신 녀석이지만, 인연을 끊을 수 없는 남동생 같은 것이다.'

귀찮아도 인연을 끊을 수 없는 남동생…. 그러고 보면 고하리는 앞의 책에서 한국의 지식인이 다음과 같이 말한 것을 소개하고 있다.

"한국을 남편, 일본을 아내로 비유한다면 최근 일본에서의 '북한 때리기'는, 아내가 못난 시동생을 너무 심하게 들들 볶는 것 같아 한국인으로서는 복잡한 마음이다."

"자유와 민주주의" 연대의 모순

'한・미・일' 제휴의 중요성은 한일포럼에서도 자주 언급되었지만, 아와지시마에서는 '한・미・일'의 엇박자 얘기가 이구동성으로 터졌다. 한・일 사이에서는 '역사인식'의 갭은 그렇다치고, 북한에 대한 인식차이야말로 더 심각한 문제가 아닌가라고 지적한 것은 외무성 차관을 물러난 지 1년이 된 다나카 히토시이다. 고이즈미나 아베가 "자유와 민주주의의 제휴"를 말하는 오늘날, 한국이야말로 그 틀에 들어왔을 터인데 어째서 '한・미・일'이 삐걱거리는 것일까. 그것은 아와지시마의 토의에서도 공통된 의문이었다.

실은 그것은 한국의 국내에서도 심각하게 거론되었다. "남북 화해"의 큰 방향은 정권이 바뀌어도 별로 변화는 없을 것이다. 그러나 그럼에도 불구하고 야당인 한나라당이 정권을 잡는다면 노무현과 같이 '한・미・일'을 소홀히 하지는 않을 거라는 것이 반(反)노무현파의 주장이다. 일본에 비하여 북쪽의 미사일 발사에 대해서도 대응이 너무

느렸다는 비판이 강하였다.

나는 아와지시마에서의 토론이 있기 반년 전 일본 기자클럽의 방한단을 인솔하고 한국을 방문하였다. 그때 한나라당 대표인 박근혜가 강조한 것은 "자유와 민주주의, 시장경제, 법의 지배" 등을 양보할 수 없는 국가의 이념이라 하고, 미 · 일과의 제휴강화가 더 필요하다는 사고방식이었다. 이에 대하여 열린우리당의 정동영 등은 남북관계가 한층 더 발전하는 것이 필요하다고 하였다. 큰 차이를 느꼈다.

한 · 일 관계뿐만이 아니라 양국 사람들이 자신의 국내 정치나 경제를 어떻게 보는지 서로 논의하는 것도 한일포럼의 즐거움 중 하나다. 일부러 분과회를 마련하지 않고 40명 이상의 멤버가 서로 북적거리는 토의에서는 국내적 정치논쟁도 활발하게 진행된다. 그 중에서 과거의 권위나 속박을 부정해서 여론을 자극하는 노무현 정권만큼 한국 멤버의 평가가 엇갈리는 정권도 처음이다. 한국에서는 국내 여론의 균열이 '남남갈등'이라고 불리고 있지만, 한일포럼의 논의에서도 그것이 고스란히 나타난다. 2004년에 시모노세키에서 열린 제 12회의 포럼은 '한일포럼'이라기보다 '한 · 한 · 일 포럼' 같다고 지적한 것은 〈동아일보〉의 배인준이었다. 이후 이것은 포럼에서 유행어가 되었다.

이야기를 아와지시마의 회의로 되돌리자. 한 · 일 보조의 흐트러짐에 관해 한국으로부터 날카로운 문제제기를 한 것은 일본통인 젊은 정치학자 박철희였다. "일본이 전략적으로 생각한다면 '한 · 중'이 분리되는 것이 좋을 터인데, 왜 수상의 야스쿠니 참배로 '한 · 중'을 손잡게 하는 것인가"라는 질문이다. 한 · 일 제휴를 무너뜨리려 하는 것은 오히려 일본이 아니냐는 지적이었다.

이러한 논의 속에서 나도 발언하였다. '한 · 미 · 일'은 확실히 "자유와 민주주의"를 공통의 가치로 하는데, 같은 가치관을 가지면서도 각각에게는 저마다 '관대함'이 있는 것은 아닌가, 하고.

우선 한국은 자유도 민주주의도 없는 북한에게 후하다. 말하자면

"민족의 피"란 것에 약한 것이다. 한편 일본은 "자신의 과거"에 대해서 너무 관대하다. A급 전범이 합사된 야스쿠니 신사에 수상이 참배하면서 "자유와 민주주의"를 내거는 것은 모순이다. 상대의 관대함은 몹시 신경이 쓰이는데 자신의 관대함은 깨닫지 못한다. 지금의 한·일 양국은 그런 도식이 아닌가. 서로 자신의 관대함을 자각해야 하고, 상대의 관대함은 다소 넓은 아량으로 사정을 이해하려 해야 한다. 그렇게 하지 않으면 한·일 간의 도랑은 메워질 리 없다. 미국은 "군사력 행사"에 너무 관대하다. "자유와 민주주의"를 내걸고 이라크에서 부질없는 전쟁에 돌입한 네오콘류의 관대함이다. 나는 그것을 지적했다. 이 점에서 한·일 관계와는 달리 서로의 관대함에 너무 물렀던 것이 부시-고이즈미의 관계는 아니었는지.

독도, 날카로운 가시

한일포럼에서 독도문제가 논쟁화된 것도 당초와의 큰 변화이다. 2005년 3월 시마네현이 현 조례로 2월 22일을 "다케시마의 날"로 정했던 것이 발단이었다. 한국에서는 비판이 거세졌고 노무현이 '외교전쟁'이라고까지 말하기에 이르렀다.

독도는 어느 나라의 섬인가. 이 논쟁은 1965년 한일 기본조약의 체결시에도 매듭짓지 못하고 보류됐지만 한국은 실효지배를 계속했다. 이의를 주장하는 일본도 새삼스럽게 거론하지는 않았다. 어업해역 때문에 다툰 시기도 있었지만, 그것은 섬의 영유와는 별도로 공동수역을 마련하는 것으로 문제를 덮어왔다.

시마네현이 "다케시마(독도)의 날"을 지정한 것은 현지 어선이 한국의 방해로 공동수역에 좀처럼 들어갈 수 없고, 약속이 지켜지지 않는다는 불만 때문이었다. 그래서 독도가 메이지 정부에 의해 시마네현에 편입되어 100주년에 즈음하는 2005년 2월 22일을 "다케시마의 날"이라고 하기로 했다는 것이다. 그렇다고 해도 자치체가 조례를 만든 것뿐이다. 실제로 섬을 되돌려 받으러 가는 것도 아니고 정부가 움직인 것도 아니다. 한국 정부나 미디어가 그토록 소란을 피울 일은 아니었다고 생각하지만, 독도라고 하면 불타오르는 것이 한국인의 민족감정이다. 북한도 한국에 동조하기 때문에 문젯거리이다.

한일포럼의 창립 멤버이기도 한 오코노기 마사오는 원래 2월 22일이라는 '기념일'의 날짜 설정이 잘못되었다고 허를 찌르는 지적을 했다. 일본정부의 주장에 의하면 옛날부터 독도는 일본의 영토였다고 하니, 이왕이면 고문서에 기초해서 다른 날을 선택했으면 좋았을 것이라고 한다. 한국에 의하면 확실히 100년 전의 이 날에 일본이 독도를 강탈했다는 주장이다. 러일전쟁의 일본해전에 필요하였기 때문이며, 식민지로 한국을 수탈하는 제 1단계였다고 한다. 그러니 이 날을 "다케시마의 날"이라 정한 것은 상대의 술수에 걸려든 것과 마찬가지라는 것이다. 한일조약에서 보류한 것처럼 문제를 뒤로 미루는 수밖에는 현실적 해결방도가 없다고 오코노기는 말하였다. 전쟁은 생각할 수도 없고 한국이 국제사법재판소에서의 해결에 응하지 않는 이상 그럴 수밖에 없다는 것이 정치에 한정하지 않은 일본의 대체로 공통된 인식이기도 했다.

그러나 독도문제에 관한 한국의 열기는 그리 간단하게 식지 않았다. 아와지시마에서의 토의에서는 포럼 의장이면서 근대사를 근거로 한국의 정당성을 강조하는 공로명의 모습이 인상적이었다. 말씨는 한결같이 냉정하지만 그 신념은 흔들리지 않았다.

일찍이 한일조약의 교섭이 독도문제로 장애에 부딪혔을 때, 김종필은 "차라리 폭파해버리면 된다"라고 하였다. 그런 일화도 있지만 독도는 한·일의 목에 박힌 가시인 채로 존재하는 것은 틀림없다. 한국은 이 무인도에 일부러 경비대를 상주시키고 섬의 바위에 '한국령'이라고 크게 써놓았다. 일본의 주한대사가 "독도는 일본 고유의 영토다"라고 정부의 공식견해를 밝힌 것만으로 '망언'이라고 총공격을 당하였다. 그것은 너무 심하다고 생각되지만 나의 눈에는 이러한 행동들이 한때의 식민지 지배에 대한 '보복'으로도 보인다. 서울 교외에 만든 '독립기념관'이 식민지 지배의 굴욕을 후세에게 전하려는 시설이라고 한다면, 독도는 한국에게 식민지로부터의 해방을 칭하는 기념비적인 섬이 되어 있다고 말할 수 있지 않을까.

일본은 단지 역사적 사실만을 논하려 해도 그것 자체가 한국에서는 식민지 지배에의 '미련'인 것처럼 비쳐져버린다. 식민지 지배라는 역사를 가진 한·일 관계에서 그러한 것이 독도문제가 짊어지는 숙명이다. 그러나 적어도 일본에서는 독도에 대해 한국의 말을 인정하는 의견을 말해도 용서가 되는 데 비하여, 한국에서는 일본의 의견에 이해를 나타내는 것조차 사회적으로 용서되지 않는다. 그것은 같은 언론의 자유를 가진 나라이지만 "언론의 다양성"에 대한 허용도의 차이를 나타내고 있다. 나는 그것도 포럼에서 지적했지만, 그 정도 이야기해도 아무렇지도 않은 것이 이 회의의 장점이다.

여러 가지 면에서 갭이 있는 한·일 관계이지만, 그럼에도 불구하고 최근 10년 동안 민간차원의 의식에는 큰 변화가 있었다. 한류 붐은 한·일 관계의 큰 변화를 이야기하고 있다. 동시에 '혐(嫌) 한류' 현상도 일어나고 있다. 이는 일일이 한국이나 중국에 설교받고 싶지 않다는 젊은 세대의 감정이다. 한일포럼에서도 역사문제나 독도문제가 되면, 대체로 한국은 일본에 도덕을 설교하는 느낌이 있고, 이구동성으로 그것이 반복되면 한국에 대해 이해하려는 일본 멤버라 해도 조금 진절머리가 난다. 아마 그러한 느낌이 '혐한'(嫌韓) 으로 연결되는 것은 아닐까.

그러나 한·일은 서로 좋은 이웃을 가졌다고 생각해야 한다, 그렇게 결론내린 것은 젊은 의식을 대표하는 오구라 기조(교토대 대학원 조교수) 였다.

일본에게 한국은 잊어버리기 쉬운 과거를 항상 일깨워 주는 귀중한 이웃이다. 한편 한국에게 일본은 "더 다양한 사회가 행복하다"고 일러주는 이웃이다. 일본인은 한국인의 "숨 막힐 듯한 열기"에 곤란해 하면서도 덕분에 역사의 연속성에 대한 무지에 눈을 뜨게 되었다. 그렇지만 일본인은 다양성을 가진 사람들의 말을 순수하게 듣는 귀를 가졌다. 그것을 한국인은 알아야 할 것이다.

그런 오구라의 "좋은 이웃"론이 재미있다.

(한일포럼에서의 발언은 원칙적으로 이름을 밝히지 않는 게 룰이지만, 발언자의 동의를 얻어 일부 이름을 공개했다.)

▪ 14차 한일포럼 참가자

(일본)

의장 : 모기 유자부로〔茂木友三郎〕〔(주) 기코망 회장, 전 경제동우회 부대표 간사〕

대표간사 : 야마모토 다다시〔山本正〕(일본국제교류센터 이사장)

멤버 :

시오자키 야스히사〔塩崎恭久〕(외무부대신, 자민당 중의원)

하야시 요시마사〔林芳正〕(자민당 참의원)

오카다 가쓰야〔岡田克也〕(민주당 대표, 중의원)

마에하라 세이지〔前原誠司〕(전 민주당 대표, 중의원)

마쓰모토 다케아키〔松本剛明〕(민주당 정조회장, 중의원)

후쿠야마 데쓰로〔福山哲郎〕(민주당 참의원)

오구라 가즈오〔小倉和夫〕(국제교류기금 이사장, 전 주한 일본대사)

다나카 히토시〔田中均〕(일본국제교류센터 시니어 펠로우, 전 외무심의관)

이오키베 마코토〔五百旗頭眞〕(방위대학교장)

후카가와 유키코〔深川由起子〕(와세다대학 정치경제학부 교수)

고하리 스스무〔小針進〕(시즈오카현립대학 국제관계학부 조교수)

오구라 기조〔小倉紀藏〕(교토대학 대학원 조교수)

오코노기 마사오〔小此木政夫〕(게이오대학 법학부장 교수)

이가라시 기미토시〔五十嵐公利〕(NHK 방송총국 해설주간)

안도 도시히로〔安藤俊裕〕(일본경제신문사 논설부주간)

지노 게이코〔千野境子〕(산케이신문사 논설위원장)

니시카와 메구미〔西川惠〕(마이니치신문사 외신부 전문편집위원)

야마오카 구니히코〔山岡邦彦〕(요미우리신문 논설위원)

와카미야 요시부미〔若宮啓文〕(아사히신문 논설주간)

(한국)
의장 : 공로명(한림대학교 일본학연구소장, 전 외무부장관)
대표간사 : 정구종(dongA. com 사장)

멤버:
김부겸(열린우리당 국회의원)
전여옥(한나라당 국회의원)
이낙연(민주당 국회의원)
심상정(민주노동당 국회의원)
조건호(전국경제단체연합회 부회장)
조석래(효성그룹 회장)
양수길(국가경영전략연구원장, 전 OECD 대사)
권인혁(한국국제교류재단 이사장)
안병준(KDI국제정책대학원 초빙교수)
장제국(동서대학 일본연구센터 소장)
최우석(삼성전자 고문)
현인택(고려대학교 정치외교학과 교수)
이지원(한림대학교 일본학과 조교수)
이숙종(성균관대학교 행정학과 교수)
문정인(연세대학교 정치외교학과 교수)
박철희(서울대학교 국제대학원 교수)
서승(리쓰메이칸대학 한국학연구센터 소장·법학과 교수)
권영빈(중앙일보 사장)
배인준(동아일보 논설위원실장)
오연호(오마이뉴스 사장)
라종일(주일 한국대사)
윤덕민(외교안보연구원 국제정치학 교수)

*무순, 직함은 모두 당시. 참가자 명단은 아래 자료를 참고했다.
http://www.kf.or.kr:8080/upload/file/k_forum1_14.pdf
http://www.jcie.or.jp/japan/gt/kjf/06.html

와카미야 요시부미 (若宮啓文)

1970년 도쿄대학 법학부를 졸업하고 〈아사히신문〉 기자가 되어 주로 정치 외교 분야를 취재하며 논설위원, 정치부장을 거쳐 2002년부터 논설주간을 맡고 있다. 1981년부터 1년간 연세대 한국어학당에 유학하는 등 한국에 깊은 관심을 갖고 교유를 쌓아와 '한국통' 저널리스트로 꼽힌다. 2001년에는 1년간 미국의 브루킹스연구소 객원연구원으로 체재, 9·11테러를 현지에서 지켜보기도 했다.

아사히 논설과 논조를 책임지는 논설주간으로서, '풍고계'(風考計)라는 칼럼을 연재하고 이를 묶은 《한손에 기미가요, 한손에 헌법》이라는 단행본을 출간했다. 2005년 3월에는 자신의 칼럼에 "독도를 한국에 주어버리자"고 써서 우익의 표적이 되기도 했다. 그는 고이즈미 준이치로 전 일본총리의 야스쿠니 신사 참배에 반대해온 대표적인 저널리스트로, 2006년 1월에는 유명한 우파논객 와타나베 쓰네오(요미우리신문 회장)와 손을 잡고 "참배반대" 대담을 벌여 커다란 반향을 불러일으켰다. 2005년 한국의 권오기 전 통일부총리와의 대담을 묶은 《한국과 일본국》(샘터사)을 출간했다.

김충식 (金忠植)

1977년 고려대 철학과를 졸업하고 〈동아일보〉 기자가 되어 주로 사회부, 정치부에서 일했다. 1993년 논설위원에 발탁되어 〈미디어〉지에 "30대 평기자 논설위원"이라는 인터뷰가 실리기도 했다. '한국기자상'을 1984년과 1993년 두 차례에 걸쳐 받았다.

문화부장, 사회부장을 거쳐 2002년부터 〈동아일보〉 도쿄지사장 겸 특파원으로 주재하면서 〈아사히신문〉 등에 여러 차례 칼럼을 썼다. 2004년에는 도쿄대학 대학원(법학정치학연구과)에서 객원교수로 '정치와 보도' 과목을 1년간 강의했다. 2006년 9월부터 대학으로 전직해 현재는 가천의과학대학교 교양학부 초빙교수 겸 재단기획조정처장, 중앙대학교 겸임교수(신문방송학과)로 '저널리즘 문장론'도 가르치고 있다.

1992년에 현 국가정보원의 전신인 중앙정보부(KCIA)를 파헤친 《남산의 부장들》을 펴냈는데, 일본어판(고단샤, 1994)을 포함해 52만 부가 판매되어 저널리스트의 책 가운데 최다판매로 기록되고 있다. 그 밖에 일본열도의 한국 핏줄 10인을 다룬 《슬픈 열도》(효형출판, 2006)와 《법에 사는 사람들》(공저: 삼민사, 1984)이 있다.